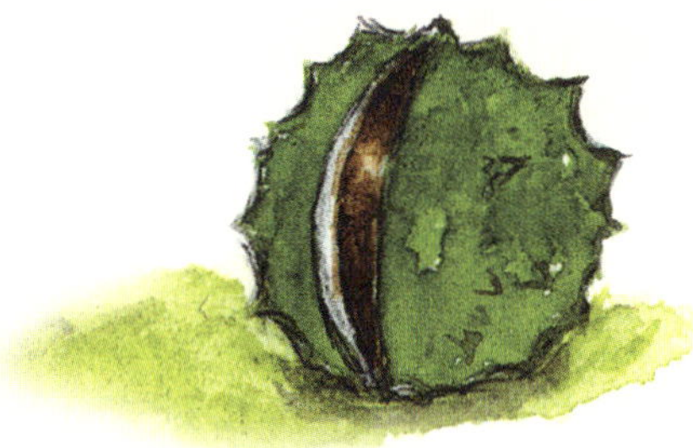

Bärbel Haas

BILDERBUCH-ILLUSTRATION

Die Kunst, mit Zeichnungen Geschichten zu erzählen

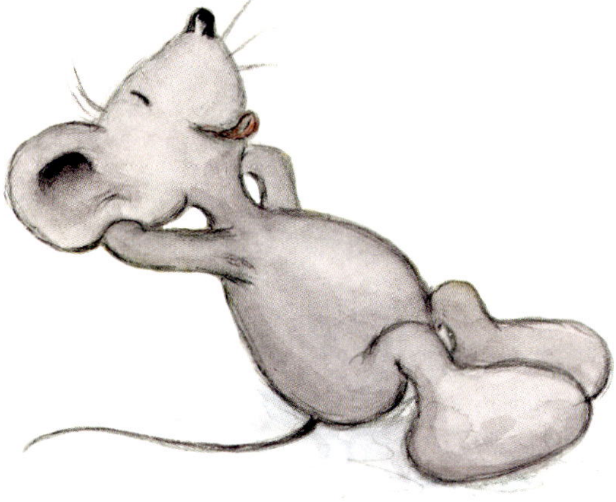

INHALT

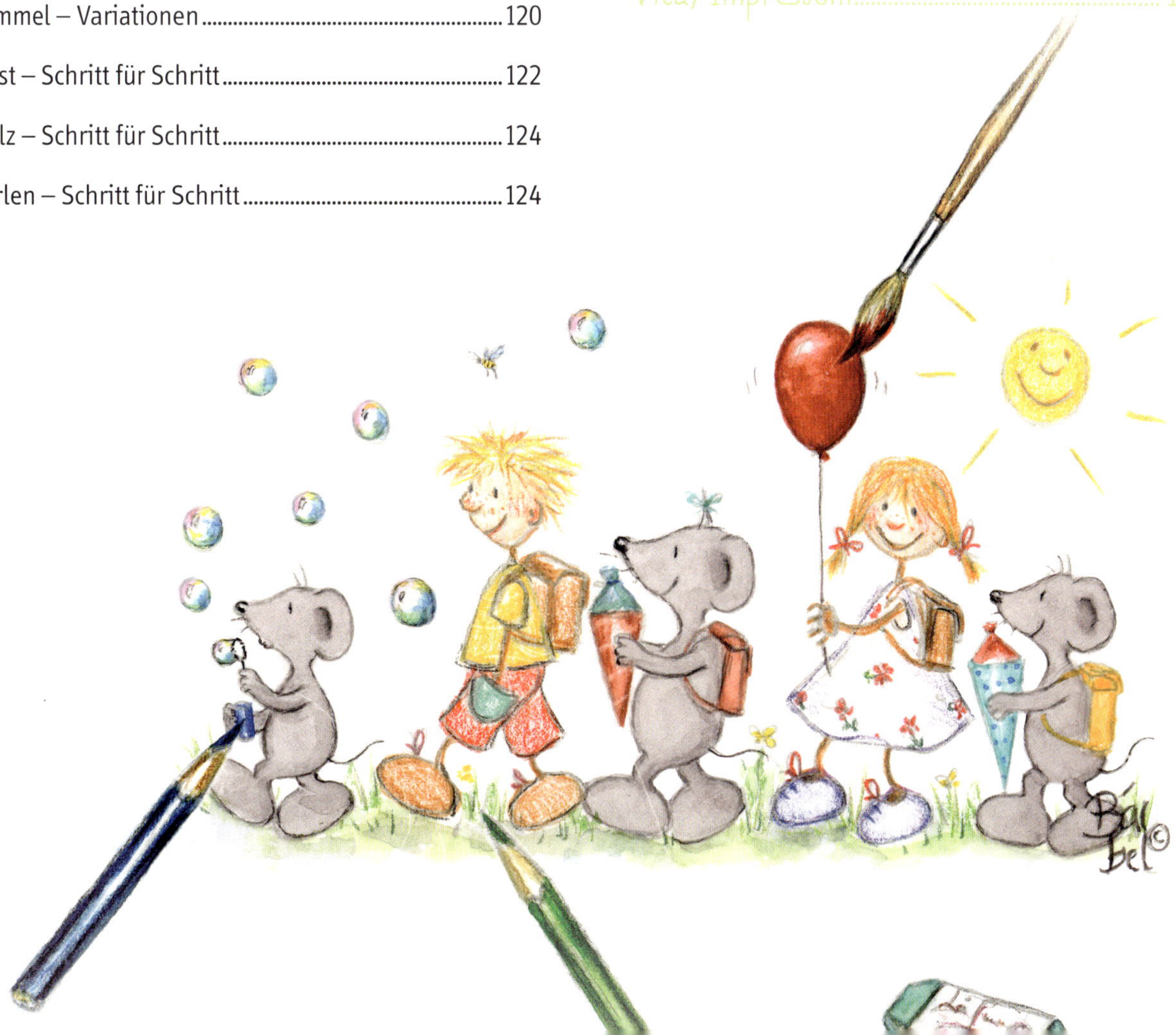

Bärbel©

ÜBER DIESES BUCH VORWORT

Illustrieren von Bilderbüchern – Das Zusammenspiel von Bild und Text

Mit diesem Buch will ich Sie in die Arbeit des Illustrierens von Bilderbüchern einführen. Ich zeige Ihnen, mit welchen Mitteln Sie welche Wirkungen erreichen und worauf Sie bei der Bildkonzeption und deren Umsetzung im Zusammenspiel mit dem Text achten sollten. Bilderbuch-Illustrationen beziehen sich ja auf Texte, die sie ergänzen, verdeutlichen und sogar interpretieren. Daneben zeigt dieses Buch, wo Illustration auch sonst Verwendung finden kann.

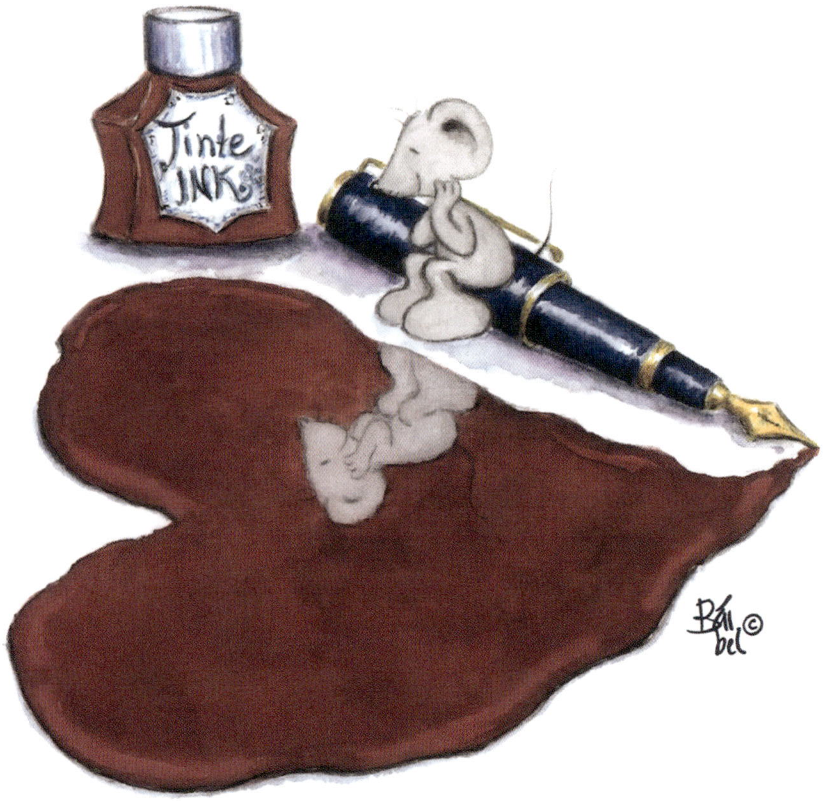

Mehrere Wege führen zum Ziel

In der Illustration ist wie im Leben fast alles möglich und es gibt nicht nur den einen, sondern immer mehrere Wege, die zum Ziel führen. Entscheidend ist, den individuell jeweils richtigen Weg zu finden. Jeder Illustrator hat seine eigene Handschrift und seine eigene Arbeitstechnik. Die Beispiele zu den verschiedenen Textauszügen zeigen Ihnen, wie man Illustrationen konzipieren und ausarbeiten **kann**, **nicht** wie man es machen **muss**. Deshalb stelle ich Ihnen bewusst nicht jedes besprochene Bild in allen Entstehungsstadien vor, sondern weise Sie mehr auf die Besonderheiten der zeichnerischen Ausdrucksmöglichkeiten hin. Das Buch gibt dabei Antworten auf Fragen, die sich beim Konzipieren und Illustrieren stellen und bietet Lösungsvorschläge für verschiedene Aufgabenstellungen. Unterschiedliche Erarbeitungswege werden präsentiert und durchgespielt. Sie können ihnen folgen oder Ihre eigenen, individuellen Illustrationswege suchen und entwickeln.

Als kleine Hilfe für die zeichnerische Umsetzung häufig verwendbarer Motive finden Sie im Anhang mein „Kleines Illustrations-Brevier", in dem ich eine Reihe vielseitig einsetzbarer Topics und Themen entweder als „Schritt-für-Schritt-Entwicklungen" und/oder als „Variationen", d. h. in unterschiedlichen Umsetzungsmöglichkeiten für ein und das gleiche Thema zusammengefasst und aufgelistet habe. Dort können Sie sich bei Bedarf Informationen und Anregungen zur Gestaltung Ihrer Illustrationswelt holen oder schnell und unkompliziert noch einmal einige zeichnerische Tipps nachschlagen.

Die Helden meiner Bücher

In den besprochenen Beispiel-llustrationen begegnen Sie nicht nur Menschen, Häusern und Landschaften, sondern auch vielen Bären, Mäusen und Igeln. Figuren, die ich oft zu den Helden meiner eigenen Bücher, Kalender und Postkarten gemacht habe, aus denen die Übungsbeispiele teilweise entnommen sind. Die Übungsinhalte lassen sich jedoch problemlos auf andere Charaktere übertragen.

Das vorliegende Buch wird Sie beim Finden Ihres eigenen Stils und Ihrer eigenen Ausdrucksform unterstützen, vor allem aber soll es Ihnen Lust machen, zu Pinsel, Bunt- oder Bleistift zu greifen. Lassen Sie Ihre eigene Fantasie spielen und sich entfalten und **Ihre eigenen Ideen** zu Bildern werden, die Geschichten erzählen.

Ich wünsche Ihnen viel Erfolg bei der Arbeit mit diesem Buch und vor allem viel Freude beim Illustrieren!

DAS BRAUCHEN SIE ZUM ILLUSTRIEREN

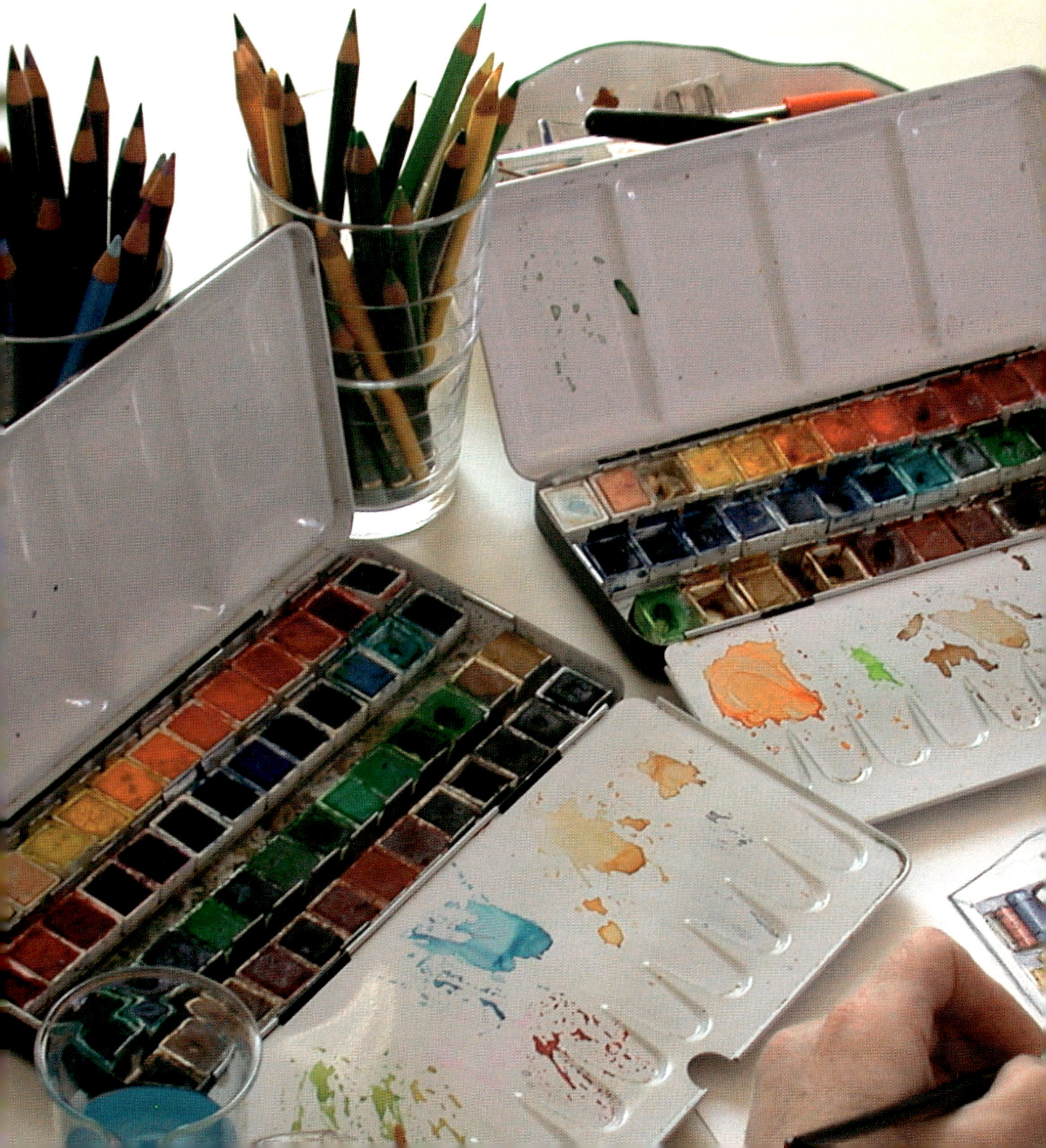

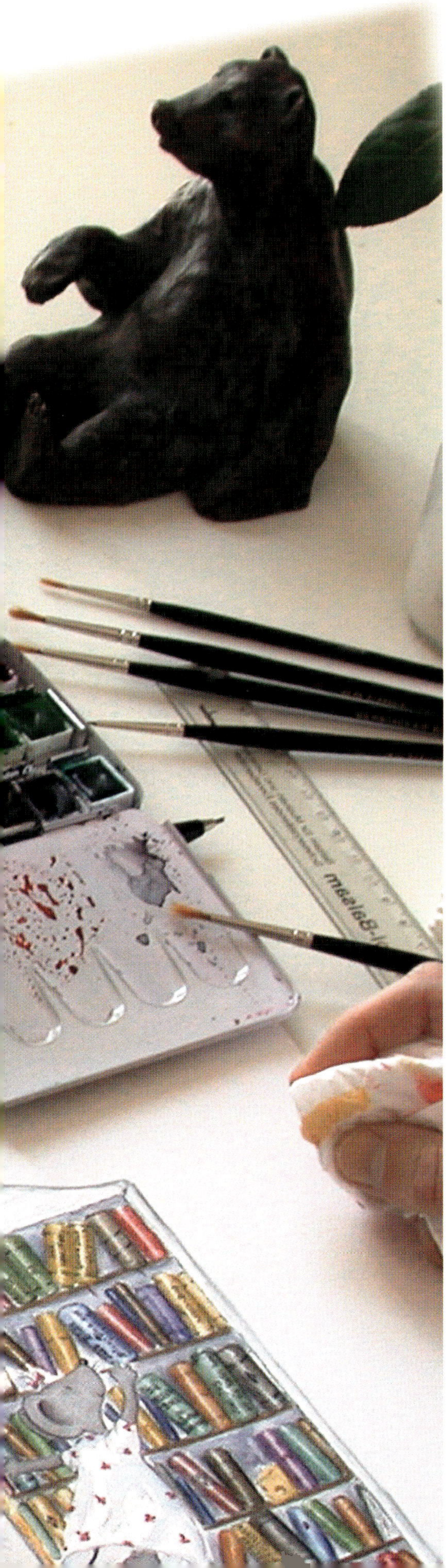

Ich zeige Ihnen hier die Materialien, die ich selbst verwende. Natürlich sind nicht alle aufgeführten Dinge zwingend notwendig, da die Materialien abhängig von den von Ihnen bevorzugten Zeichen- oder Maltechniken variieren können. Und das eine oder andere besitzen Sie möglicherweise bereits. Am besten stellen Sie sich aus dieser Übersicht Ihre eigene „Einkaufsliste“ zusammen.

- Aquarellpapier 300 g/m², Grain Fin glatt, 32 cm x 41 cm, Blätter oder Block sowie 24 cm x 32 cm, Blätter oder Block
- Aquarellfarben (Kasten mit halben Näpfchen)
- Aquarellpinsel, verschiedene Stärken, z. B. 1, 2, 4, 6, 10 und evtl. 0
- Bleistifte H, HB, B, 2B für Roh- und Feinskizzen und zum Nachbearbeiten und Übertragen der Skizzen
- Radiergummi weich für Bleistift mit Kante für Feinkorrekturen
- Buntstifte
- Rubbelkrepp (flüssiger Maskierfilm im Glas zum Abdecken von Flächen, die beim Aquarellieren frei bleiben sollen)
- einen einfachen, d. h. preisgünstigen Pinsel zum Auftragen von Maskierfilm (denn bei Arbeiten mit Rubbelkrepp halten die Pinsel nicht lange, selbst wenn sie sofort nach dem Maskieren vorschriftsmäßig mit Seifenwasser ausgewaschen werden)
- Schreibblock einfach, mit nicht zu starken Blättern für Skizzen
- einen Bogen → Grafitpapier*
- klarer Klebefilm auf Abroller zum Befestigen der Blätter auf der Unterlage
- Papiertaschentücher zum Ab- und Heraustupfen von überflüssiger Farbe oder zum Auswaschen von Lichtreflexen beim Aquarellieren

→ Dieser Pfeil verweist Sie auf das Kapitel „Fachbegriffe und ihre Bedeutung“ am Ende des Buches. Dort können Sie Fachbegriffe und ihre Erklärungen noch einmal nachschlagen.

DAS KONZEPT UND DIE AUSFÜHRUNG

1. Von der Idee zur Skizze – Der Bleistift als Zauberstab

Ideen kommen von allein und oft ganz unerwartet. Doch um Material zu sammeln, aus dem sie sich entwickeln können, ist Beobachtungsgabe gefragt. Ob unterwegs oder daheim, es ist wichtig, für die Dinge einen offenen und unvoreingenommenen Blick zu haben. Sich einen Moment Zeit zu nehmen, den Zweig eines Apfelbaums anzuschauen, oder den Gesichtsausdruck der Dame zu studieren, die im Bahnabteil gegenübersitzt – unauffällig natürlich. Zu prüfen, wie ein Schatten fällt oder wo sich die Glanzpunkte an der Kaffeetasse auf dem Tisch vor uns befinden. Zu beobachten, wie die dicke Hummel mit ihrem Gewicht die Blüte herunterzieht, auf der sie gerade sitzt, oder den gebeugten Rücken der alten Frau, die eine schwere Einkaufstasche nach Hause trägt. Zu sehen, wie ein korpulenter Mann in einer Telefonzelle ein längeres Gespräch führt, den Rücken seitlich gegen die Wand gedrückt, den Fuß bequem hochgestemmt gegen die andere Seite ...

... und plötzlich scheint es, als bögen sich die Seitenwände der Telefonzelle bauchig nach außen ...

... und an Stelle des Mannes könnte auch ein Elefant stehen ...

... und eine Idee ist geboren!

Aus genau dieser Idee entstand eine meiner ersten Postkarten von mittlerweile vielen hunderten, skizziert auf dem Spielplatz, auf dem meine Tochter spielte, während ich auf einer Bank sitzend Augen und Gedanken schweifen ließ. Wie gesagt, Ideen kommen von selbst, man muss ihnen nur die Gelegenheit dazu geben und sie dann sofort festhalten. Dies geschieht am besten in Form einer kleinen, daumennagelgroßen Bleistiftskizze, auch → Daumennagelskizze genannt. Es ist deshalb praktisch, immer einen Bleistift und einen kleinen Block bei sich zu haben.

ÜBRIGENS: In der Illustration können sich Realität und Fantasie verbinden. In diesem Fall ist die Telefonzelle Realität. Der Elefant und die sich auseinanderbiegende Form der Zelle entspringen der Fantasie. Zusammen wird eine witzige Illustration daraus, die jeder Betrachter sofort versteht, auch wenn er noch nie einen Elefanten in einer Telefonzelle gesehen hat.

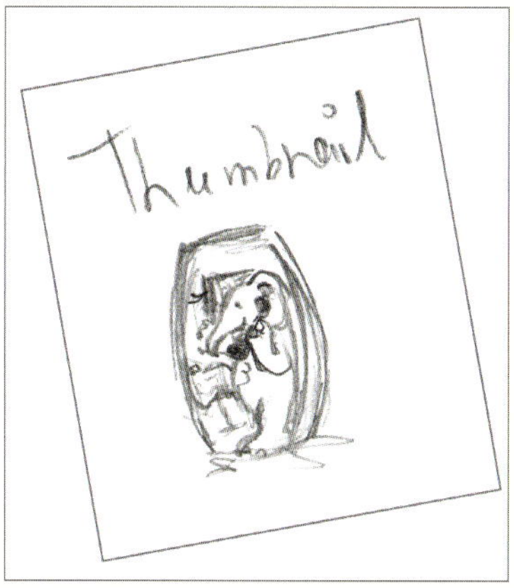

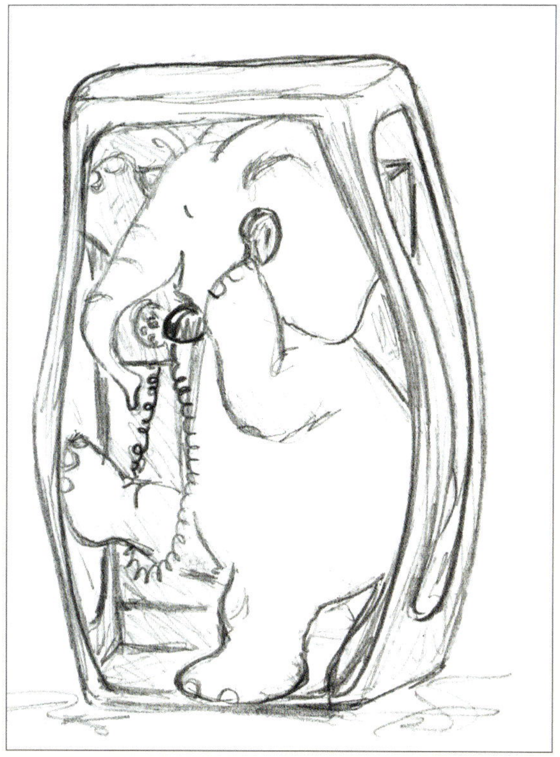

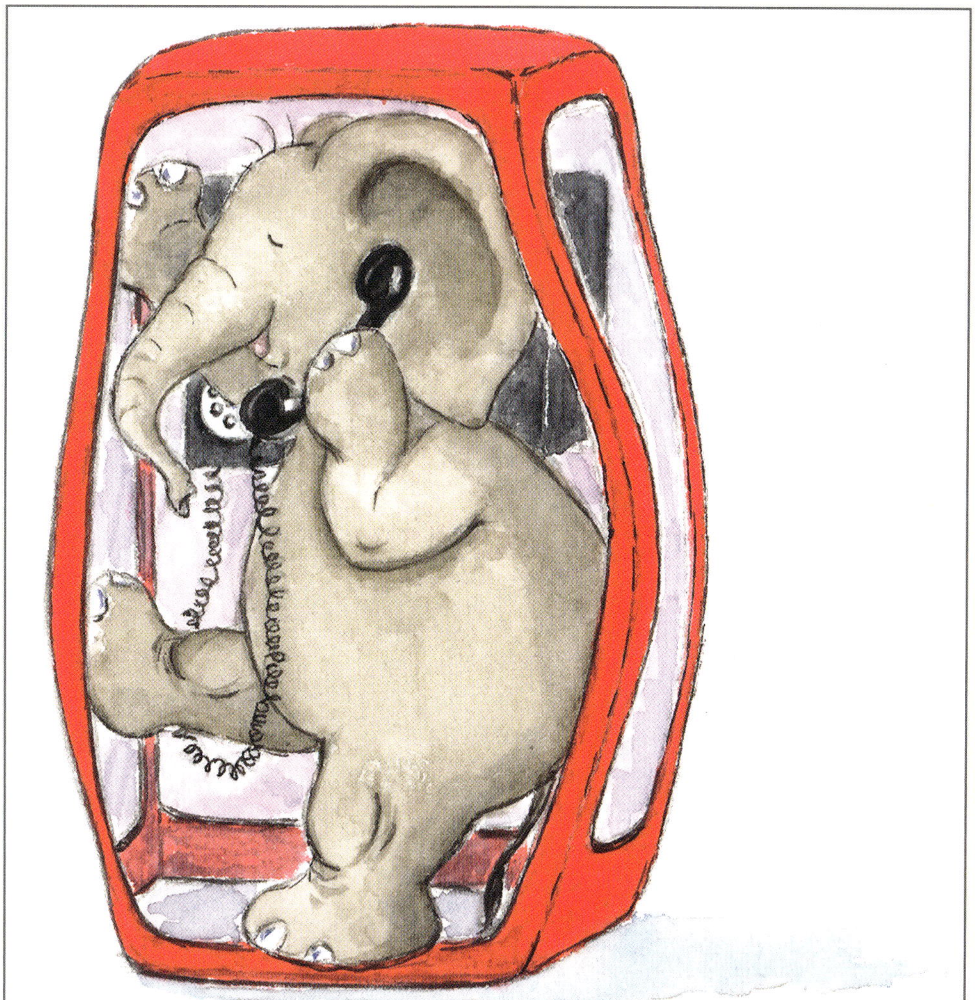

Bleistiftskizzen

Rohskizzen müssen weder exakt noch vollständig sein. Mit ihnen hält der Zeichner spontan eine Idee oder einen Augenblick fest, um diese später in aller Ruhe auszuarbeiten. Die Vorläufigkeit und Möglichkeit der späteren Korrektur führt dazu, dass man ganz unbefangen und spontan zeichnet. Dadurch wird die Zeichnung sehr lebendig, oft viel lebendiger als die spätere, fertig kolorierte Reinzeichnung. Nutzen Sie die Möglichkeiten der →Skizze, um Ideen bildnerisch umzusetzen, ohne sich Gedanken machen zu müssen, ob Ihr Bild perfekt ist! Sie können später noch alles optimieren und Details ergänzen. Versuchen Sie, eine Idee umzusetzen, in der Realität und Fantasie verbunden sind. Für den realen Teil können Sie ein Modell verwenden. Der fantastische Teil entsteht in Ihrem Kopf, auch wenn es nur die unrealistische Kombination zweier realer Dinge ist.

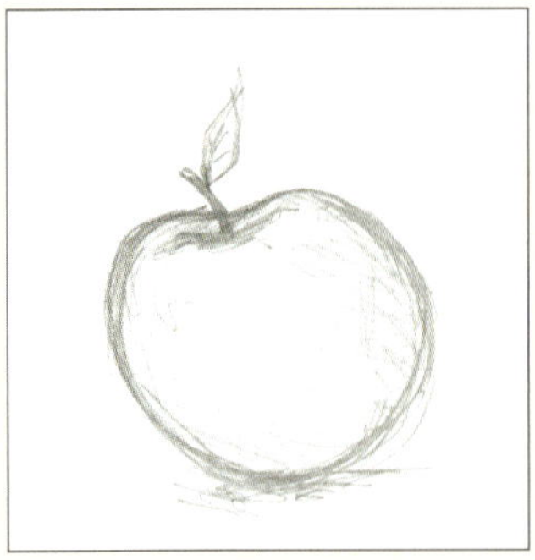

H

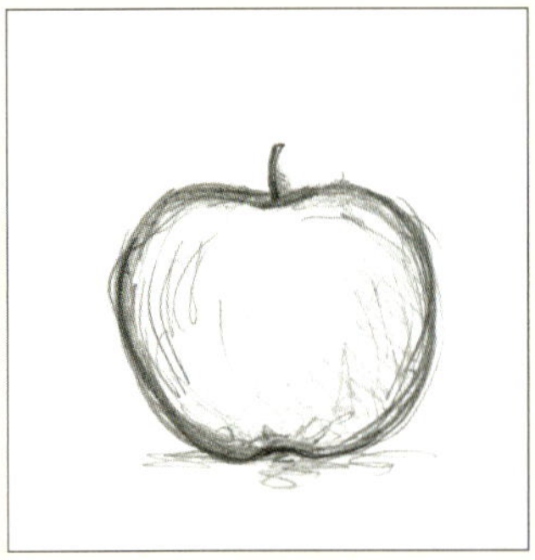

HB

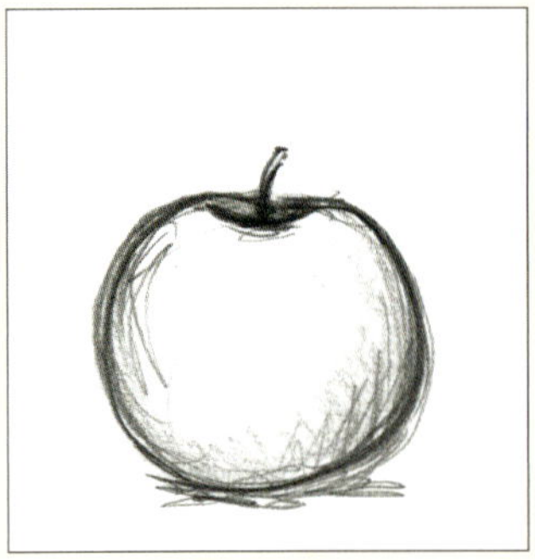

2B

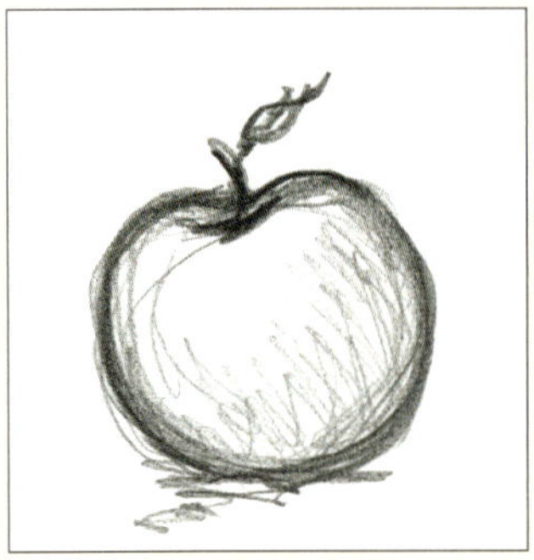

Grafit

Skizzen sind die Grundlage jeder Illustration. Mit Bleistift können sie jederzeit und überall schnell zu Papier gebracht und später am Schreibtisch in Farbe ausgearbeitet werden. Ob Sie eher einen harten oder weichen Bleistift (H oder B) verwenden, bleibt Ihnen selbst überlassen. Weiche Stifte geben einen satten, lebendigen Strich, allerdings verwischen sie leichter und lassen sich schlechter ausradieren, während harte Bleistifte einen feineren Strich haben, der sich für Details eignet. Ich empfehle für Rohskizzen die Stärke HB, B oder 2B und zum Übertragen der Skizzen auf Aquarellpapier die Stärke H.

TIPP: Wenn Sie immer einen kleinen Block und einen Bleistift dabei haben, können Sie spontane Ideen jederzeit sofort zu Papier bringen!

ÜBRIGENS: Sie können interessante Dinge, denen Sie unterwegs begegnen, auch mit der Kamera festhalten und mit Hilfe des Fotos später Ihre Skizze entwickeln.

2. Von der Skizze zur Reinzeichnung – Mit Pinsel und Buntstift eine Welt gestalten

Als Erstes gestalten wir ein Einzelmotiv ohne Hintergrund zu einem vorgegebenen Text. Für den Anfang wählen wir noch keine ganze Geschichte, und auch keinen Auszug daraus, sondern eine kleine Begebenheit ohne Kontext, die für sich stehen kann.

SCHRITT FÜR SCHRITT: DIE MAUS UND DER KÄSE

„Die Arbeit frisst mich noch auf!", sagt die Maus seufzend, als sie das riesige Käsestück sieht. Versuchen Sie nun, diese Begebenheit witzig ins Bild umzusetzen.

1 Der Käse

Die Skizze wird angelegt. Beginnen Sie mit dem Käse. Hierfür können Sie ein Stück Käse als Modell verwenden. Nehmen Sie möglichst eines, das schöne Löcher hat. Besonders geeignet sind tortenförmige Stücke, weil hier die Löcher unterschiedliche Tiefen aufweisen und sich die Glanzpunkte und Schattenbildungen gut beobachten lassen. Außerdem sind dreidimensionale Objekte attraktiver als zweidimensionale. Stellen Sie das Käsestück z. B. auf einem Teller vor sich auf den Schreibtisch. Probieren Sie mehrere Positionen aus, bis Sie die optimale Ansicht haben.

Skizzieren Sie genau das, was Sie sehen. Runde Löcher erscheinen u. U. durch den Neigungswinkel oval. Die Schatten in den oberen Bereichen der Löcher und an den dem Licht abgewendeten Seiten lassen sich mit leichten Bleistiftstrichen gut andeuten. Glanzpunkte werden einfach freigelassen. Sie können mit einem feinkantigen Radiergummi auch nachträglich Glanzpunkte und helle Linien anbringen.

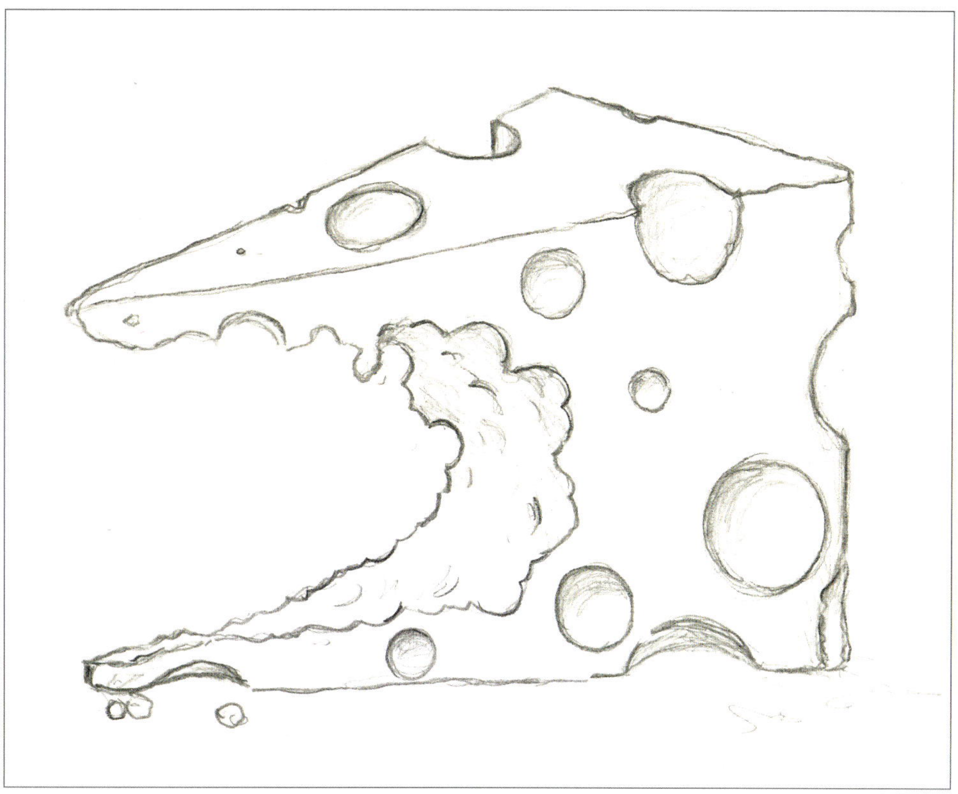

2 Die Maus

Sie entscheiden, ob Sie eine naturalistische Maus oder eine comicartige mit dem Käsestück kombinieren möchten. Wenn Sie eine naturalistische Maus zeichnen, können Sie wie beim Käse vorgehen und sich ein Modell suchen, zum Beispiel in Form einer Fotografie oder Sie recherchieren in Büchern, Zeitschriften oder im Internet.

Wenn Sie eine eher abstrahierte oder vermenschlichte Maus bevorzugen, sollten Sie sich die Zeit nehmen, eine eigene Figur zu entwickeln. Die Besonderheit einer Comicmaus ist die, dass die Körperteile ein wenig übertrieben und gleichzeitig vereinfacht dargestellt werden.

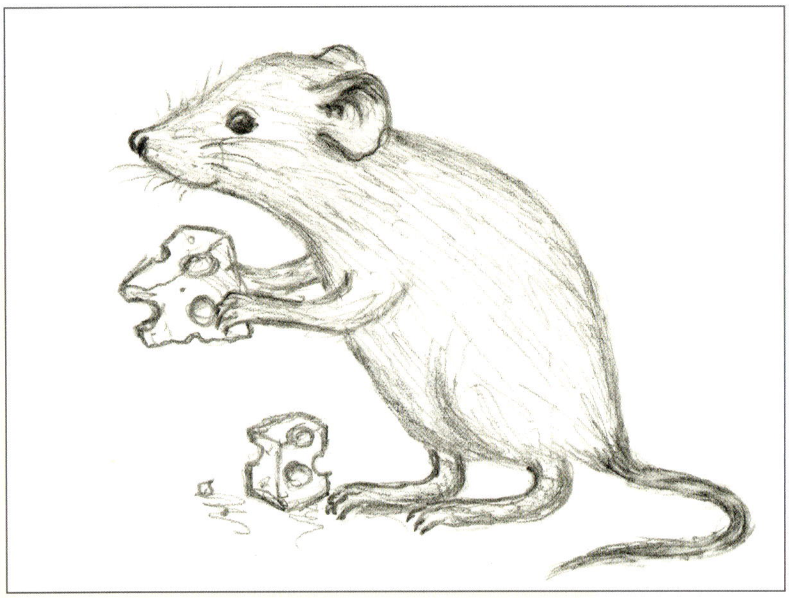

ÜBRIGENS: Alte Biologieschulbücher bieten wunderbares, oft meisterhaft gezeichnetes Bildmaterial. Wenn Sie keine eigenen Schulbücher mehr haben, sehen Sie sich auf Flohmärkten oder in Antiquariaten um.

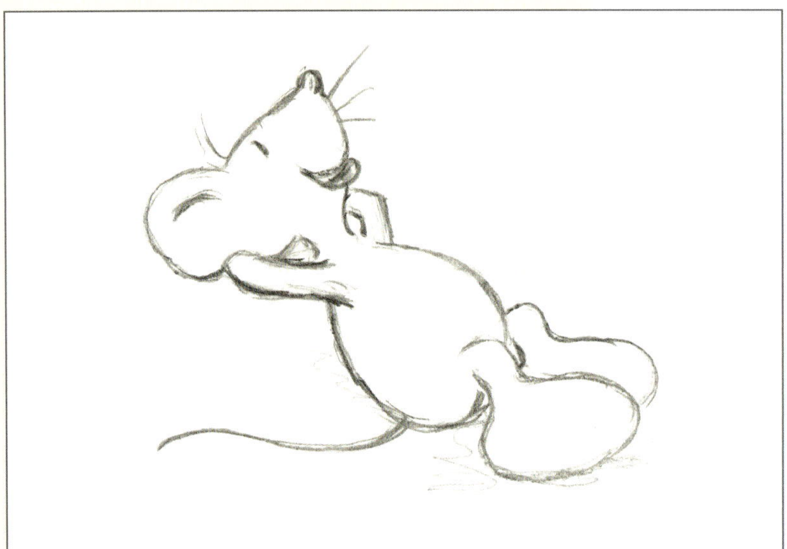

TIPP: Vom Kopieren irgendeiner bereits bestehenden Comicmaus rate ich – außer zu Übungszwecken wie hier – dringend ab, denn diese wird nie Ihre eigene Maus (oder Elefant, Igel, Bär etc.) sein.

Sie werden sehen, es macht viel mehr Spaß, selbst kreativ eine Charakterfigur zu erarbeiten.

3 Übertragen der fertigen Skizze auf Aquarellpapier

Das Übertragen der fertigen Skizze erfolgt am besten mit einem leichten Grafitpapier. Dazu legen Sie die Skizze auf einen Bogen Aquarellpapier von nicht zu grober Körnung. Bei kleinen Motiven ohne Hintergrund ist es nicht nötig, das Aquarellpapier mit Klebestreifen auf der Unterlage zu fixieren. Am oberen Rand befestigen Sie die Skizze mit einem Stück Klebefilm auf dem Aquarellpapier und legen das Kohlepapier zwischen Skizze und Aquarellbogen. Mit einem Bleistift der Härte H pausen Sie die Skizze auf das darunterliegende Aquarellpapier. Bevor Sie den Klebefilm später vorsichtig entfernen, genau prüfen, ob die Skizze gut übertragen wurde. Gegebenenfalls fehlende Linien sofort nachziehen oder verstärken.

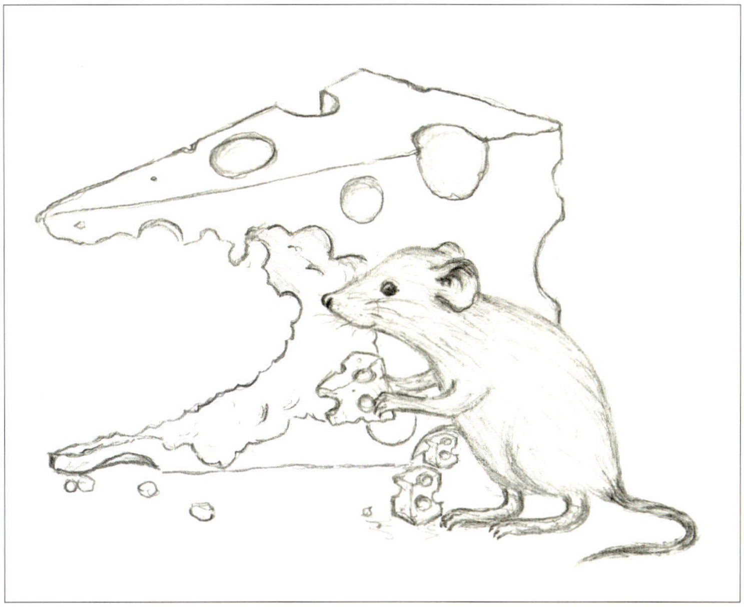

Käse mit naturalistischer Maus

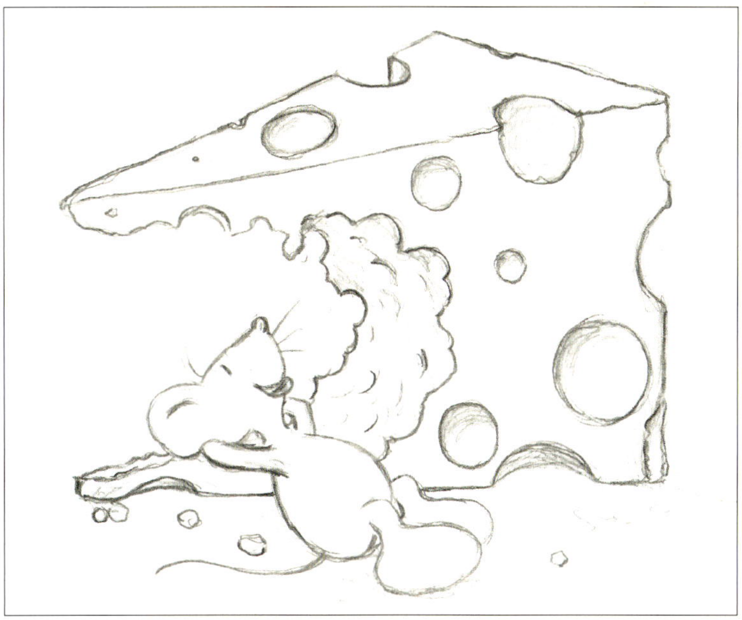

Käse mit Comicmaus

4 Der Käse wird aquarelliert

Für den Käsefarbton mischen Sie Gelb- und Ockertöne, bis der gewünschte Farbton entstanden ist.

Die dunklen Partien, z. B. im oberen Bereich der Löcher, werden mit hellem Braun oder leichtem Goldocker abschattiert. Hierbei mit dem Schatten dem Verlauf der abzuschattierenden Kontur folgen.

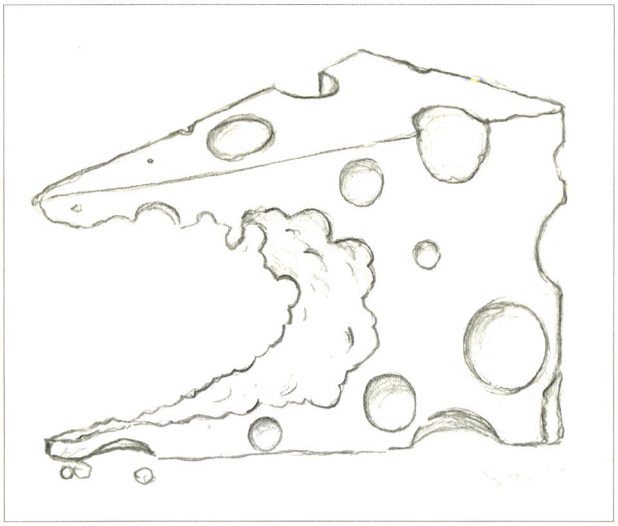

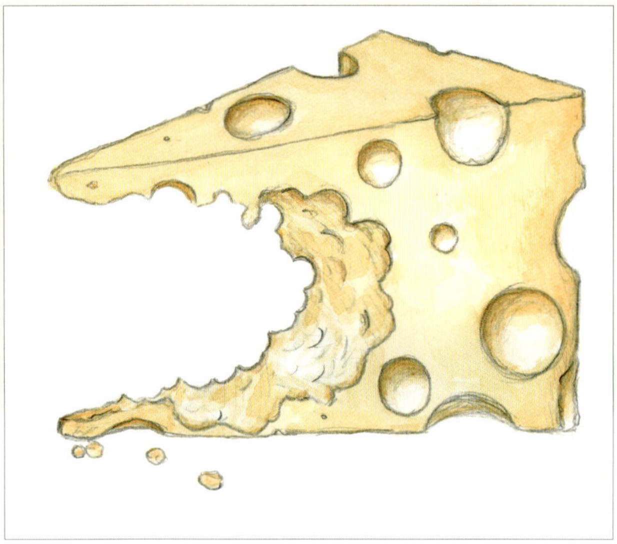

ACHTUNG: Keine grünlichen Gelbtöne verwenden, diese wirken für Käse nicht echt!

Schattieren und Lichtpunkte setzen

Zum Abschattieren nicht die Farbe Schwarz verwenden, denn mit Schwarz entsteht kein Schatten, sondern immer ein schmutziger dunkler Farbton. Ich selbst verwende zur Gestaltung der „Schattenseiten" meiner Figuren und Objekte gerne den Aquarellton „Neutraltinte", den ich allerdings nicht immer in die Farben des Objekts mische (z. B. ins Rotgrün des Apfels), sondern auch manchmal auf die abzuschattierenden Stellen des – in diesem Fall – bereits rot kolorierten und aufgetrockneten Apfels auftrage.

Ebenfalls möglich ist ein dunklerer Ton des jeweils verwendeten Farbtons: beispielsweise Ocker oder Hellbraun als Schatten für Gelb, Dunkelbraun mit Blau für Hellbraun, Dunkelgrün für Hellgrün. Dabei mische ich meist noch weitere Töne in den Schattenton mit hinein, beispielsweise Ultramarin Violett oder Sepia ins Grün von Blätterwerk an Bäumen oder auch ins Braun oder Beige von Baumstämmen, um eine etwas mattbläuliche Schattierung zu bekommen, wie sie bei Nacht- oder Abendbildern gewünscht ist. Schatten, die vom Objekt geworfen werden, können je nach Untergrund graublau, graubraun, graugrün etc. ausfallen. Da Illustration nicht unbedingt Realität abbilden muss, liegt die Entscheidung bei Ihnen. Ich empfehle Ihnen, zu experimentieren. Es gibt viele Möglichkeiten.

Die Lichtpunkte und -linien sollten immer an der gleichen Seite liegen, wenn das Licht aus einer Richtung kommt. Folgerichtig liegt dann auch der Schatten bei allen dargestellten Objekten einer Illustration immer an der gleichen Seite.

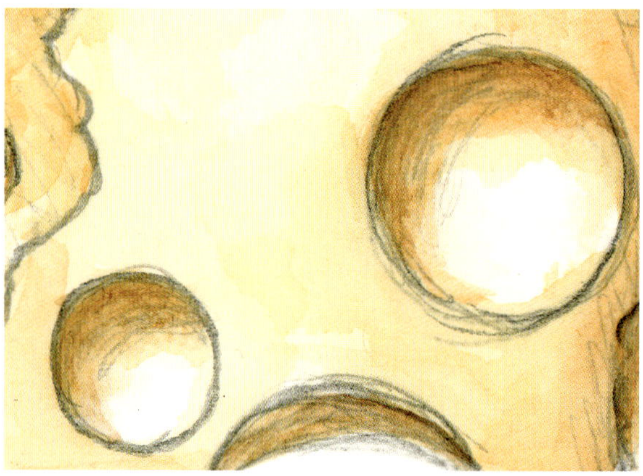

5 Die Maus wird aquarelliert

Die **Comicmaus** wird im Aquarellfarbton Neutraltinte bis Graubraun angelegt. Mischen Sie ruhig aus mehreren Tönen den Farbton, der Ihnen für Ihre Maus gefällt. Auch hier mehrere dünnere Lasuren übereinander legen, bis die gewünschte Farbtiefe erreicht ist. Ohren und Seiten mit konzentrierter Farbe im gleichen Ton abschattieren. Nasenspitze, Augen und Schwänzchen werden mit der Spitze eines dünnen Pinsels (Stärke 1–2) ausgearbeitet. Auf Lichtpunkte achten. Zum Schluss zeichnen Sie die Konturen fein nach (Stärke 0).

Bei der naturalistischen Hausmaus können Sie auch hellere Farben verwenden, z. B. für den Bauch ein helles Ocker, das mit Weiß vermischt wird. Für das Fell nehmen Sie dunklere Brauntöne, die auch mit Neutraltinte, Blau oder Ocker variiert werden können. Das Mausfell ist nicht einfarbig, sondern besteht aus mehreren Tönen. Legen Sie für das Fell keine Lasuren auf Ihre Maus, sondern stricheln Sie das Fell mit feinen Pinselstrichen. Setzen Sie die verschiedenen Farben nebeneinander, das macht den Pelz lebendig. Zum Schluss verwischen Sie die Striche mit der feuchten Pinselspitze, dadurch wird der Pelz dicht und es entsteht eine weiche Optik.

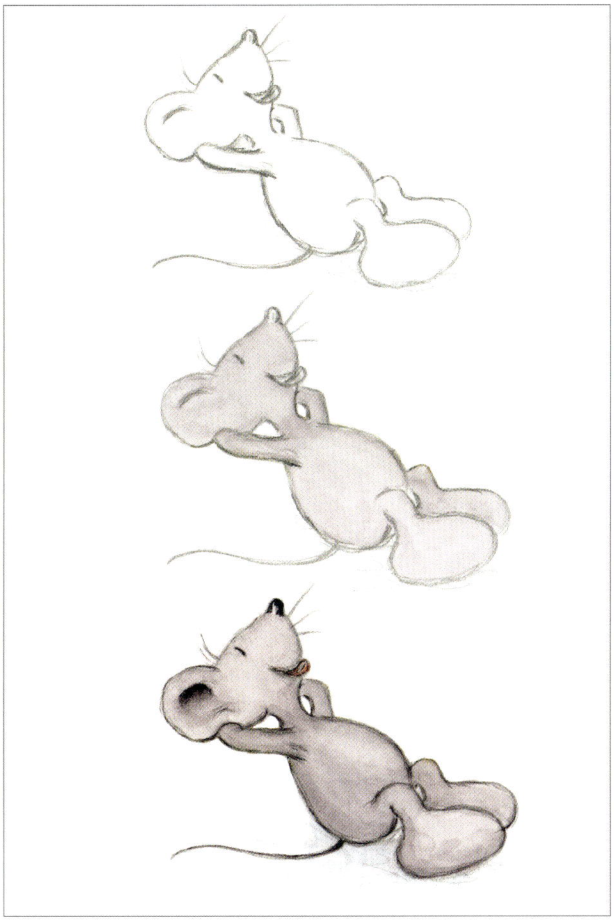

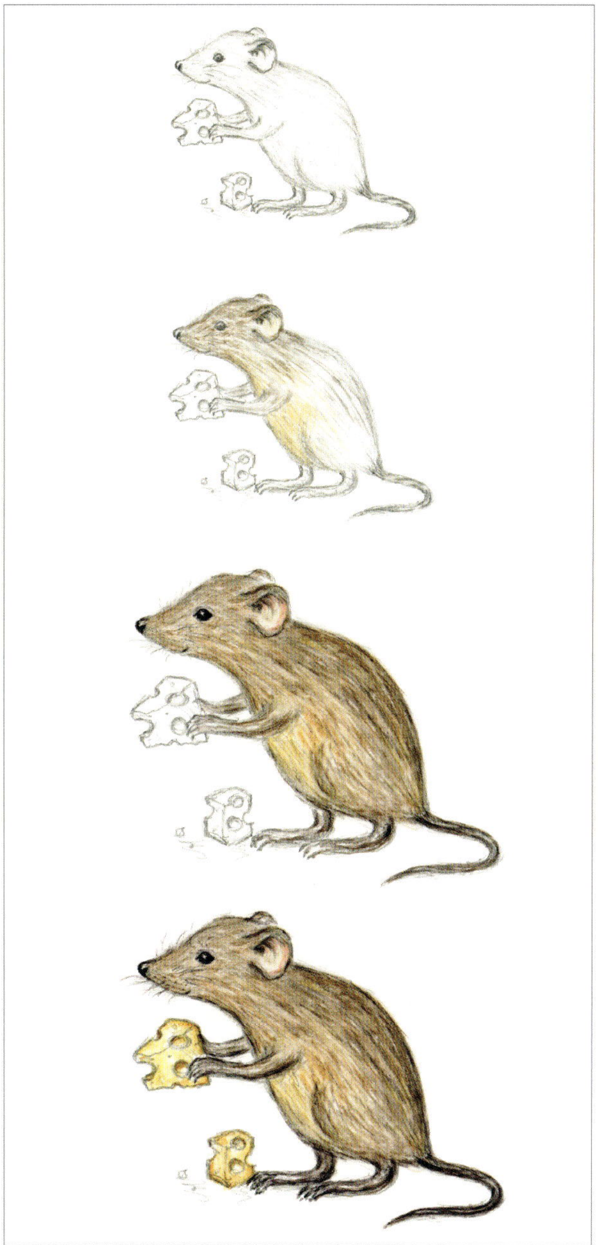

6 Details mit Farbstift

Die fertig aquarellierten Bilder können, müssen aber nicht mit Farbstiften überarbeitet werden, um einzelne Details oder Konturen zu verstärken und weiter zu akzentuieren.

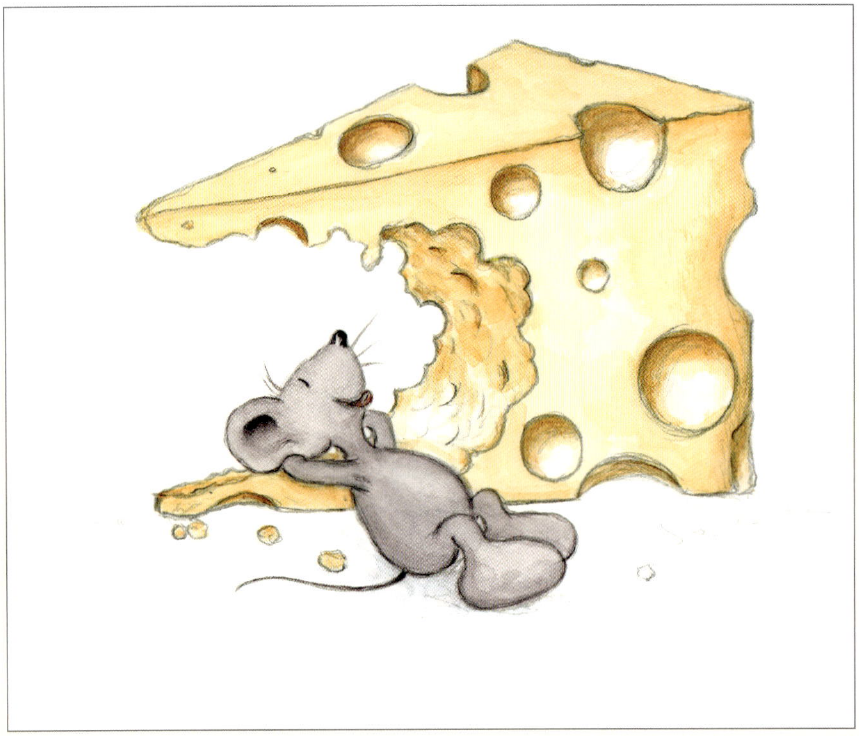

TIPP: Lieber die Zeichnung langsam durch mehrere dünne Farbaufträge übereinander entstehen lassen. So können Sie plastische Formen und auch Schatten besser und kontrollierter herausarbeiten als durch einen einzelnen stärkeren Farbauftrag. Helle Stellen werden zunächst ganz ausgespart und können im Verlauf der Arbeit noch mit einem feinen Farbauftrag angepasst und mit restfeuchtem Pinsel mit den angrenzenden Flächen verbunden werden.

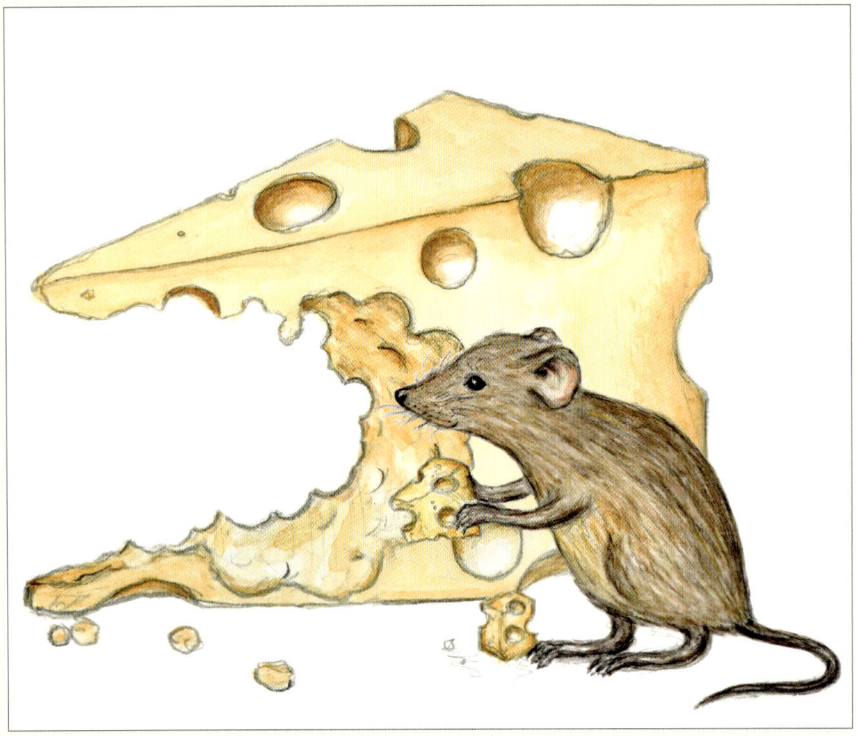

ÜBRIGENS: Einmal aufgetragene Aquarellfarbe lässt sich nur sehr schwer entfernen (evtl. durch Anlösen mit klarem Wasser und anschließendem Abtupfen mit Zellstofftüchern) und schlecht übermalen. Es sollte also schon beim Konzept Ihres Bildes feststehen, welche Partien hell bleiben. Die Bildentwicklung bei Aquarell-Illustrationen geht immer von hell nach dunkel, im Gegensatz zur Ölmalerei, wo die Lichtpunkte zum Schluss gesetzt werden.

3. Konzeption einer Doppelseite – Eine Seite kommt selten allein

Nach der Einzelillustration gehen wir jetzt dazu über, eine Doppelseite bildnerisch zu konzipieren und auszuarbeiten. Die beiden Seiten sollen sich ergänzen, sodass ein einheitliches Gesamtbild entsteht, wenn die Doppelseite aufgeschlagen vor dem Leser oder Betrachter liegt. Bilderbücher bieten dem Illustrator Gelegenheit, den Betrachter in eine Fantasie-Welt zu (ent)führen, in die dieser eintauchen kann. Besonders Kinder tun dies gerne und während ihnen vorgelesen wird, sehen sie sich das Bild an und stellen sich vielleicht vor, in das Bild hineinzuschlüpfen, ein Teil des Bildes zu werden, so wie ein Leser bei der Lektüre Teil der Geschichte wird.

SCHRITT FÜR SCHRITT: SCHLAF GUT, HAUS!

„... da knipst der Tag die Sonne aus und macht Platz für die Nacht ..."

Wir gestalten zu diesem Bilderbuchtext zwei gegenüberliegende, getrennt illustrierte Seiten. Die Textzeile soll auf der linken Seite platziert werden. Da der kurze Text viel Raum für die Illustration lässt, kann die rechte Seite komplett farbig gestaltet werden.

1 Skizze der rechten Bildseite

Da rechte und linke Bildseite korrespondieren, also miteinander in Verbindung treten sollen, wird die Ausrichtung des Bildes von rechts nach links laufend gewählt. Das Haus sowie das ganze Motiv orientieren sich nach links, also dorthin, wo der Text und das gegenüberliegende Bild sein werden. Wählen Sie ein rechteckiges Bildformat, das ein vollfarbiges Komplettbild mit Hintergrund erlaubt.

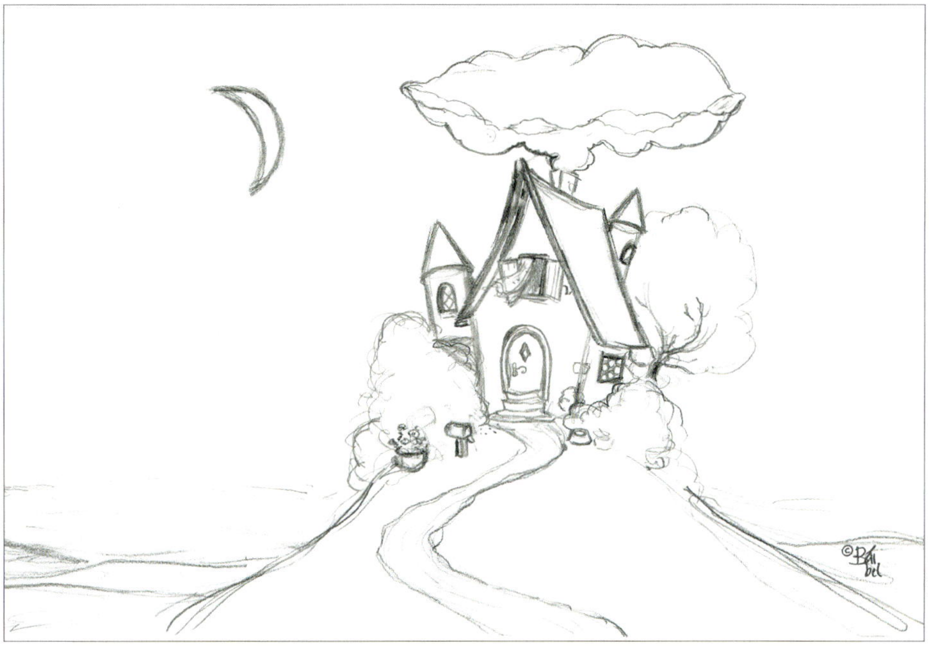

Das Haus, das als Hauptmotiv auf sanften Hügeln steht, wird durch gebogene Linien leicht verfremdet, was zum Entstehen einer verzauberten Abendatmosphäre beiträgt.
Die aus dem Schornstein steigende Rauchwolke in Form eines Kopfkissens verstärkt diese Illusion.

2 Flächen aussparen

Mit →Maskierfilm werden die Außenkonturen des Bildes und derjenigen Flächen abgedeckt, die hell bleiben und deshalb vor der in Nass-in-Nass-Technik gemalten Hintergrundfarbe geschützt werden sollen.

3 Aquarellieren der rechten Buchseite

Mit einer Mischung aus Blau- und (Ultramarin-)Violetttönen legen Sie in mehreren Farbaufträgen den Himmel an. Nach dem Trocknen werden die Linien des Horizontes freigelegt, der restliche Rubbelkrepp wird noch benötigt. Mit einer Mischung aus matten Grüntönen, gemischt mit einem kleinen Anteil der Violettfarbe des Himmels, werden die Hügel und der Weg vor dem Haus angelegt.

Achten Sie beim Kolorieren auf die Richtung, aus der das Licht kommt (hier der Mond) und stimmen Sie helle Stellen sowie Schatten darauf ab.

Mondlicht lässt die Farben verblassen, daher keine zu bunten Töne verwenden, ggf. mit dem Violettton des Himmels abschwächen.

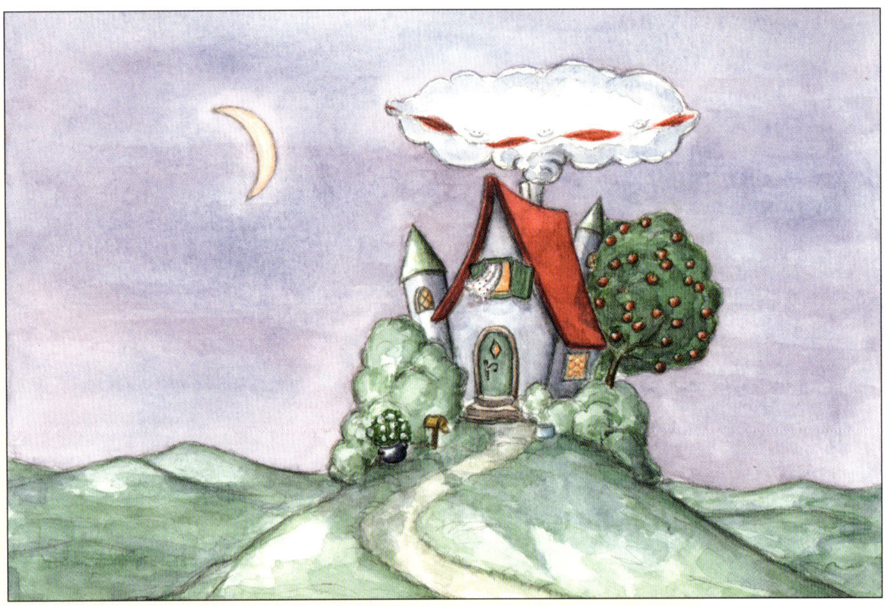

Illustration aus „Schlaf gut, Maus"

ACHTUNG: Glanzpunkte frei lassen!

TIPP: Beim Bilderbuch sollte grundsätzlich immer die gesamte Doppelseite konzipiert werden, denn rechte und linke Seite sind – im aufgeschlagenen Zustand des Buches – immer gleichzeitig zu sehen. Sie müssen optisch, auch mit dem Text, eine harmonische Einheit bilden. Dabei kommt es nicht darauf an, ob die Doppelseite aus zwei getrennten, miteinander korrespondierenden Teilen besteht oder aus einer durchgehenden Illustration. Die Gesamtkomposition macht es aus.

ÜBRIGENS: Verstecken Sie Dinge in Ihren Bildern, die der Leser vielleicht erst beim zweiten oder dritten Anschauen findet. Die Zeit, die Sie beim Zeichnen in ein Bild hineinstecken, kann der Leser beim Betrachten wieder herausholen, Ihre Arbeit lohnt sich also.

4 Skizze der linken Buchseite

Da auf dieser Seite der Text stehen wird, wählen wir ein Motiv, das die rechte Bildseite stimmig ergänzt, jedoch dem Text den Vorrang lässt. Ein kleiner Apfelbaum, ganz links auf der Seite platziert, dessen obere Zweige ins Bild hineinragen, bildet eine Art Rahmen für den kurzen Text und weist auf ihn hin. Das Weglassen der Zweige auf der linken und der oberen Seite des Apfelbäumchens und die hierdurch entstehende eckige Form der Illustration spiegelt die gegenüberliegende Bildseite. Die am Boden liegenden Äpfel bilden den unteren Teil des Rahmens und führen den Blick des Betrachters nach rechts zur gegenüberliegenden Vollbildseite.

Wenn die Äpfel aus unterschiedlichen Perspektiven gezeigt werden, wirkt das natürlicher, als wenn alle in der gleichen seitlichen Position dargestellt sind und gibt dem Bild mehr Leben. Der Stielansatz und die Blüte am unteren Apfelende weisen darauf hin, ob der Apfel nach vorne zum Betrachter hin oder nach hinten ausgerichtet ist.

Die Farbe der Äpfel entsteht aus Rot-, Grün- und hellen Ockertönen, die nacheinander in kleinen halbrunden Strichen aufgetragen werden und so die gemaserte Musterung der Apfelschale gut darstellen. Die quer verlaufende Vertiefung am Stielansatz dunkel abschattieren (Neutraltinte/Sepia) und den Stielansatz in die Vertiefung setzen, und nicht an den oberen Rand des Apfels.

Es gibt wieder mehrere Möglichkeiten. Überlegen Sie, wie man den Text auf eine andere Art bildlich umsetzen könnte. Lassen Sie Ihre Fantasie spielen.

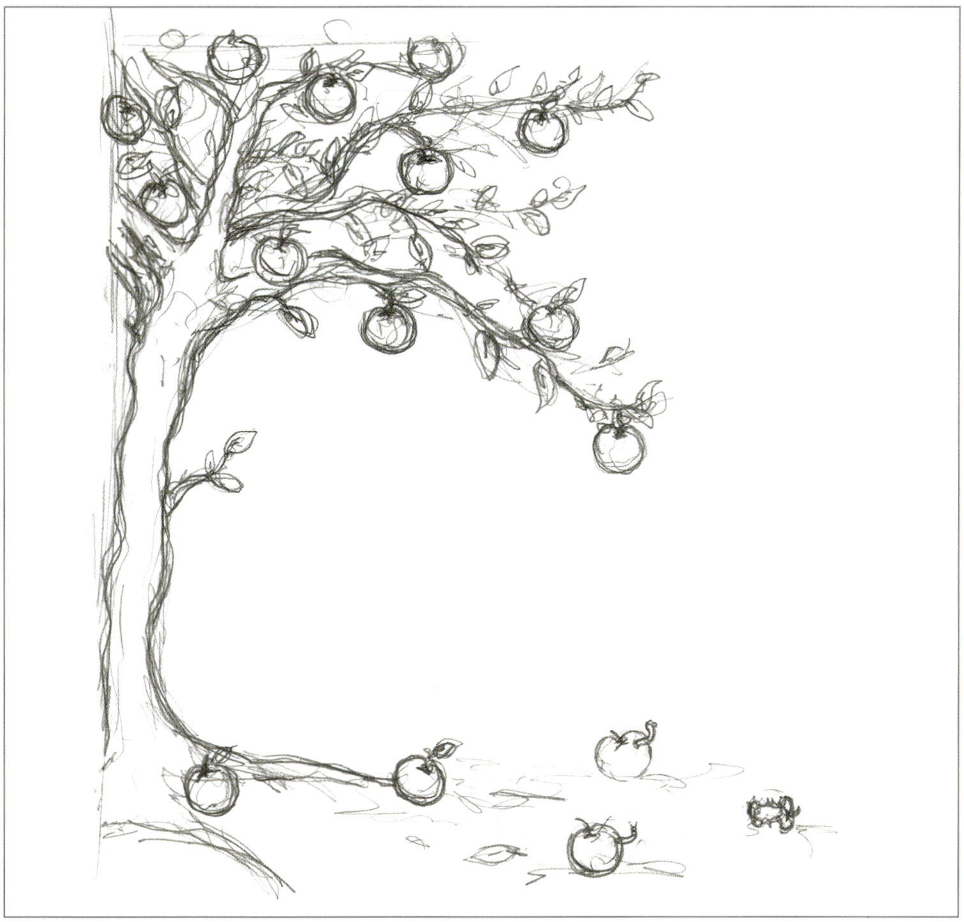

5 Aquarellieren der linken Buchseite

Da diese Illustration keinen aquarellierten Hintergrund hat, ist es nicht nötig, das Motiv mit Maskierfilm abzudecken. Die wenigen sich überschneidenden Flächen, z. B. bei den unter dem Baum liegenden Äpfeln, können leicht ummalt werden.

Die Farbe des Baumstamms wird aus verschiedenen hellen Brauntönen mit ein wenig mattem Grün gemischt. Kolorieren Sie von außen nach innen. Die Äste des Baums sind nicht an allen Stellen sichtbar, da sie von Blattwerk überdeckt werden. Kolorieren Sie diese Äste nicht. Die Blätter werden nur locker mit der seitlichen Kante des Pinsels in unterschiedlichen Grüntönungen aufgetupft. Versuchen Sie nicht, jedes Blatt exakt darzustellen, das wirkt unnatürlich. Ausnahmen sind Darstellungen, bei denen die individuelle Blattform eines Baumes gezeigt werden soll. Hier reicht ein auf den ersten Blick ovales, apfelbaumtypisches Format.

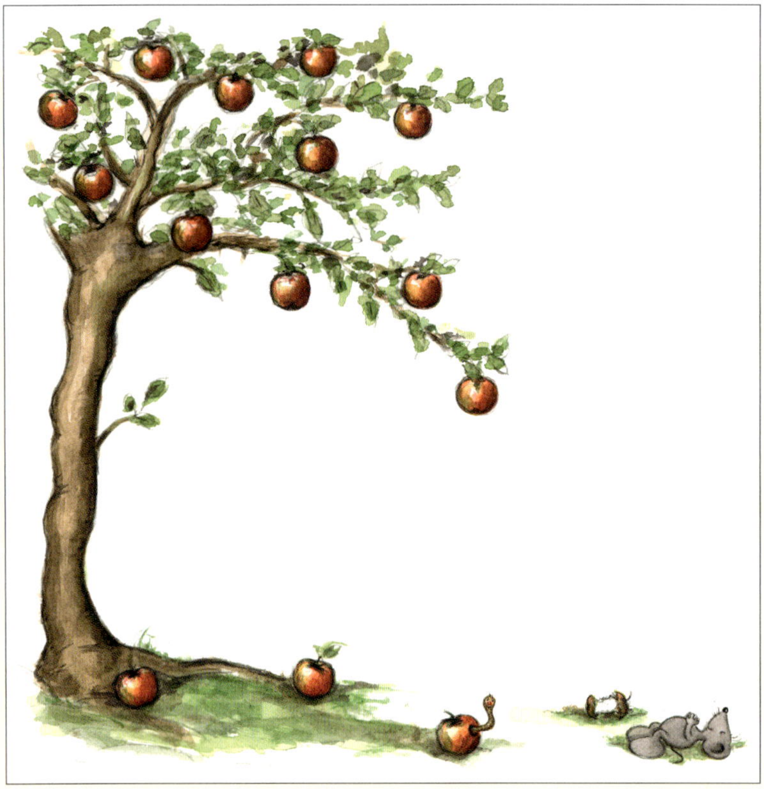

Die schlafende kleine Maus, das abgeknabberte Apfelgehäuse und der Wurm, der aus dem Apfel herausschaut, sind Accessoires zum Entdecken.

TIPP: In einem Bilderbuch geht die Laufrichtung der Geschichtenbilder, also die Entwicklung des optischen Geschehens – aufs Ganze gesehen – meistens von links nach rechts, also in die Richtung, in der gelesen wird und die zum Ende des Buches führt. Ein Beispiel: Wird eine Reise dargestellt, so verläuft diese normalerweise von der linken zur nachfolgenden rechten Seite – kehrt eine Figur dann um, geht es von rechts nach links. Wird dies nicht beachtet, so ist der Betrachter möglicherweise verwirrt, vielleicht ohne zu wissen, warum. Das bedeutet aber nicht, dass in einzelnen Illustrationen nicht auch die Ausrichtung eines Bildes von rechts nach links stattfinden kann, zum Beispiel, um zwei gegenüberliegende Illustrationen aufeinander zu beziehen (wie in dem vorliegenden Beispiel von Baum und Haus) oder um den Blick des Betrachters in das Bild zurückzuführen.

6 Fertige Doppelseite

Und so sieht die fertige Doppelseite aus:

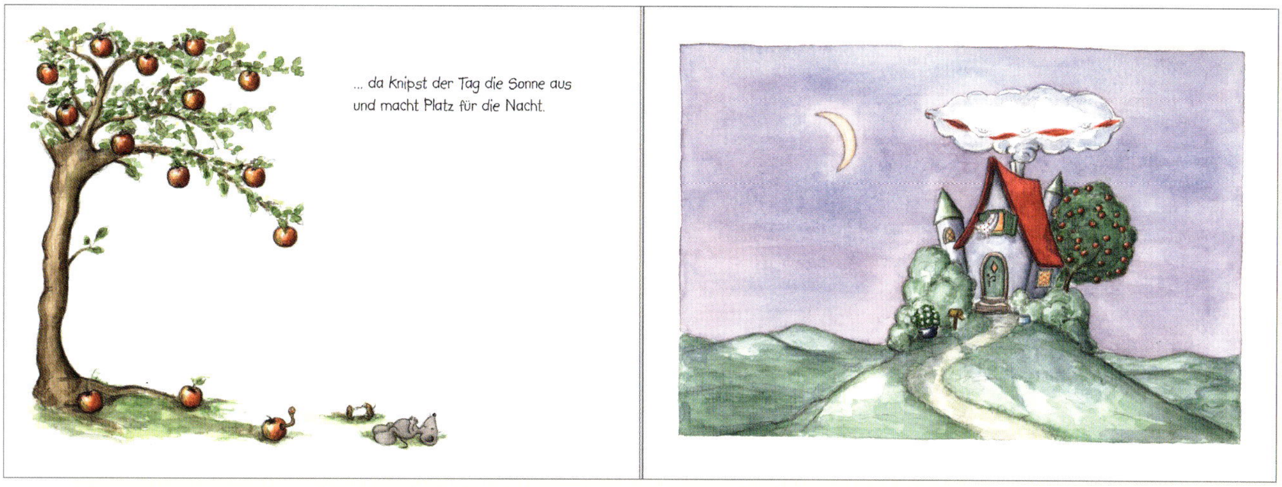

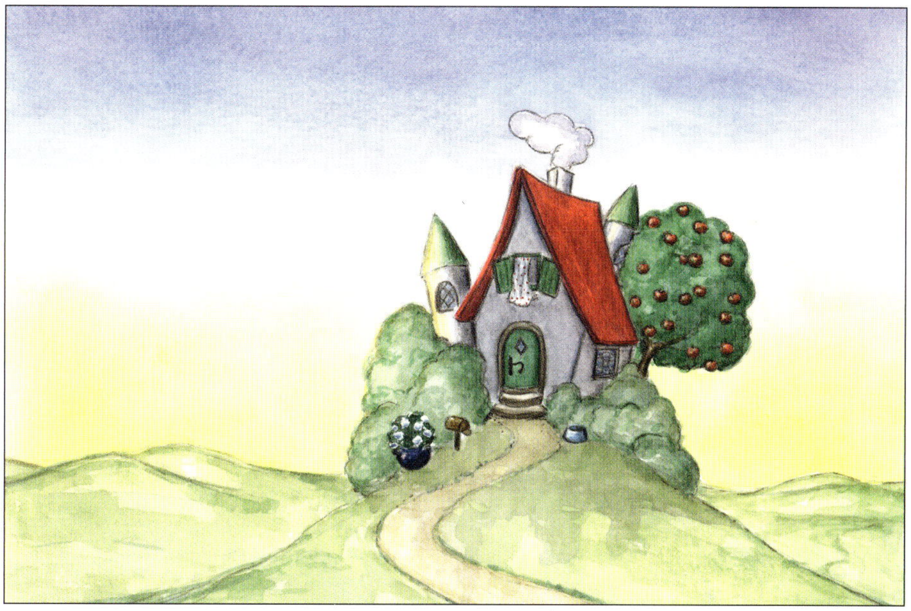

Was Farben bewirken

Schauen Sie sich zum Vergleich an, wie dasselbe Motiv des „Schlaf-gut-Hauses" in einer anderen Farbgebung wirkt. Sehen Sie, wo die Unterschiede liegen? Was hat sich geändert? Was ist gleich geblieben? Welche Tageszeit wollte der Illustrator auf diesem Bild zeigen?

4. Konzeption eines Gesamttextes – Den Text ins rechte Bild setzen

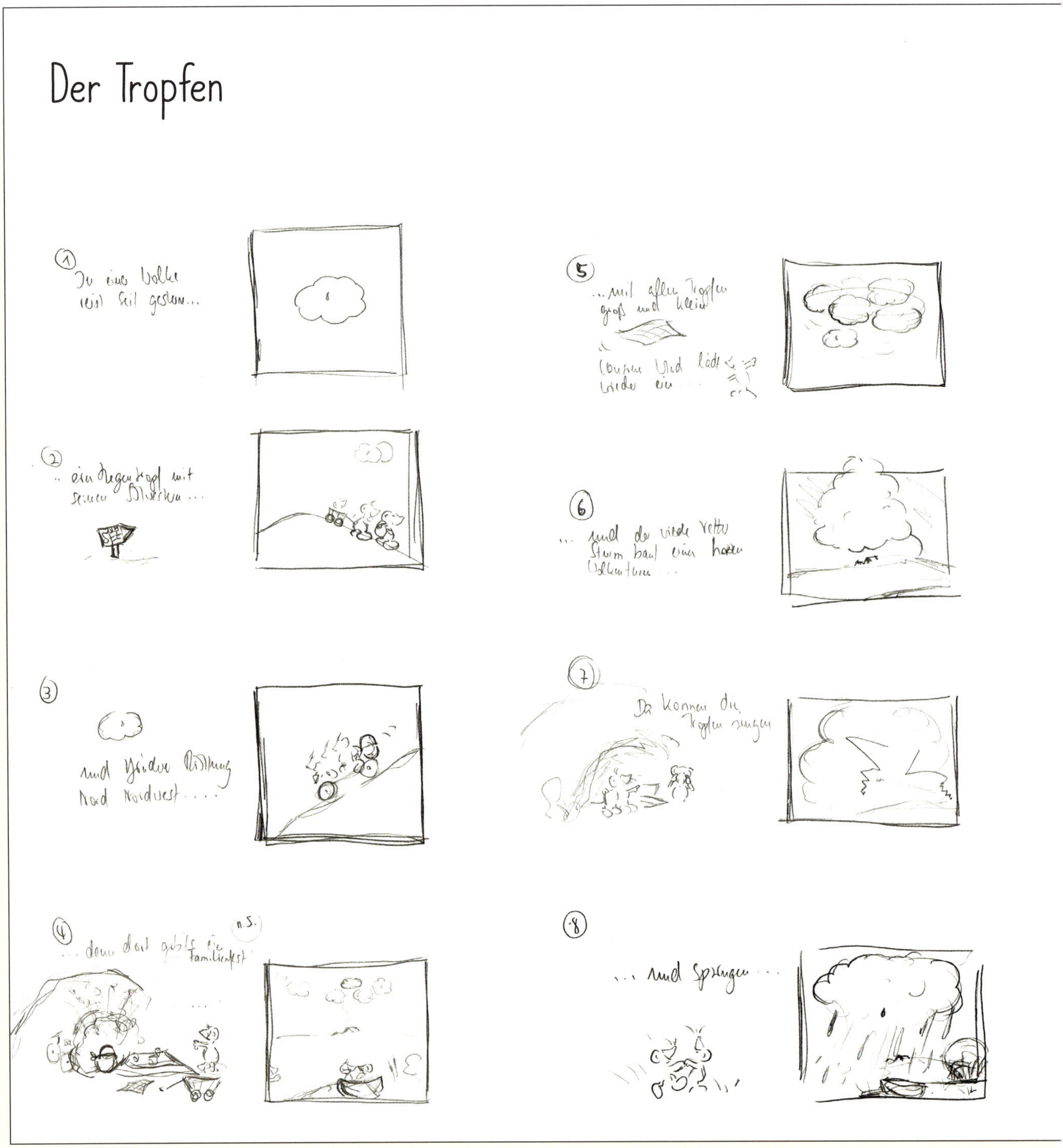

Storyboard für „Der Tropfen“

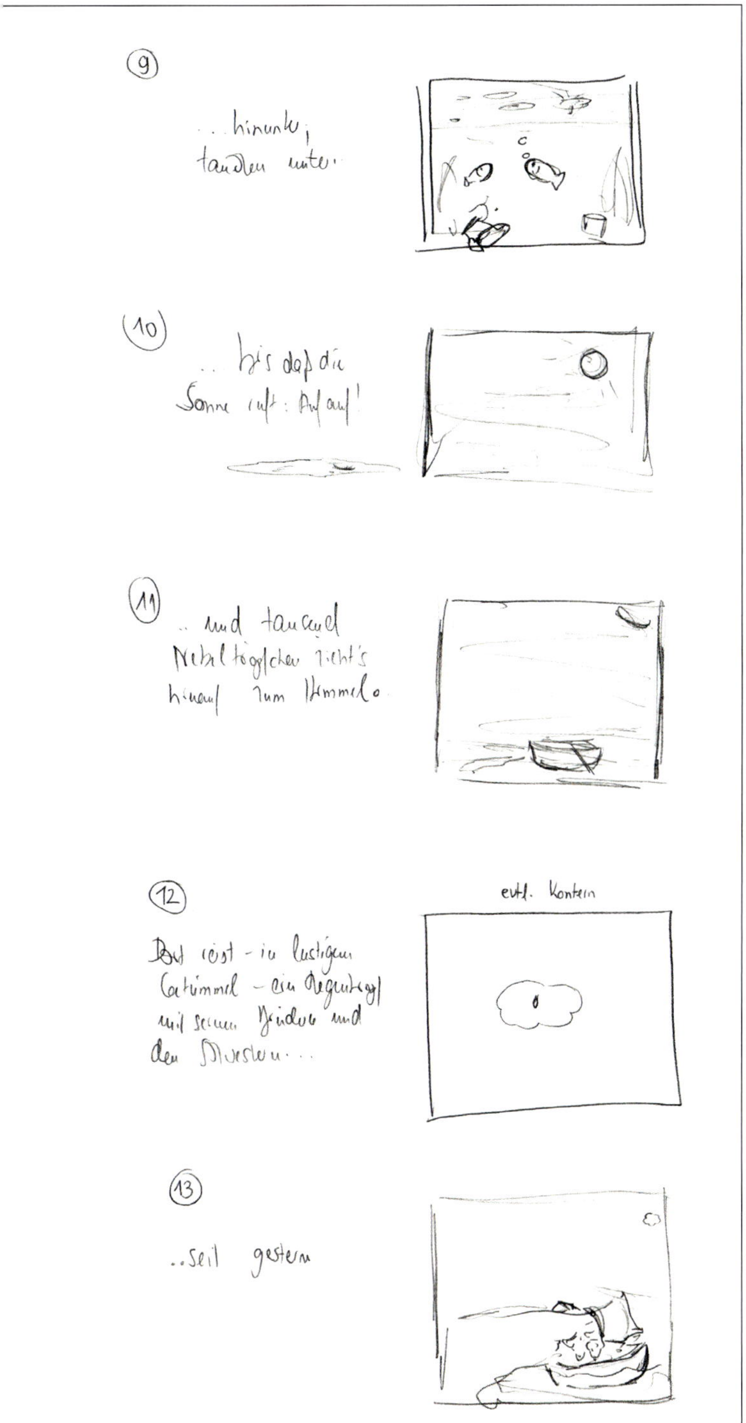

Bei der Auseinandersetzung mit einer zu illustrierenden Geschichte ist es sinnvoll, den Text in kleine Häppchen zu portionieren. Anschließend werden sie übersichtlich und untereinander auf einige oder mehrere leere Blätter – je nach Länge des Textes – verteilt. Lassen Sie daneben genug Platz für Bildideen und schon steht Ihre erste Seitenplanung: das →Storyboard.

DAS STORYBOARD

Die Textstellen nummerieren Sie durch zur besseren Orientierung. Es ist nicht nötig, bereits die korrekten Seitenzahlen einzutragen, das kommt später.

Beim Durchlesen des so aufbereiteten Textes werden sich bereits erste Visionen einstellen, wie wohl die eine oder andere Illustration aussehen könnte. Lassen Sie Ihren Gedanken und Ihrer Vorstellungskraft einfach freien Lauf. Es ist nicht wichtig, ob die Bilder, die Ihnen beim Lesen durch den Kopf gehen, zu den ersten oder den letzten Seiten passen oder irgendwo in die Mitte. Es ist auch nicht wichtig, wenn es zunächst nur ein Bild ist oder zwei, die Ihnen in den Sinn kommen. Ich kann Ihnen versichern, dass sich im Verlauf Ihrer Arbeit auch die anderen Bilder nach und nach ergeben. Versetzen Sie sich in die Geschichte hinein. Überlegen Sie, welche Bilder Sie selbst gerne beim Lesen dieser Geschichte anschauen würden oder welche Sie als Kind gerne beim Vorlesen dieses Buches angesehen hätten.

KLEINE SKIZZEN HALTEN IDEEN FEST

Die Ideen, die sich bei Ihnen einstellen, halten Sie in →Daumennagelskizzen fest und zwar jeweils bei den Textstellen, die sie illustrieren sollen. Daumennagelskizzen sind überraschenderweise in ihren Grundzügen oft der späteren fertigen Illustration schon sehr ähnlich. Das ist ein Hinweis darauf, dass die grundsätzliche Konzeptidee eines Bildes beim Skizzieren oft schon sehr früh im Kopf des Illustrators angelegt ist. Trotzdem sind Skizzen vorläufig, nicht perfekt und in den meisten Fällen auch noch nicht vollständig. Sie werden später in Ruhe ausgearbeitet.

Anzahl der Seiten festlegen

Im nächsten Schritt werden die Seitenzahlen festgelegt. Die meisten Bilderbücher haben 12 bis 16 Doppelseiten, manchmal aber auch mehr. Das hängt von der Geschichte ab. Wenn Sie einen umfangreicheren Text haben, nehmen Sie am besten für jede Seite ein DIN-A4-Blatt und platzieren Sie Text und Skizzen darauf.

Format und Größe festlegen

Noch bevor Sie mit dem Skizzieren anfangen, sollten Sie überlegen, welches Format Ihr Bilderbuch haben wird. Es gibt eine Reihe von Buchformaten, vom rechteckigen Hochkantformat über ein quadratisches (was eher selten ist) bis zum Querformat in verschiedenen Breiten. Welches Format und welche Größe richtig ist, hängt häufig vom Inhalt ab, z. B. bei einer Geschichte, in der viele Landschaftsbilder vorkommen, bietet sich ein Querformat an. Für eine Geschichte, die über Hochhäuser erzählt, ist ein Hochformat günstiger. Das gängigste ist sicher das Hochformat. Beim Üben können Sie frei entscheiden, welches Format Sie wählen. Es ist jedoch in jedem Fall sinnvoll, es vorab festzulegen, da ein querformatig angelegtes Bild sich meist nicht für ein hochformatiges Buch verwenden lässt, es sei denn als durchgehende Doppelseitenillustration. Ebenfalls ausgenommen sind kleine Illustrationen oder →Vignetten, die überall eingesetzt werden können. Im Allgemeinen findet man in einem Buch jedoch sowohl große, vollfarbig gezeichnete als auch kleine Illustrationen, oft auf gegenüberliegenden Seiten wie beim Bild vom „Schlaf-gut-Haus".

Bärbel Haas

Bärenwirtschaft

Im kunterbunten Bärenhaus
Da kennt sich kaum ein Bär noch aus.
Bei all den vielen Onkeln, Tanten,
4|5 den fern- und nahen Bär-Verwandten,
den Omas, Opas, Neffen, Nichten
gibt's immer lustige Geschichten
von denen man berichten kann.

Und darum fangen wir gleich an...

„Viel fernseh'n," sagt der Vater Bär
6|7 *„ das nützt nicht viel und schadet mehr."*

Doch kommt die Life-Show/ Programm 3,
Dann ist er immer mit dabei...

Kennt ihr schon Onkel Augustin?
Der wollte nach Neuseeland zieh'n.

8|9 Und dieses prophezeite er:
„Ich komm zurück als reicher Bär –

reich und berühmt: ihr werdet seh'n!"
Da ließen sie ihn brummend geh'n.

Er ist zurück – Erfahrungs-reich.
Der Ruhm, der kommt schon - nur nicht gleich...

Caline Bär ist heut' so krank,
10|11 *sogar der Teddy bleibt im Schrank.*

Kann wirklich nicht zur Schule geh'n,
das kann sogar der Opa seh'n.

Doch ohne Medizin – o Wunder!
Wird sie am Nachmittag gesunder.

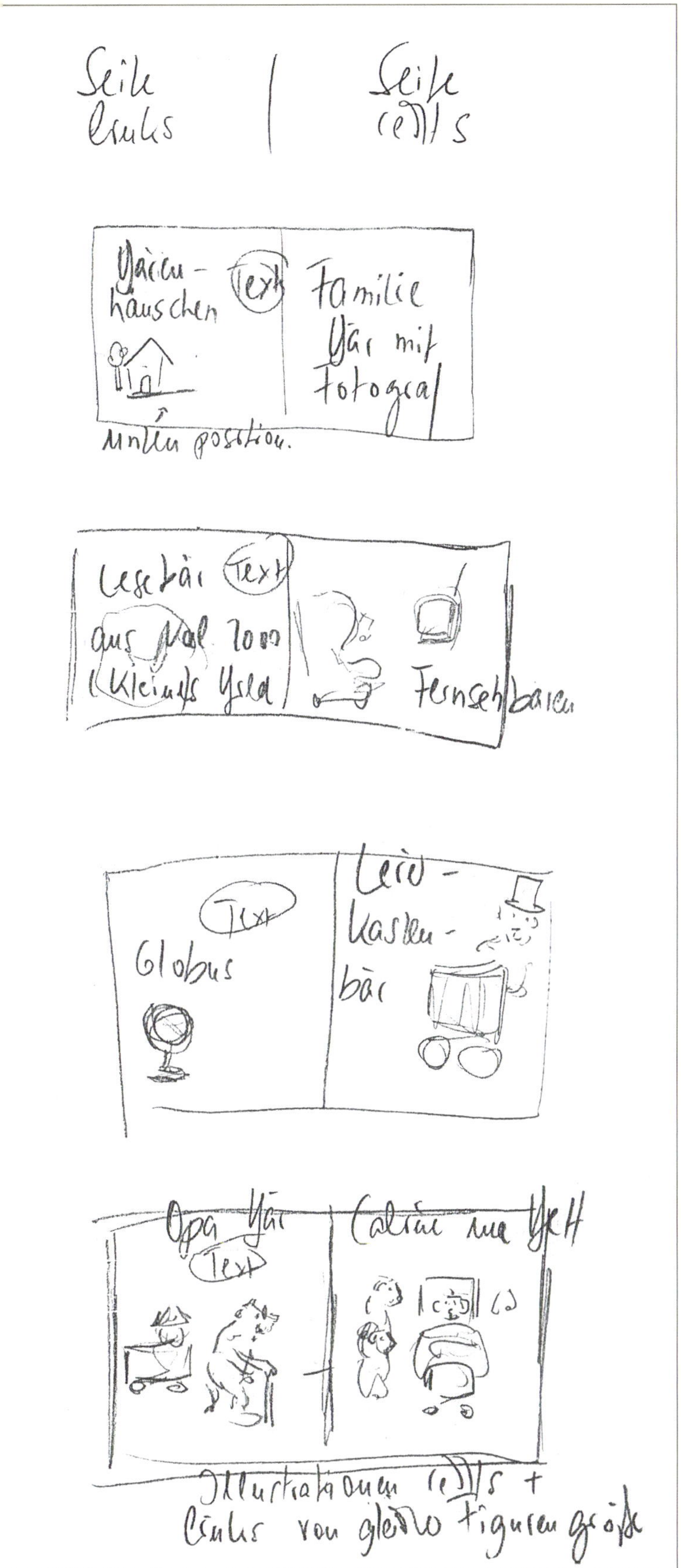

unlektoriertes Arbeitsblatt

TIPP: Machen Sie sich keine zu große Arbeit mit der Ausarbeitung Ihrer Skizzen. Halten Sie einfach Ihre Ideen fest. Je spontaner Sie das tun, desto besser! Darauf können Sie dann die großen Skizzen und die weiteren Bilder aufbauen.

GAR NICHT DUMM – DER DUMMY

Wenn Sie eine durchgehende Doppelseiten-Illustration konzipieren, planen Sie eine oder mehrere Stellen für den Text ein. Wenn der Text in einem farbigen Teil des Bildes steht, so muss trotzdem gewährleistet sein, dass er noch gut lesbar ist. Entweder Sie lassen also einen Teil des Bildes heller oder, falls das nicht möglich ist, kann der Text auch in weiß auf einen dunklen Untergrund gesetzt werden.

Selbst gebastelt oder am PC

Zur besseren Konzeption der Text/Bild-Komposition empfiehlt es sich, ein Musterbuch, einen sogenannten →Dummy zu basteln oder im Computer anzulegen. Verwenden Sie einen Block mit leeren Seiten, der genau die Anzahl der zu füllenden Seiten hat und in den Sie alle Skizzen als Kopien und die Texte einkleben.

Wenn der geplante Gesamtumfang z. B. 24 Seiten beträgt, nehmen Sie 12 leere DIN-A4-Blätter und verteilen den Text auf die Seiten, wobei Sie beide Seiten der Blätter nutzen. Dann haben Sie genug Platz für die Bildplanung und sehen auch gleich, wie die Gesamtwirkung der jeweiligen Doppelseite ist. So habe ich es lange Zeit gemacht. Aber mittlerweile lässt sich die Seitenaufteilung natürlich wesentlich eleganter am Computer erledigen.

Spannung verzögern

Durch eine strategische Verteilung des Textes können Sie auch auf den Spannungsaufbau einwirken. Wenn Sie z. B. die Auflösung eines mysteriösen Geschehens nicht auf einer rechten Seite 9, sondern auf der darauf folgenden linken Bildseite 10 stattfinden lassen, die erst nach dem Umblättern zu sehen ist, dann zögern Sie damit die Spannung noch einen kleinen Moment hinaus.

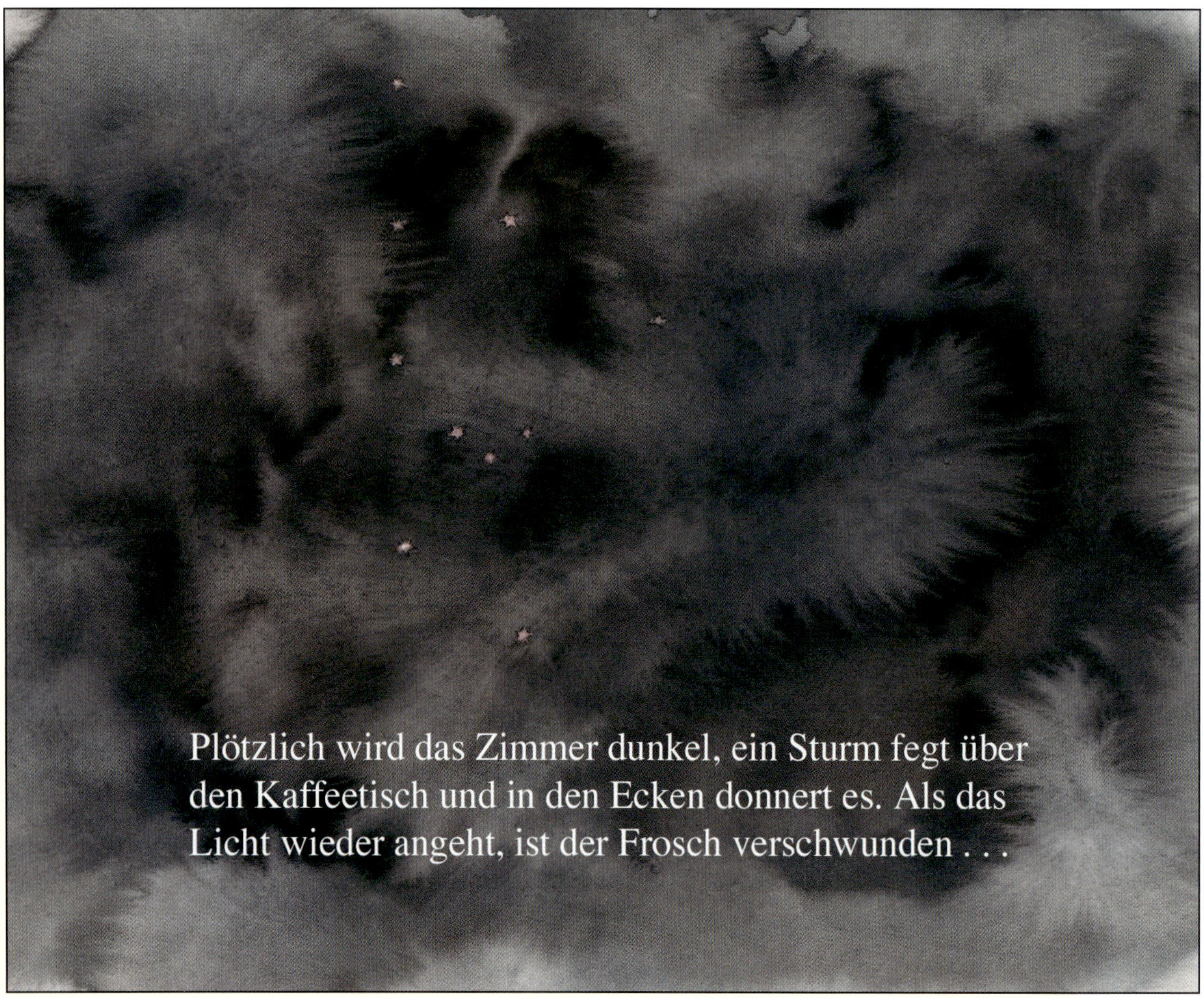

Illustration aus „Hexentee und Königskuchen“

Wäre die Auflösung auf Seite 9 rechts platziert, dann würde der Leser bzw. der Betrachter schon beim Lesen und Anschauen der Seite 8 schnell einmal nach rechts hinüberschauen können (und es auch sicherlich tun) und mit der Spannung wäre es vorbei. Die Spannungsauflösung auf der linken Seite 10 garantiert einen großen Auftritt und der ist auch im Bilderbuch wichtig.

Sie können die Wirkung noch erhöhen, in dem Sie z. B. eine Ihrer Figuren die untere Ecke der Seite anheben und dahinter schauen lassen. Das ist ein witziger kleiner Effekt, der den Lesespaß erhöht. Sie können auch die Außenschnittkante einer Seite in Ihre Darstellung mit einbeziehen und z. B. Figuren dahinter verschwinden oder daraus hervorschauen oder hervorkommen lassen.

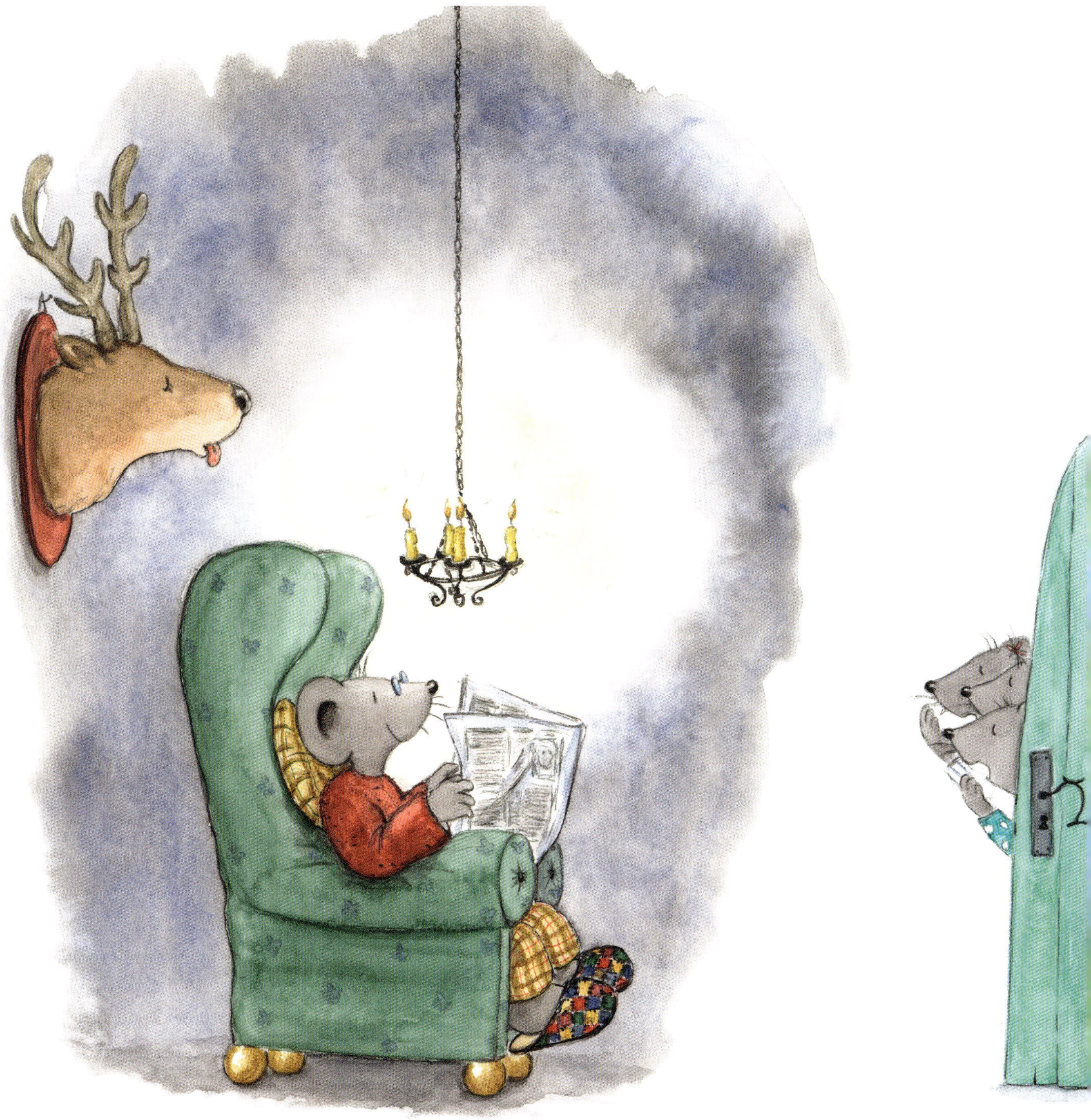

Illustration aus „Zwei Räuber und drei Schlossgespenster"

5. Die Wahl der Werkzeuge – Verschiedene Illustrationstechniken

Hier sehen Sie sechs verschiedene Möglichkeiten, ein und dasselbe Motiv zu illustrieren. Ob Sie mit Farbstiften, Grafitstiften, Aquarellfarben im Näpfchen und Pinsel, ob mit Wasser vermalbaren Aquarellstiften, mit schwarzem Fineliner oder ob Sie mit einer einzelnen Aquarellfarbe monochrom arbeiten – das Ergebnis ist jedes Mal ein anderes, aber jede Ausarbeitung hat ihren eigenen Reiz. Man kann die Techniken auch miteinander verbinden, um bestimmte Wirkungen zu erzielen oder um Akzente zu setzen. So erhält beispielsweise ein farbig gestaltetes Element in einer monochrom gestalteten Umgebung eine besondere Bedeutung. Experimentieren Sie und wählen Sie selbst aus, welche Technik Ihnen für welche Illustration am besten gefällt.

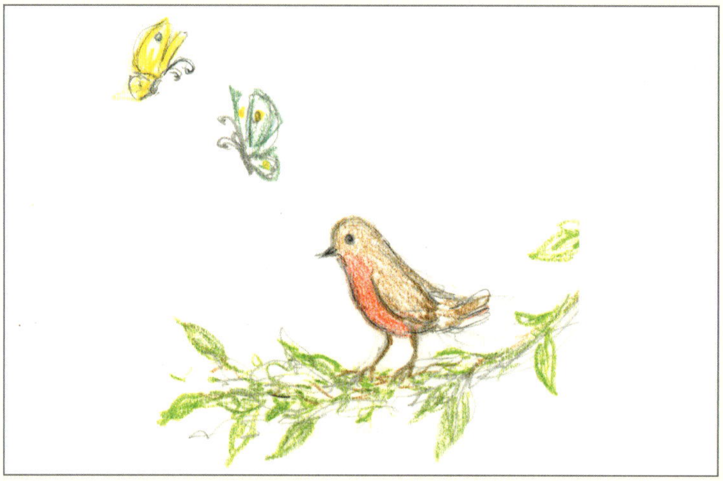

Farbstifte

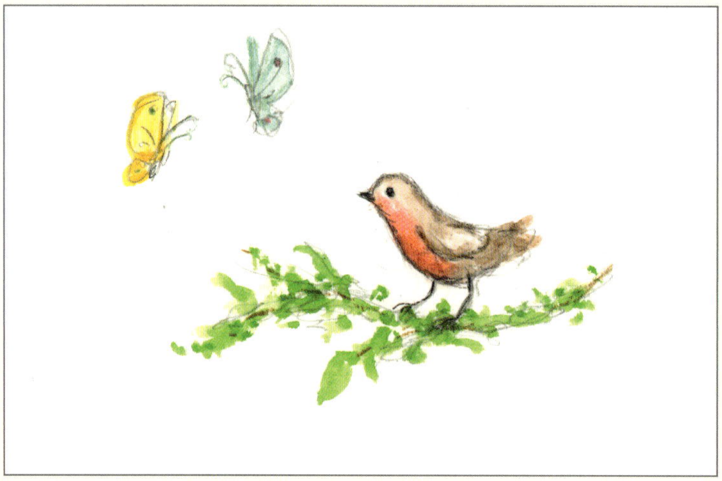

Aquarellfarben im Näpfchen

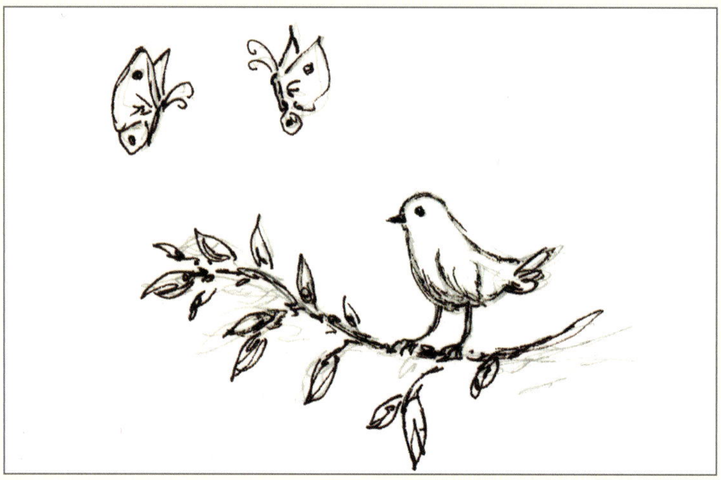

→Fineliner 0,4

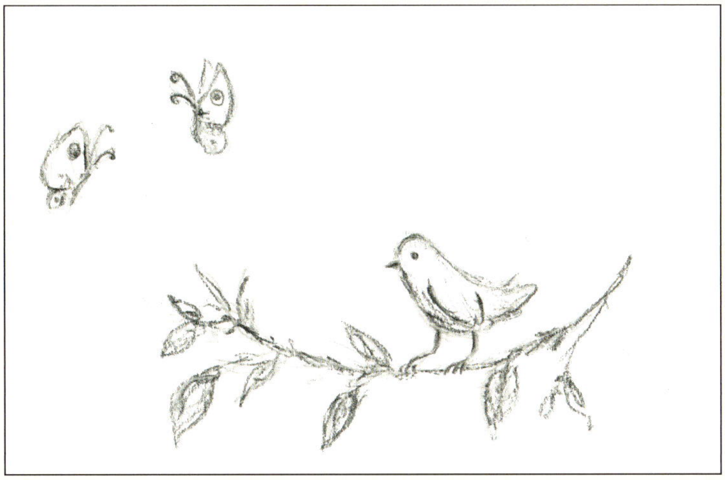

Grafit

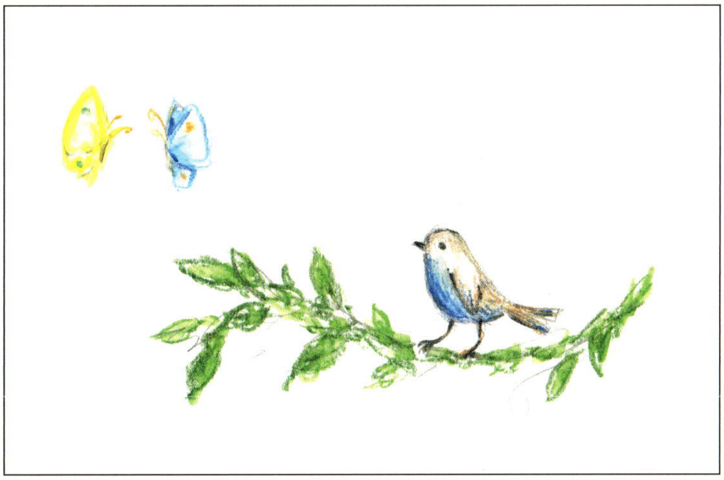

Aquarellstifte
wasservermalt

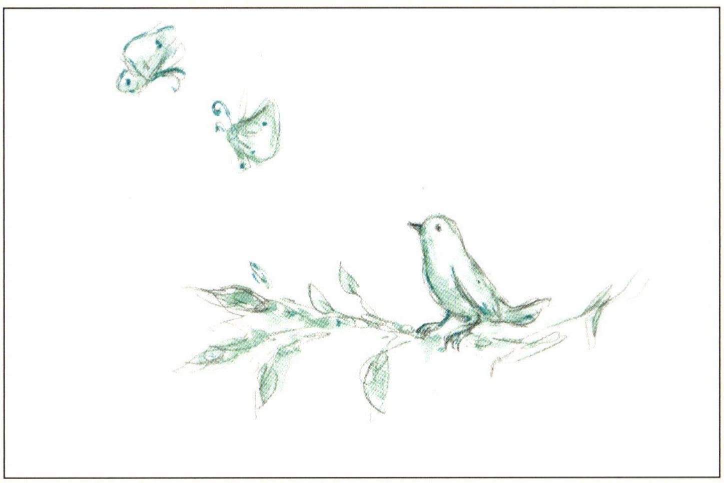

Aquarellfarben
Näpfchen,
monochrom

DIE STÄRKE LIEGT IM DETAIL – VOM ZAUBER DER FEINHEITEN

1. Welche Figur passt am besten? – Mensch oder Tier

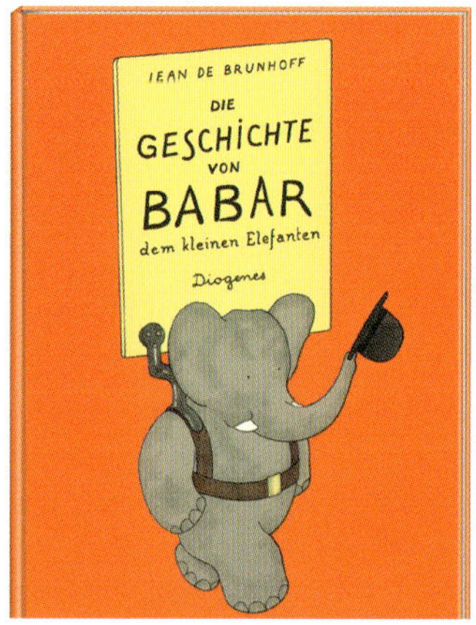

Die Frage, ob Sie als Hauptdarsteller Ihres Buches ein Tier oder einen Menschen wählen, erfordert ein paar grundsätzliche Überlegungen und diese hängen eng mit der Art der Geschichte zusammen. Bei vielen Geschichten steht ja von Anfang an fest, um welchen Protagonisten es geht. Jean de Brunhoffs „Babar" musste ein Elefant sein. Immerhin ist er der König aller Elefanten und besitzt – auch als Bilderbuchfigur – den Gemeinschaftssinn und die Sozialkompetenz, die man in den Herden der Elefanten in der Natur findet. Eric Carles „Kleine Raupe Nimmersatt" kann nur eine Raupe sein. Es ist die Sachgeschichte einer Metamorphose, die sich in genau dieser Form nicht auf einen anderen Protagonisten übertragen lässt. Astrid Lindgrens „Pippi Langstrumpf" ist in jedem Fall ein Mädchen. Die Geschichte bezieht ihre Spannung ja gerade durch den Kontrast, dass Pippi zwar ein kleines Mädchen ist, aber trotzdem über Bärenkräfte, Mut, ausreichend Geldmittel und über die Freiheit verfügt, ihr Leben so zu gestalten, wie sie es möchte. Aber Helme Heines „Freunde" hätten – rein theoretisch natürlich nur – auch aus einem anderen Trio bestehen können, z. B. aus drei Kindern, die Geschichten von Freundschaft und Zusammenhalt gemeinsam erleben. Auch wenn wir uns das im Nachhinein nicht mehr vorstellen können, da uns Johnny Mauser, Franz von Hahn und Waldemar, das Schwein, mit ihren Abenteuern ans Herz gewachsen sind.

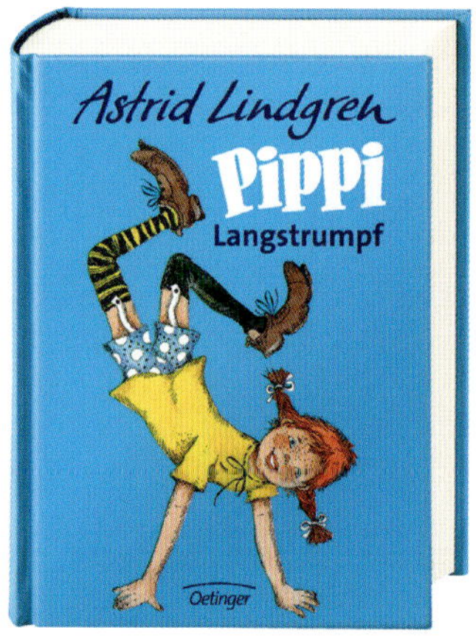

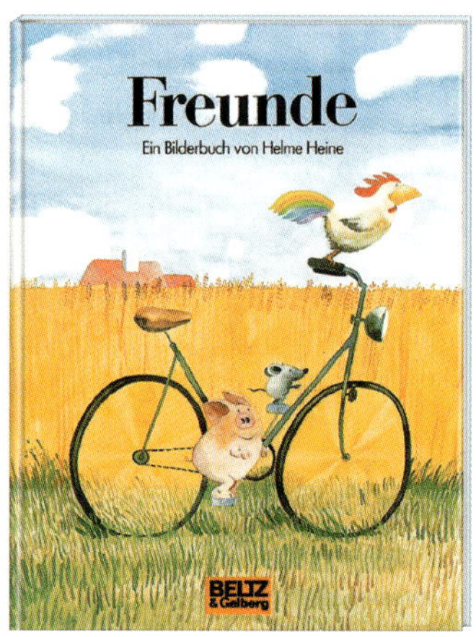

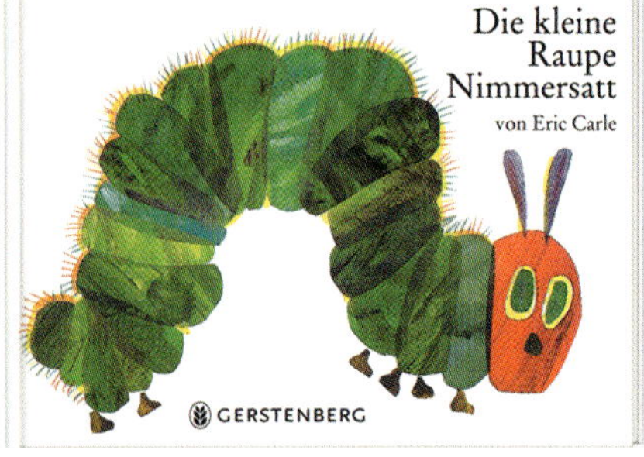

Auswahlkriterium: Sympathie

Wird für die Geschichte ein sympathischer Protagonist gewünscht, dann wird die Wahl vermutlich weder auf einen Geier noch auf eine Hyäne oder eine Spinne fallen. Denn diese Charaktere werden überwiegend mit negativen Eigenschaften verbunden. Genau aus diesem Grund gibt es in Kinderbüchern so viele Bären, Mäuse, Hunde, Katzen und Löwen, deren ohnehin schon beim Leser vorhandenes Sympathiepotential oft noch durch den Zusatz „klein" gesteigert wird. Aber auch moralische Erwägungen kommen in Betracht. Bei tierischen Hauptdarstellern sind die Möglichkeiten vielfältig. Sie können Abenteuer erleben, die durchaus riskant und sogar gefährlich sein dürfen. Ballonflüge mit Absturzgefahr, Fahrten durchs wilde Piratenmeer mit dem Risiko des Schiffbruchs oder Tauchgänge auf dem Meeresgrund sind mit tierischen Helden eher unproblematisch. Lassen Sie jedoch menschliche Seefahrer mit dem Schiff untergehen, mit Fluggeräten oder aus Bäumen abstürzen oder setzen Sie sie sonstigen Gefahren aus, so kann das im Bilderbuch zum Problem werden. Die Identifikation des kindlichen, d. h. sensiblen Betrachters mit dem in Gefahr schwebenden Helden ist in diesem Fall zu direkt und ungefiltert. Dadurch könnte die Angst zu groß werden. Auch die vorlesenden Eltern hätten – heutzutage – sicher kein gutes Gefühl dabei. Wenn Sie bei der Entwicklung Ihrer Bilderbuchcharaktere unsicher sind, machen Sie Probeillustrationen zu einigen Textstellen. Hierbei merken Sie schnell, was geeignet ist und was nicht.

Spannungsbogen im Bilderbuch

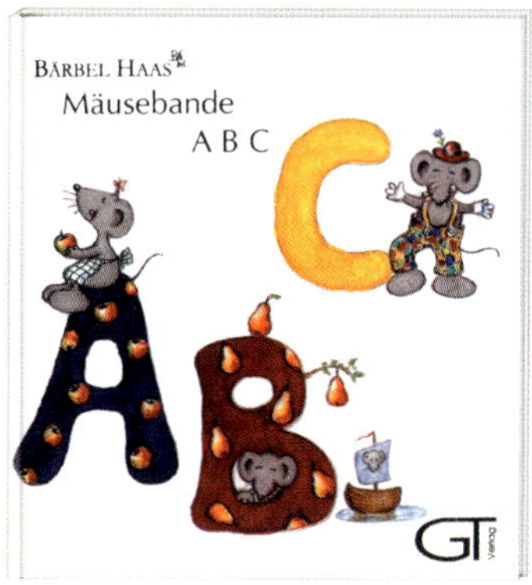

Bei Tierfiguren, insbesondere, wenn sie menschliche Abenteuer erleben, ist zu jedem Zeitpunkt völlig klar, dass es sich um →Fiktion, also um eine erfundene Geschichte handelt. Trotzdem ist bei den jüngeren Zielgruppen immer Vorsicht angebracht beim Erzählen und Illustrieren gefahrvoller Abenteuer. Manche Kinder sind sensibel und ertragen Spannung im Bilderbuch nicht gut. Ich persönlich bevorzuge es beim Schreiben und Illustrieren von Geschichten für die Jüngeren, den Spannungsbogen nicht zu lange zu dehnen, sondern zwischendurch immer wieder eine Zwischenauflösung einzuarbeiten und damit die Spannung ab- und erst danach wieder neu aufzubauen. Die Entscheidung, wer die Hauptrolle spielt, wird jedoch in den allermeisten Fällen durch die Geschichte selbst festgelegt. Ausnahmen sind Bücher ohne Text, z. B. ABC-Bücher oder solche mit Zahlen.

Bilderbücher im Wandel der Zeit

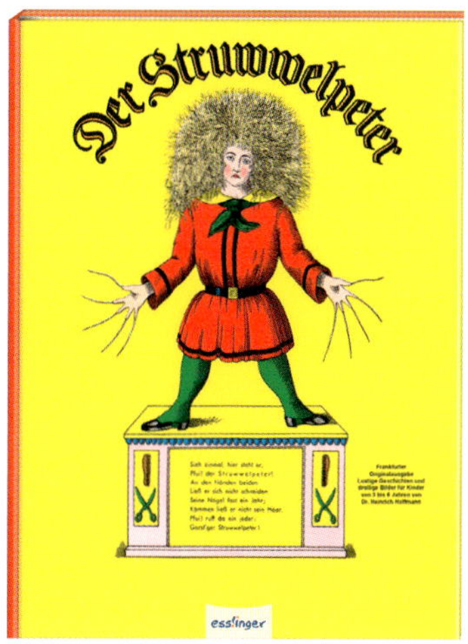

Neben dem Aussehen der Illustrationen haben sich auch die Geschichten der Kinderbücher im Laufe der Zeit gewandelt. Zu Zeiten von Heinrich Hoffmanns „Struwwelpeter", der 1845 erschien, wurden von Erzählern und Illustratoren ohne Bedenken Daumen abgeschnitten, Zimmerbrände mit tödlichem Ausgang veranstaltet und Kinder an Regenschirmen hängend auf Nimmerwiedersehen in stürmische, schwarz drohende Wolken geschickt und noch vieles andere an Erstaunlichem mehr. Alles geschah aus pädagogischen Gründen und mit erzieherischen Absichten. Das ist vorbei. Bilderbücher gehen mit der Zeit. In der ersten Hälfte des vergangenen Jahrhunderts war in der Bilderbuchillustration eine Tendenz zum Niedlichen zu beobachten, gefolgt von sachlicheren und skurrilen Phasen. Das eher künstlerische Bilderbuch nimmt eine Sonderstellung ein und präsentiert häufig eigenwillige und starke Charaktere, die sich süßlichen Klischees verschließen.

2. Der Gesichtsausdruck sagt alles! – Wenn Figuren lachen und weinen

Text und Bild müssen miteinander korrespondieren, sonst werden die Erwartungen der Leser enttäuscht, wie Sie am ersten Beispiel sehen können. In diesem Kapitel dreht sich alles um die Mimik.

BEISPIEL 1: DIE ÜBERSCHWEMMUNG

Wenn im Text zum Beispiel stehen würde „... entsetzt starrte sie auf die hochvolle Badewanne, über deren Rand das Wasser wie aus einem römischen Brunnen sprudelte, hinablief auf den Fußboden und die Rinnsale sich ihren Weg bahnten, um sich schließlich zu einer glänzenden Fläche zu vereinigen ...“

... dann erwarteten wir mit Recht, dass sich im Gesicht der beschriebenen Figur genau die Gefühle zeigen, von denen in der Geschichte die Rede ist: der Schreck über den unerwarteten Anblick der Überschwemmung muss deutlich in der Mimik ausgedrückt sein.

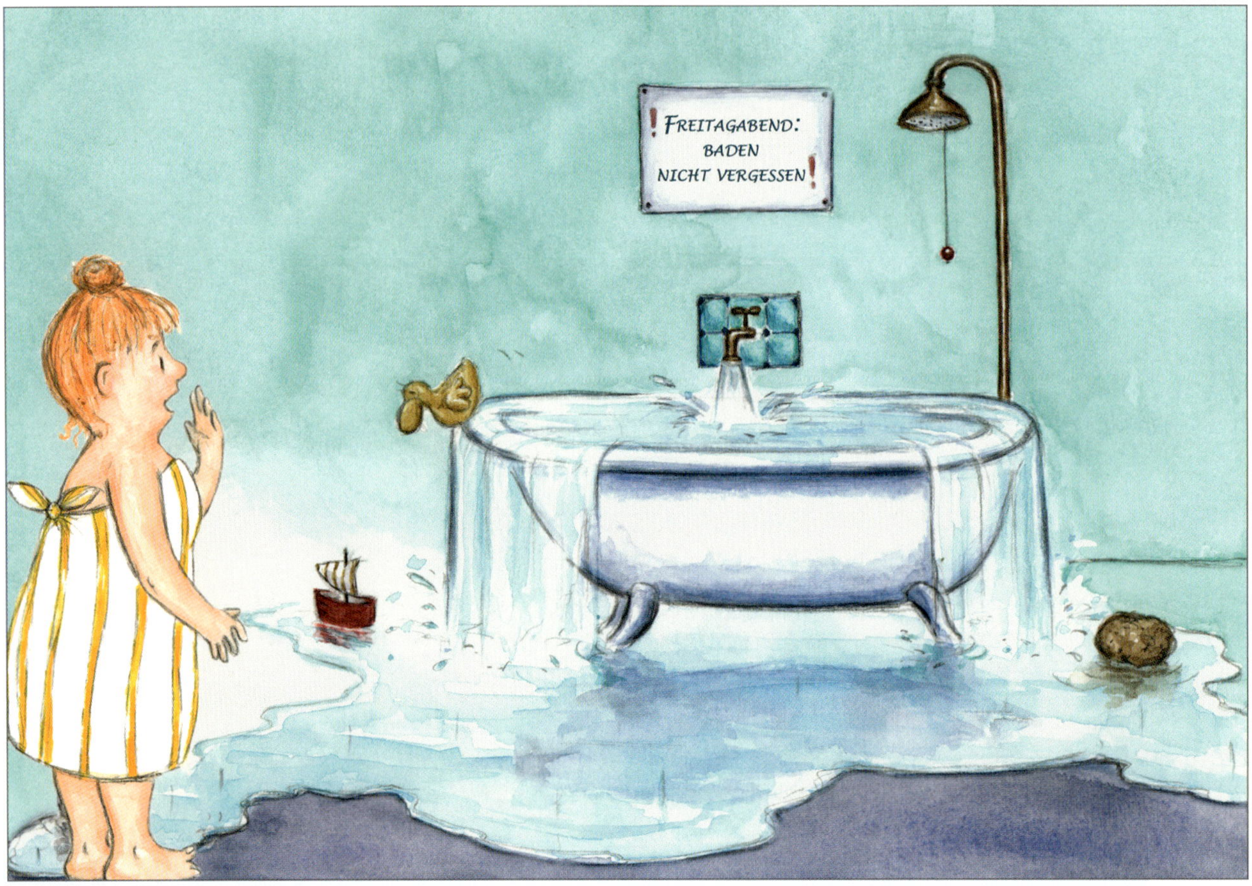

Illustration aus „Die Bi-Ba-Butzemaus“

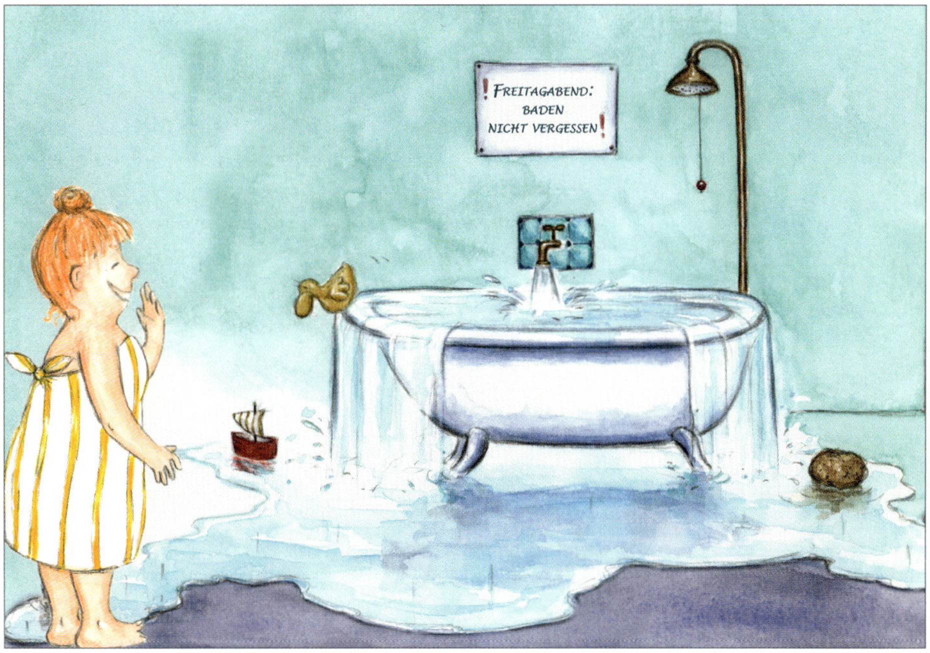

Ist dies nicht der Fall, lächelt die gezeichnete Figur oder lacht sie sogar, dann werden unsere Erwartungen enttäuscht und die Geschichte, zumindest der betreffende Ausschnitt der Geschichte, hat seine Glaubwürdigkeit verloren.

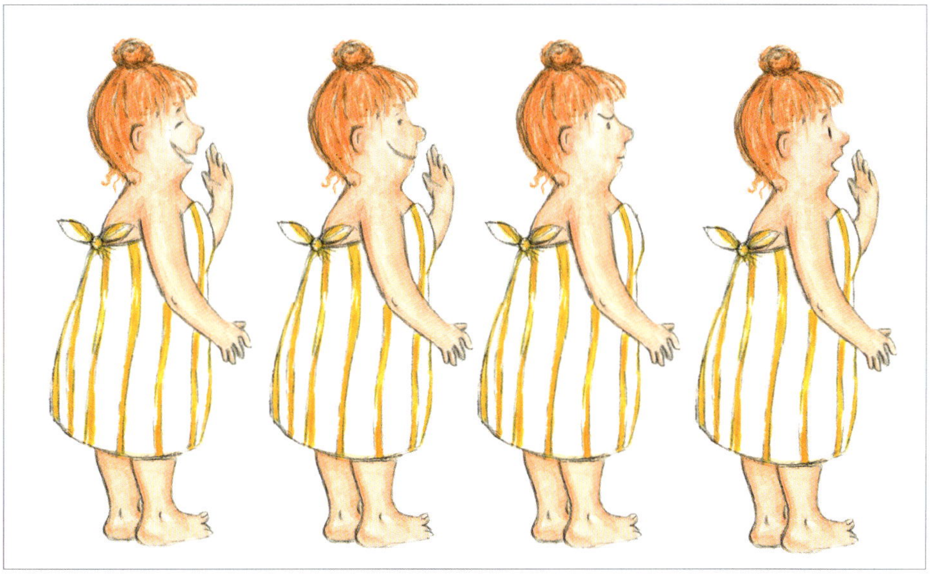

DIE MIMIK MACHT'S

Körpersprache, und dazu zählt auch die Mimik, ist ein wesentlicher Bestandteil der → Authentizität, mit der ein Charakter auf uns wirkt. Können wir ihm trauen? Ist das, was er – bzw. der Text – über ihn sagt, auch wirklich das, was er denkt und fühlt? Im Laufe der Entwicklungsgeschichte haben wir gelernt, in Gesichtern zu lesen. Es war nämlich unter Umständen wichtig für das Überleben, ob ein Ausdruck richtig gedeutet, ob ein Lügner oder Feind entlarvt werden konnte oder ob sich das Gegenüber als so friedlich herausstellte, wie es nach außen hin den Anschein hatte.

Ganz so dramatisch geht es nicht zu in der Illustration, aber es ist auf jeden Fall von großem Vorteil, die Figuren so zu gestalten, dass sie das, was der Text über sie aussagt, nicht Lügen strafen. Es sei denn, dies ist Absicht des Autors oder Illustrators und Teil der Geschichte.

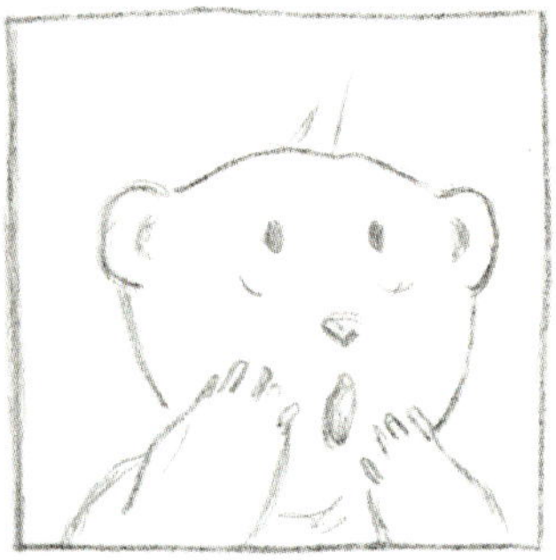

erschrocken

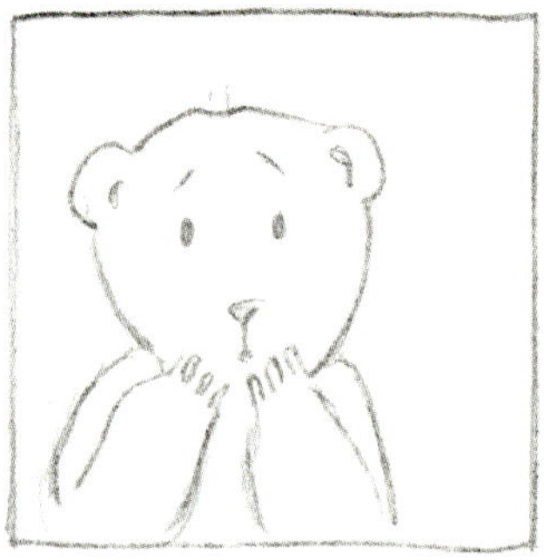

ängstlich

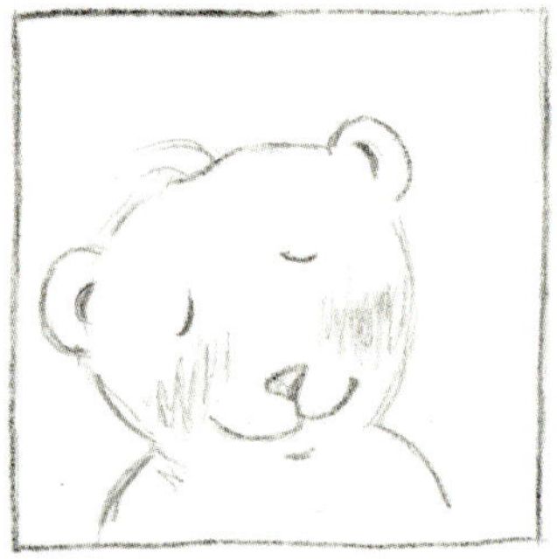

verliebt, schüchtern

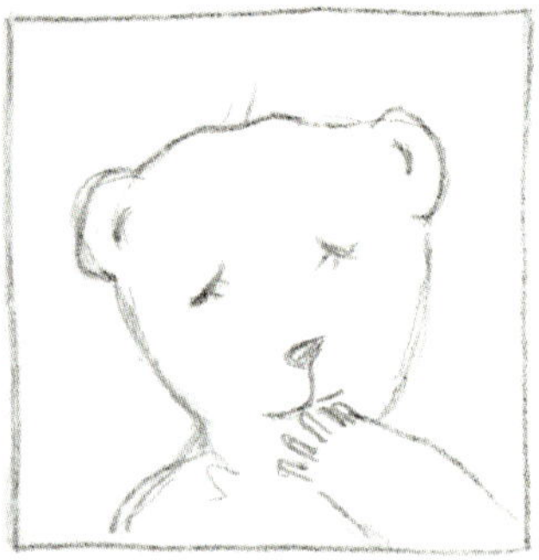

nachdenklich

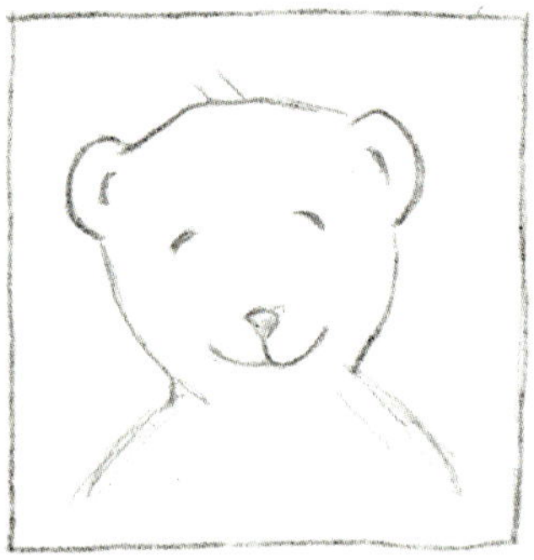

freundlich

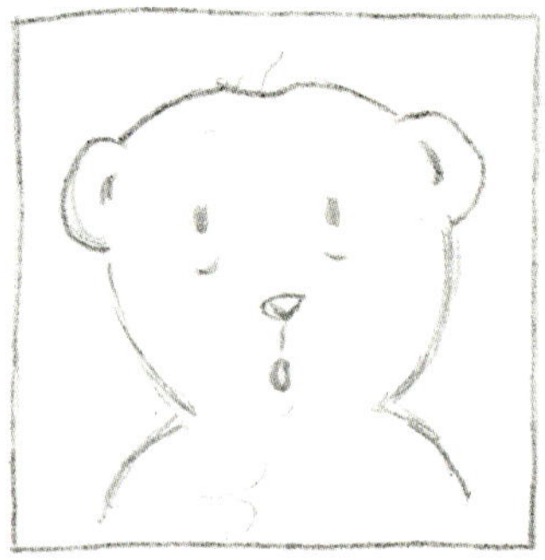

erstaunt

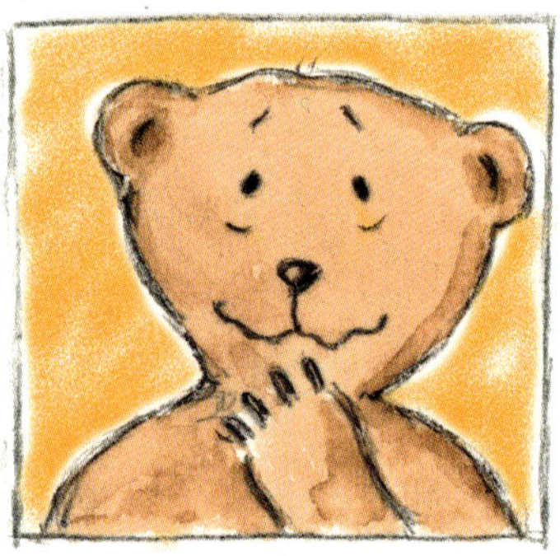

verlegen

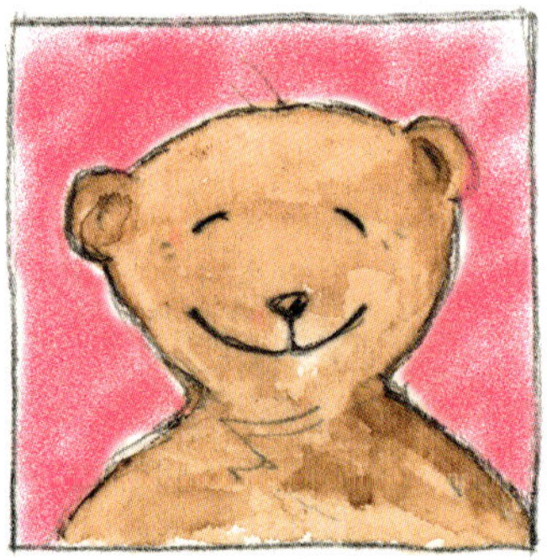

fröhlich

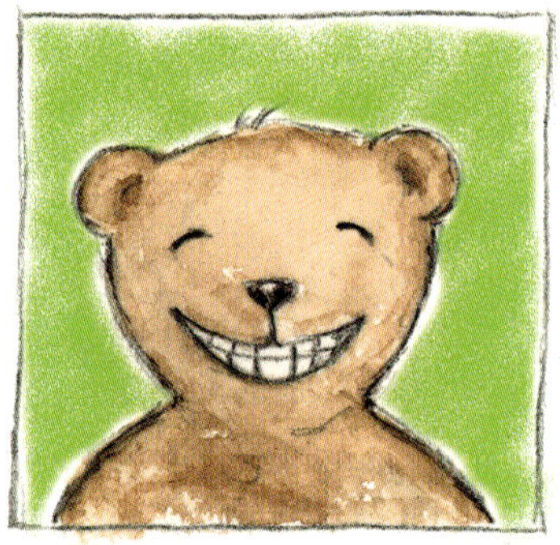

sehr fröhlich

Das Stimmungs-Bärometer

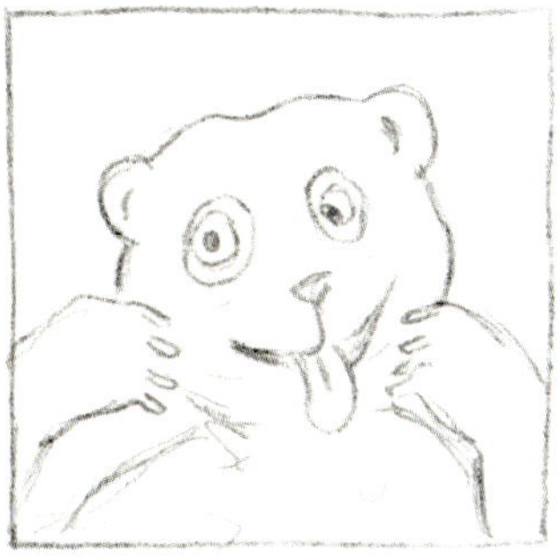
irre gut drauf

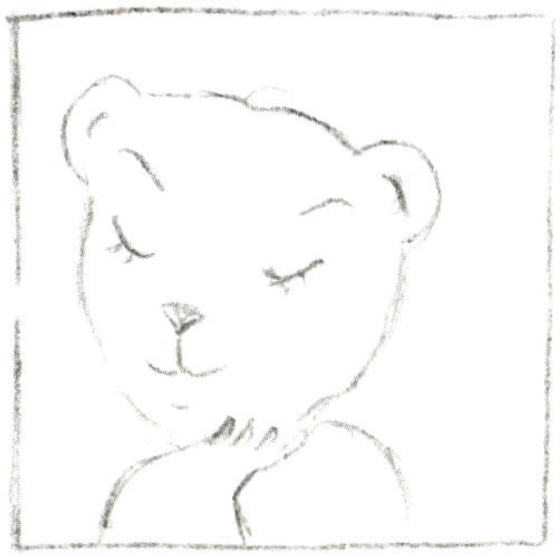
hochmütig

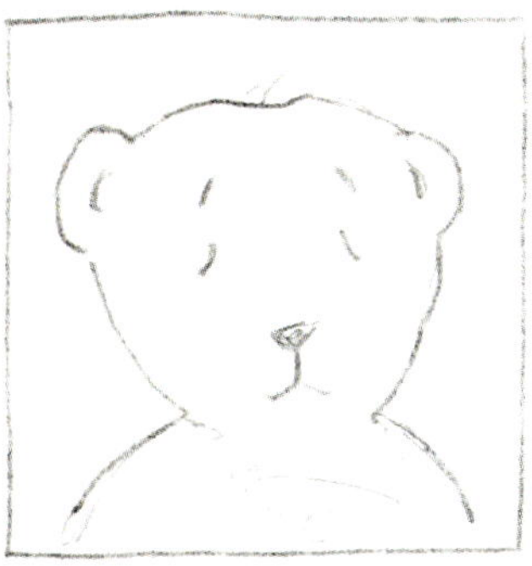
betrübt

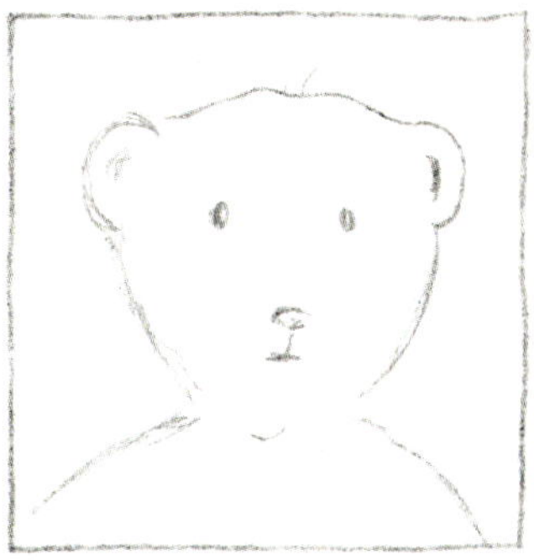
gleichgültig

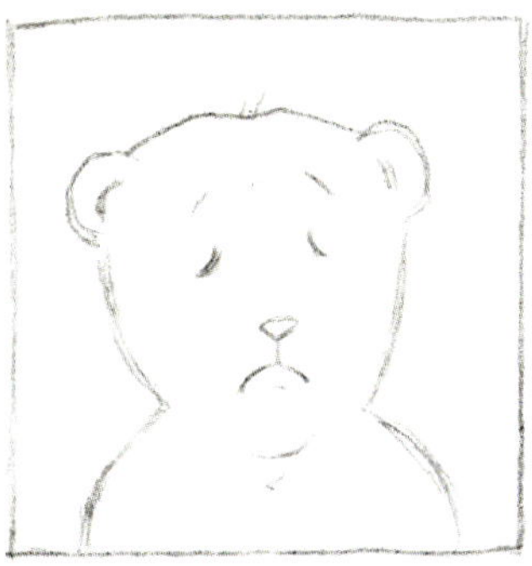
traurig

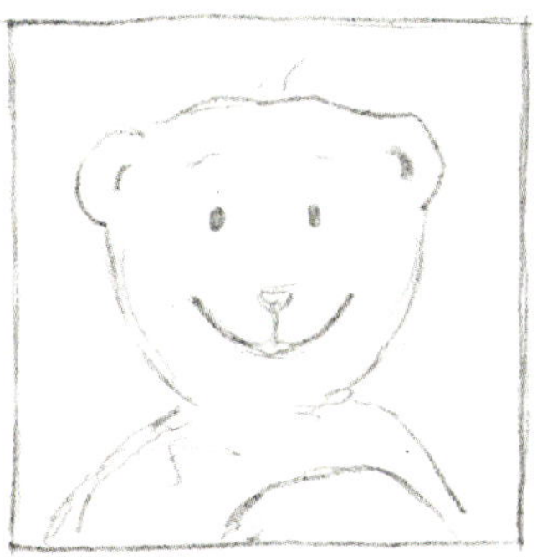
positiv überrascht

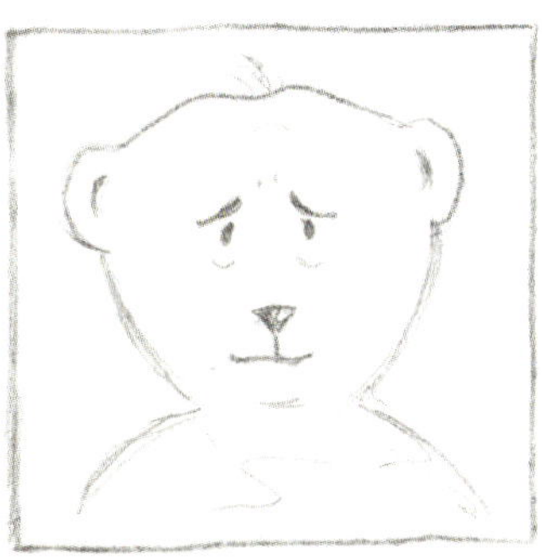
ratlos

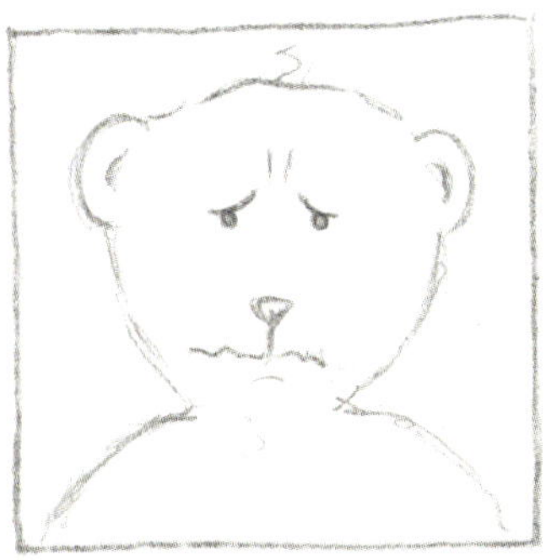
sauer

Mimik gestalten – Gar nicht so schwer

Mimik ist nicht so schwer zu gestalten, wie man vielleicht denkt. Es sind ein paar Faktoren, die viel Aussagekraft haben. Die Form und Größe der Augen, der Neigungswinkel der Augenbrauen, die Linien unter den Augen und auf der Stirn, Form und Verlauf des Mundes und die Kopfhaltung ergeben zusammen ein deutliches Bild der Stimmungslage, gegebenenfalls unterstrichen durch eine Geste der Hand bzw. der Bärentatze. Es bedarf keiner altmeisterlichen Malkunst. Ein Strichmännlein oder ein Bärengesicht kann das auch demonstrieren. Mit wenigen, aber deutlich geführten Zeichenstrichen können Sie viel erreichen. Das Mimikmuster kann problemlos auf andere Figuren übertragen werden. Versuchen Sie doch einmal eine fröhliche Katze zu skizzieren. Oder einen schüchternen Mann, oder eine lustige Sonnenblume. Sie werden sehen, es ist halb so schwer.

ÜBRIGENS: Ich habe festgestellt, dass ich beim Zeichnen eines Gesichts unwillkürlich dessen Mimik übernehme und auch, dass mir das hilft, den gewünschten Gesichtsausdruck besser zu treffen. Versuchen Sie es doch auch einmal – vielleicht wenn Ihnen gerade niemand bei der Arbeit zuschaut ...

BEISPIEL 2: „ANEINANDERHÄNGEN“

In meinem Bilderbuch „Kleine Bären“ lautet die Textstelle zu der folgenden Illustration: „(kleine Bären) ... hängen an ihrer Mama ...“

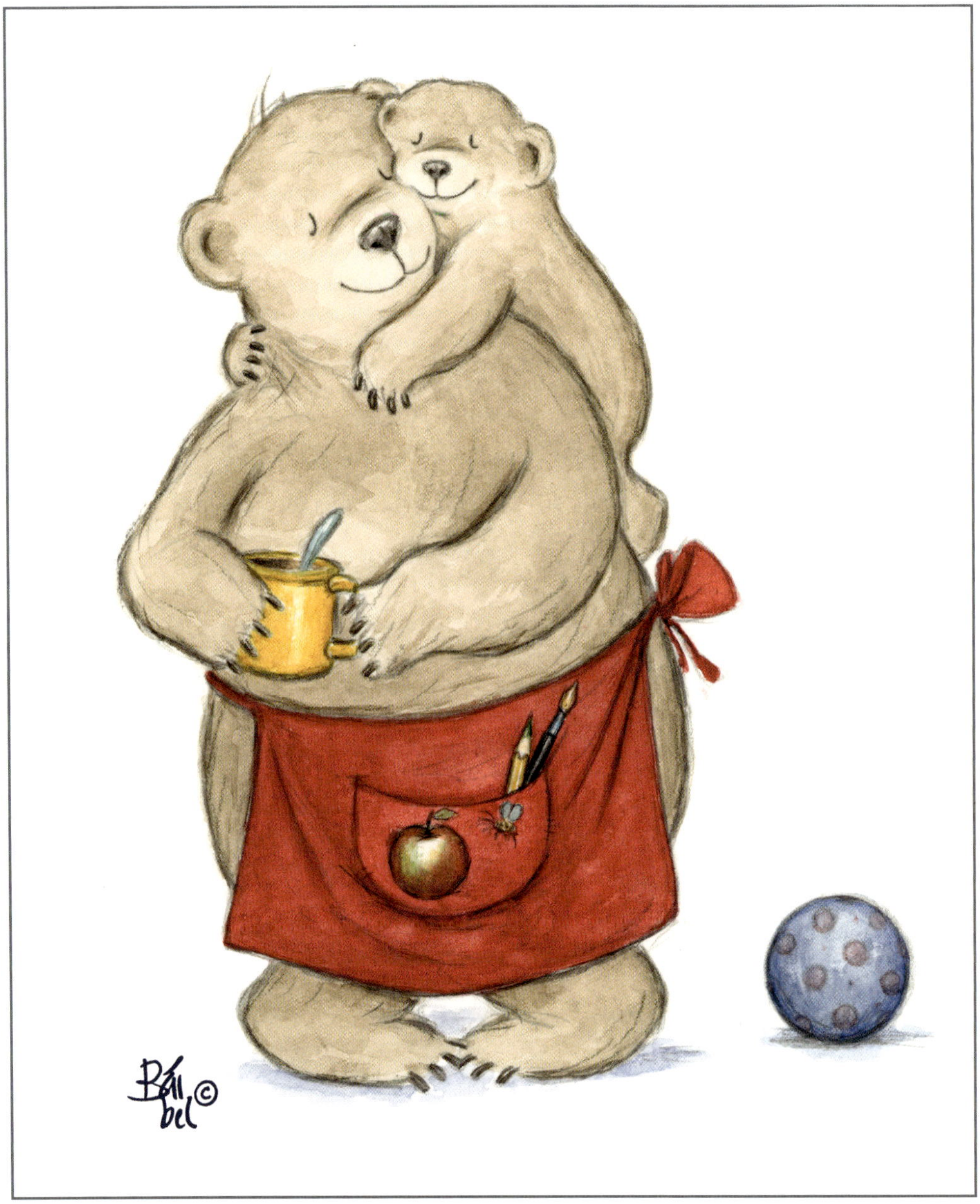

Illustration aus „Kleine Bären“

Im Gesichtsausdruck beider abgebildeter Bären spiegelt sich diese Feststellung deutlich wider. Als zusätzliche witzige Übereinstimmung findet das eigentlich emotional gemeinte „Aneinanderhängen“ hier auch körperlich statt.

BEISPIEL 3: ERSCHROCKEN

TIPP: Um die Atmosphäre eines Bildes zu verstärken, können Sie auch Gegenstände mit Gesichtern und Mimiken versehen. Nutzen Sie dazu, wenn möglich, auch vorhandene Accessoires wie Griffe, Knöpfe etc.

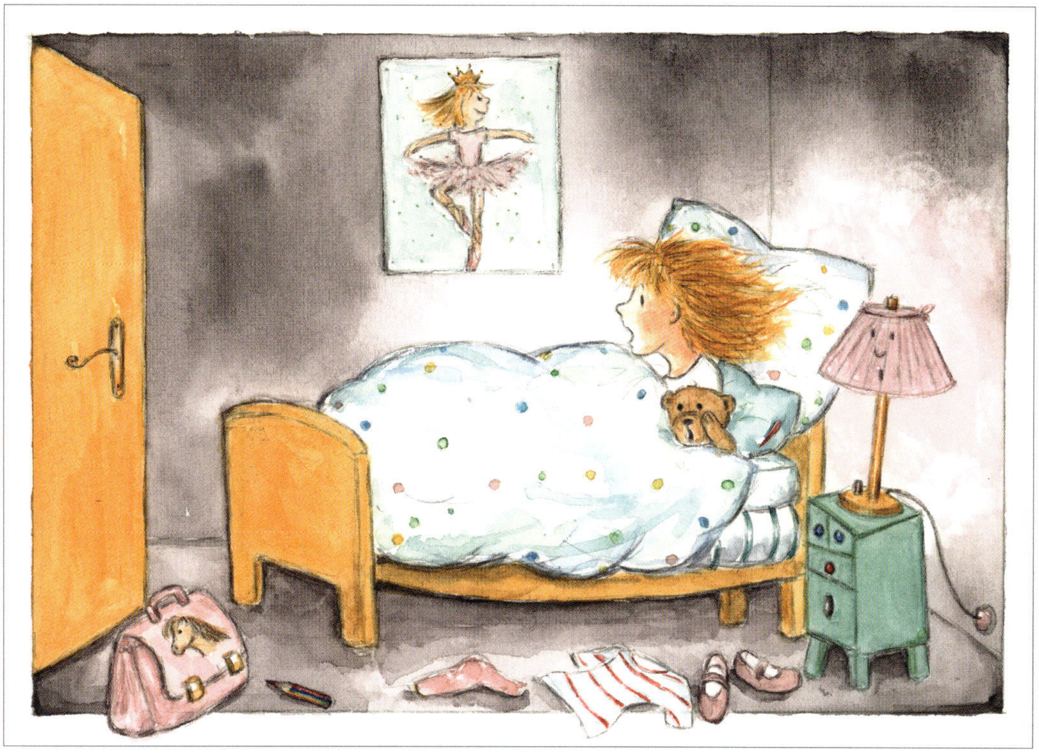

Illustration aus „Die Bi-Ba-Butzemaus“

JETZT SIND SIE DRAN!

Versuchen Sie, zu einem der folgenden Beispieltexte einige Stimmungslagen mimisch wiederzugeben. Wählen Sie dazu eine eigene Figur. Achten Sie dabei auch auf die Körperhaltung.

- Er fürchtete sich vor dem Hund, der hinter ihm herlief …
- Glücklich tauchte der Bär seine Tatze tief in den Honig …

Illustrieren Sie anschließend die Gesichtsausdrücke Ihrer Figuren widersprüchlich zum obigen Beispieltext – wie Beispiel 1: Die Überschwemmung – und prüfen Sie die Wirkung.

Haben Sie es bemerkt? Ein veränderter Gesichtsausdruck gibt der dargestellten Szene eine völlig neue Bedeutung.

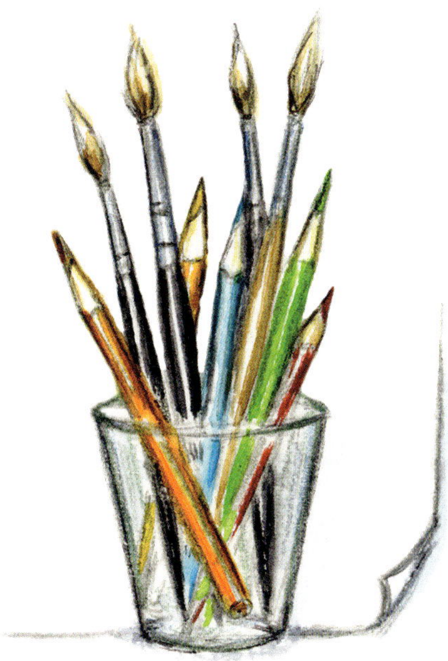

3. Körpersprache und Bewegung – Figuren zum Leben erwecken

Neben der Mimik können auch Gesten und Körpersprache eine gezeichnete Figur zum Leben erwecken. Gefühle und Stimmungen werden nicht nur durch den Gesichtsausdruck vermittelt, sondern auch über die Haltung des ganzen Körpers. Dass Mimik und Haltung dabei zueinanderpassen müssen, versteht sich von selbst.

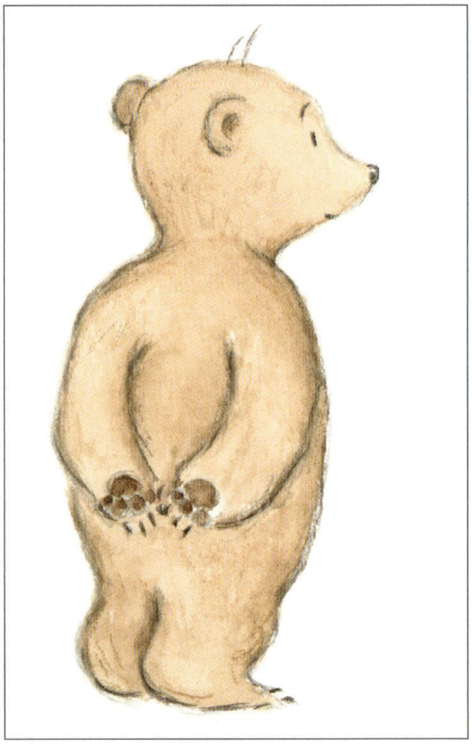

KÖRPERSPRACHE

Nachfolgend einige typische Körpersprache-Beispiele. Sie lassen sich in ihren Grundstrukturen auch auf andere Charaktere übertragen.

BEISPIEL 1: DER KLEINE BÄR IST RATLOS

Der Gesichtsausdruck des kleinen Bären zeigt hilflos hochgezogene Augenbrauen und einen zusammengepressten Mund. Die tatenlos auf den Rücken gelegten Tatzen unterstreichen diese Wirkung.

BEISPIEL 2: ALARMIERT HERBEIEILENDE FAMILIE BÄR

Die herbeieilenden Bären vermitteln durch ihren besorgten Gesichtsausdruck, dass etwas passiert ist. Die Körpersprache und die Tatsache des Laufens unterstützen den Eindruck, dass ein Notfall eingetreten und Eile geboten ist.

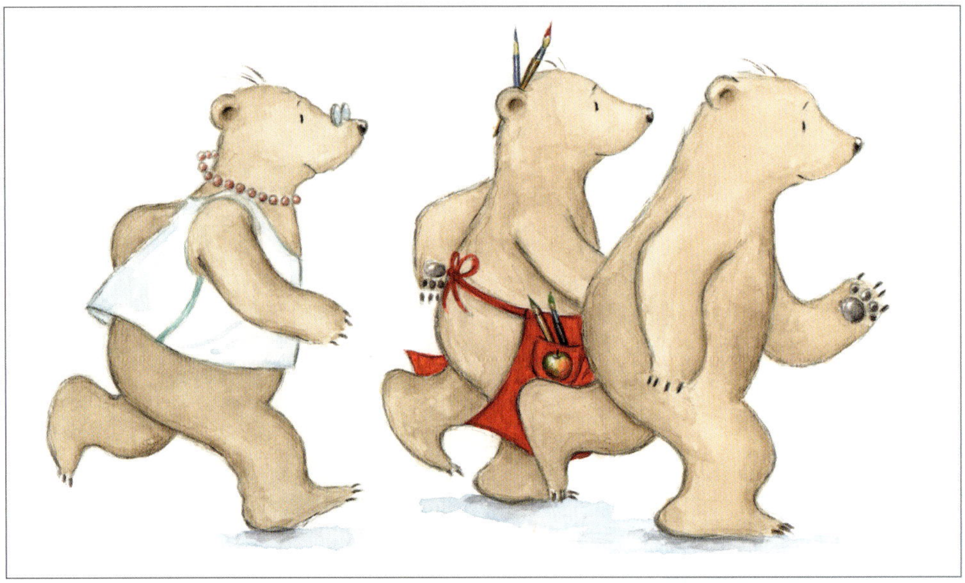

Illustration aus „Bekackt!“

BEISPIEL 3: TRAURIGE MAUS IN DER ECKE

Das „In-der-Ecke-stehen" ist ein sprichwörtliches Bild für Reue und Bedauern. Der verschämt gesenkte Kopf, die bedauernd angehobenen Schultern, der gerundete Rücken und der betrübte Gesichtsausdruck, der sogar von schräg hinten noch zu erkennen ist, vermitteln genau diesen Eindruck.

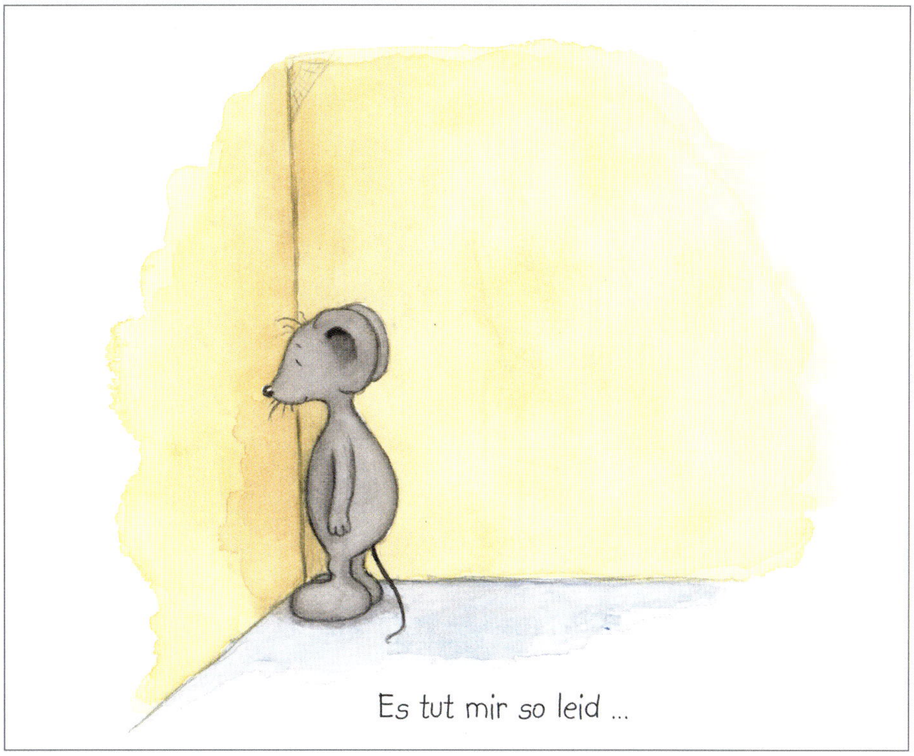

BEISPIEL 4: GLÜCKLICHE MUTTER MAUS MIT BABY MAUS

Die zärtliche Zuwendung, die zwischen den beiden besteht, wird nicht nur deutlich vermittelt durch die Gesichter, die einander mit einem zufriedenen und glücklichen Ausdruck ansehen, sondern auch durch die der Mutter entgegengestreckten Arme und die geöffneten, nach der Mutter greifenden Händchen der kleinen Maus. Die Tatsache, dass die Mutter das Baby auf ihre eigene Augenhöhe und genau in die Entfernung hebt, die einen guten Blickkontakt zwischen beiden ermöglicht, trägt ein Übriges zur Gesamtwirkung bei.

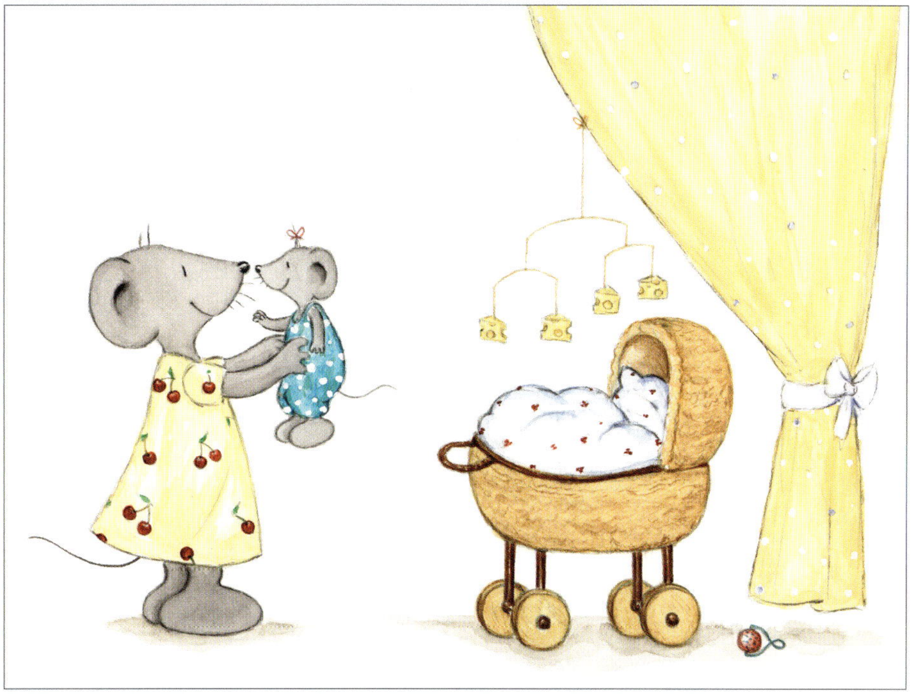

BEISPIEL 5: ERSCHROCKENE FAMILIE

Die am Tisch sitzende Familie erschrickt, weil plötzlich das Licht an- und ausgeht. Zu den aufgerissenen Augen und den zum erstaunten „O" geöffneten Mündern passt der beschützende Griff, mit dem die Mutter das kleine Mädchen umfängt.

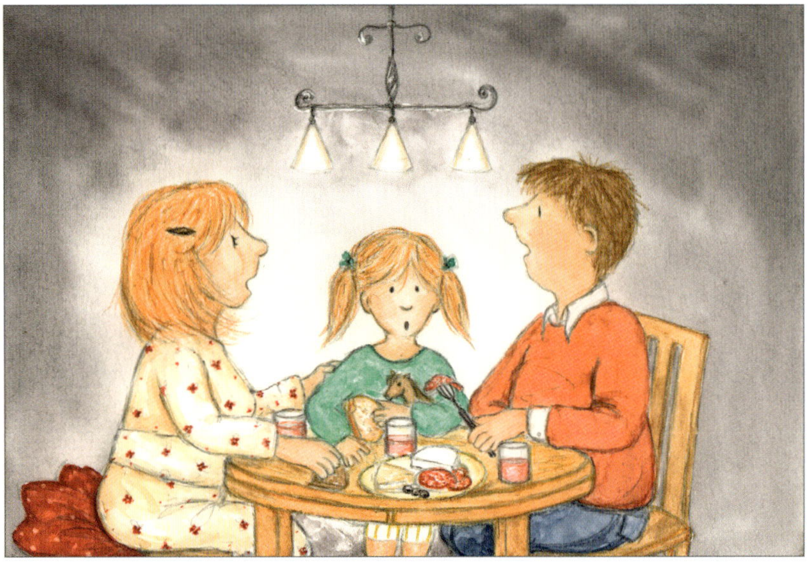

Ebenso die in der Tür stehende Familie, die das Chaos entdeckt, das die Butzemaus veranstaltet hat. Wieder sind die Augen aufgerissen und die Münder zum „O" geöffnet. Die erhobenen Arme und der vorgestreckte Kopf des Vaters verstärken den Gesamteindruck von Staunen und Erschrecken, während die Butzemaus offensichtlich großen Spaß an all dem Durcheinander findet, das sie selbst angerichtet hat.

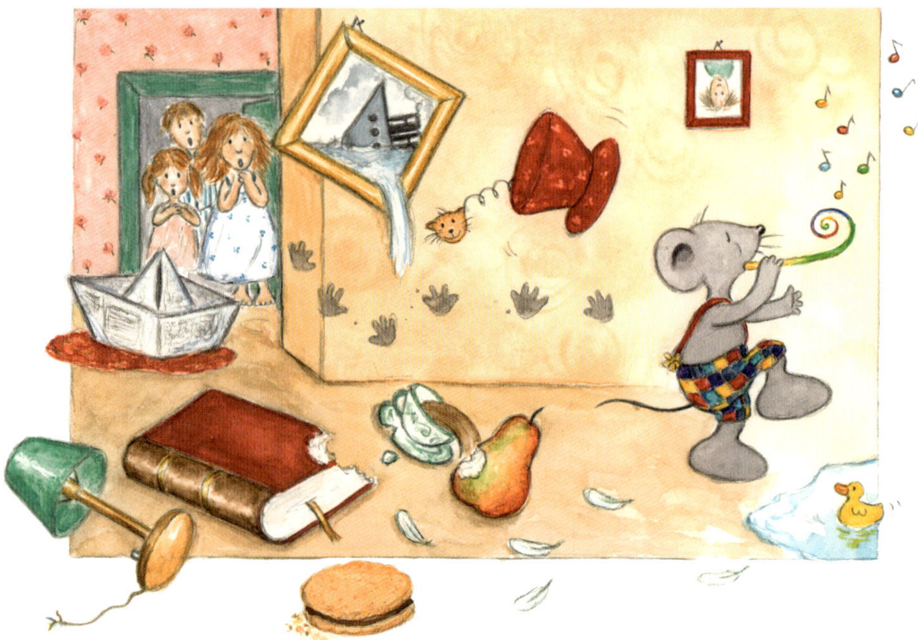

BEISPIEL 6: ÜBERMÜTIGE MAUS

Die Maus ist in voller Bewegung, das eine Bein schwebt in der Luft, das Knie des anderen ist elastisch gebogen. Die Arme sind seitlich in die Luft erhoben, die Hände geöffnet und der Kopf übermütig in den Nacken geworfen, sodass wir nur den unteren Teil des Gesichtes sehen. Obwohl der Gesichtsausdruck nur anhand des lachenden Mundes beurteilt werden kann, ist der Gesamteindruck von übermütiger Freude sehr deutlich.

Probieren Sie selbst verschiedene Körperhaltungen mit einer eigenen Figur aus.

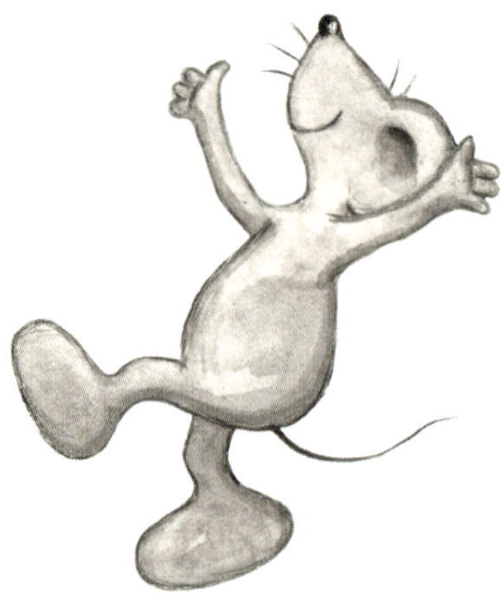

BEWEGUNG

Was für Gesichtsausdrücke und Körpersprache gilt, das gilt auch für Bewegungsabläufe: Wenn Sie diese einmal erarbeitet haben, lassen sie sich vielseitig auf andere Charaktere anwenden. Beobachten Sie auf den folgenden Abbildungen, wie Kinder, Bären und Mäuse sich beim Bockspringen amüsieren. Bewegungsabläufe und Körperhaltung sind immer die gleichen.

BEISPIELE 1–3: BOCKSPRINGEN

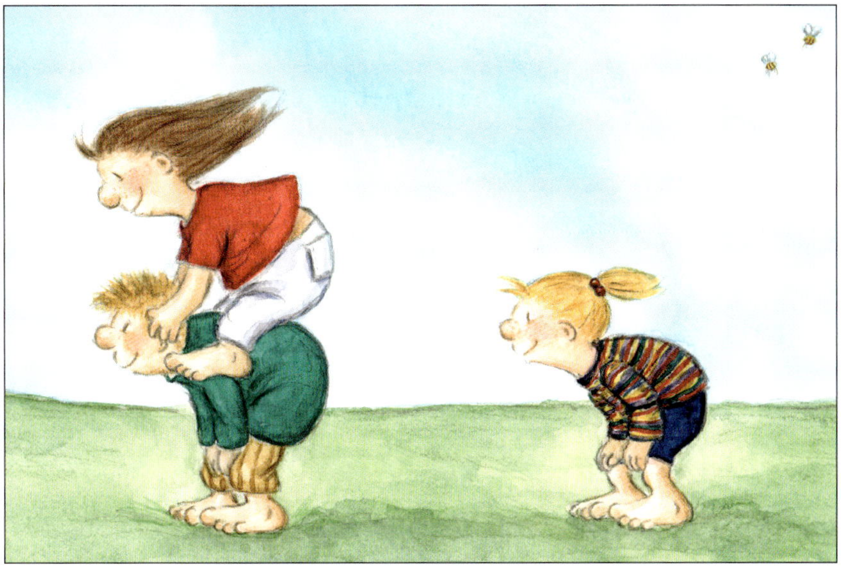

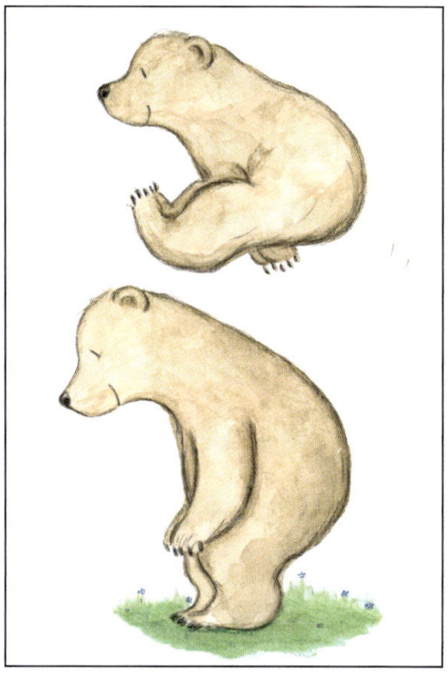

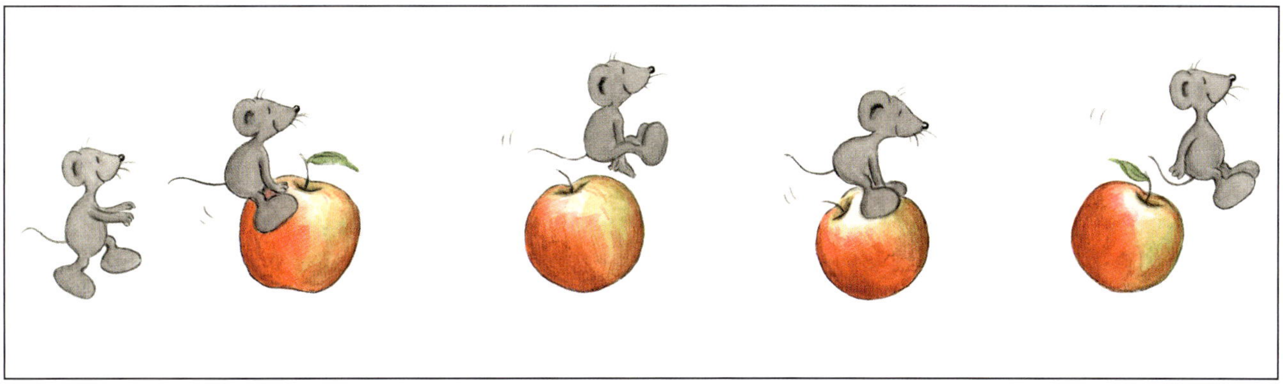

TIPP: Beobachten Sie Ihre Mitmenschen, suchen Sie nach typischen Merkmalen für Stimmungen und versuchen Sie, diese zu skizzieren. Legen Sie sich eine Skizzen-Sammlung mit möglichst vielen Beispielen an. Vermerken Sie bei jeder Skizze die jeweilige Stimmung oder Situation, aus der sie entstanden ist.

4. Licht und Schatten – Atmosphärisch illustrieren

Die Lichtverhältnisse sind entscheidend daran beteiligt, wie die Stimmung eines Bildes wirkt. Was für die Malerei gilt, ist bei der Illustration nicht anders. Die gleißende Sonne über einem Weizenfeld von Vincent van Gogh und die düstere Küchenbeleuchtung der ebenfalls von ihm gemalten Kartoffelesser können uns beim Betrachten der Bilder in eine andere Stimmung versetzen, heiter beschwingt oder schwermütig, je nachdem.

Auch das Lesen und Anschauen eines Bilderbuches kann und soll Stimmungen auslösen, den Leser in gespannte oder vielleicht auch romantische Erwartung versetzen, vielleicht soll er lachen, sich gruseln oder unheimlich fühlen. Wenn im Text z. B. von einer beschaulichen Abendstimmung die Rede ist, dann ist es Aufgabe der Illustration, diese Stimmung herbeizuzaubern. Mit ein paar kleinen Tricks ist das nicht schwer.

SCHRITT FÜR SCHRITT: ABENDLICHER ANBLICK EINER STADTSILHOUETTE

Hier zeige ich Ihnen, wie man einen Himmel gestalten kann, an dem soeben die Sonne untergegangen ist.

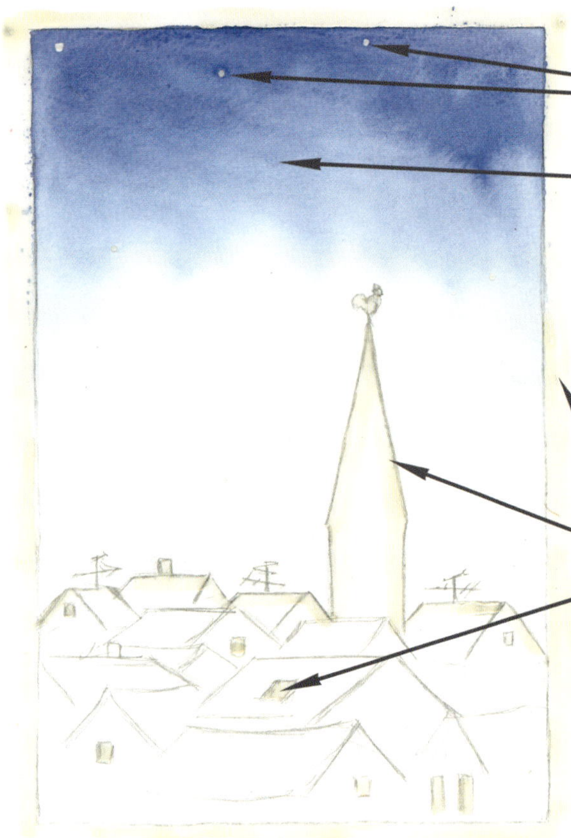

1 Skizze einer Stadtansicht in rechteckigem Rahmen.

2 Mit Rubbelkrepp die Rahmenaußenseiten, die Dachoberkanten sowie einige Fensteröffnungen an den Häusern und die Sterne abdecken.

3 Den Himmel vom oberen Bildrand bis zu den Dachoberkanten gut mit Wasser anfeuchten. Dann vom oberen äußeren Rand dunkelblaue bis violette Farbe auftragen und nach unten heller werdend bis ins Weiße vermalen. Anschließend vollständig trocknen lassen.

4 Danach das Blatt auf den Kopf stellen. Den noch weißen Himmelsbereich von den Dachoberkanten bis zur Mitte, wo das Blau beginnt, nochmals mit klarem Wasser anfeuchten. Von den Dächern ausgehend hell- bis goldgelbe Farbe auftragen und vorsichtig in Richtung des blauen Teils vermalen, sodass in der Mitte noch ein schmaler, heller Bereich stehen bleibt. Dieser Bereich verhindert, dass sich Blau und Gelb vermischen und Grün daraus wird. Wieder vollständig trocknen lassen.

5 Den Rubbelkrepp an den Dachoberkanten entfernen, nur die Fensteröffnungen maskiert belassen. Die Häusersilhouetten mit →Neutraltinte kolorieren, bis eine gleichmäßige Färbung entsteht. Die Häuser dürfen eine kompakte Masse bilden. Es ist nicht nötig, Einzelheiten der Seiten herauszuarbeiten. Trocknen lassen. Den restlichen Rubbelkrepp entfernen. Die Fensteröffnungen weiß-gelb kolorieren.

Fertig ist eine Illustration mit typischer Abendstimmung!

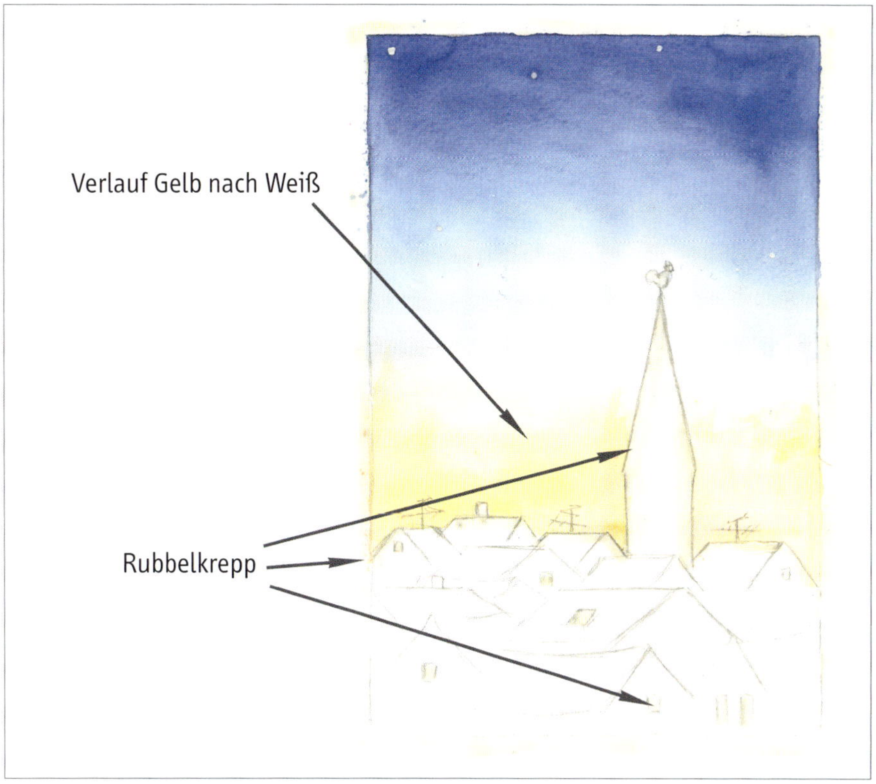

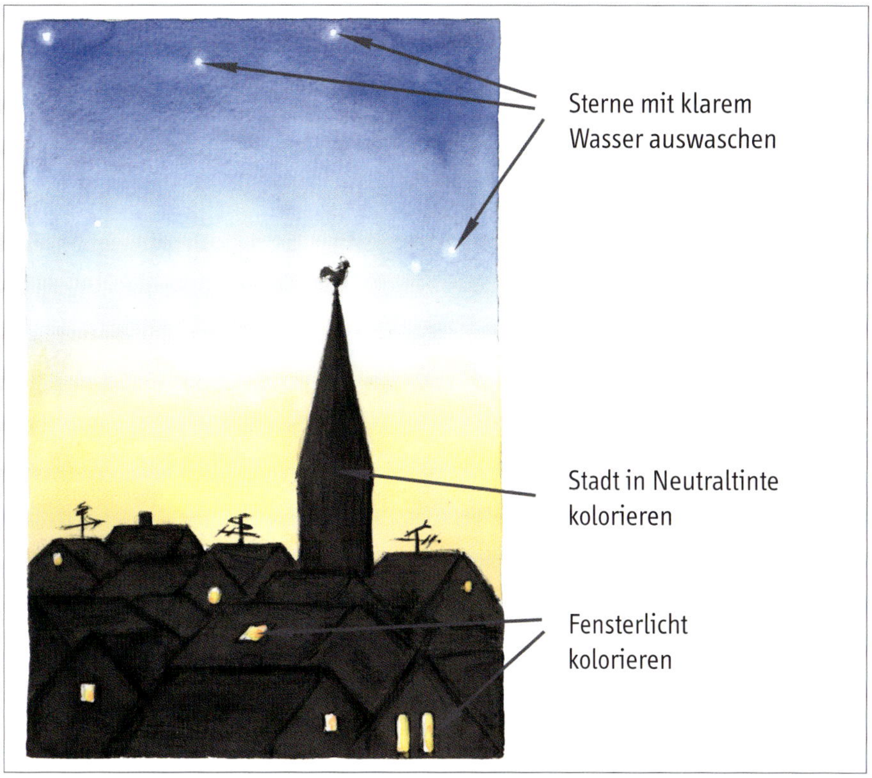

Illustration aus „Der verzauberte Regentag“

SCHRITT FÜR SCHRITT: IM KÜHLSCHRANK BRENNT NOCH LICHT

Wir gestalten eine nächtliche Szene vor dem geöffneten Kühlschrank, um die Lichtverhältnisse eines Innenraums zu erarbeiten.

1 Skizzieren Sie in Frontalansicht einen Kühlschrank mit geöffneter Tür. Füllen Sie den Kühlschrank mit verschiedenen Lebensmitteln. Stellen Sie sich dabei vor, was Sie gerne bei einer nächtlichen Hungerattacke vorfinden würden. Das Beste ist gerade gut genug! Stellen Sie eine oder zwei Figuren so vor den Kühlschrank, dass diese dem Betrachter den Rücken zuwenden. Wenn Sie möchten, zeichnen Sie statt der Maus mit dem Teddy eigene Figuren. Achten Sie darauf, dass der Blick des Betrachters auf das Innere des Schrankes ungehindert möglich ist. Deshalb positionieren Sie die Figur bzw. die Figuren leicht seitlich.

2 Übertragen Sie die Skizze auf feinkörniges Aquarellpapier. Das ist wichtig, damit die Feinheiten der Lebensmittel gut dargestellt werden können.

3 Decken Sie die Ränder des Kühlschranks, seines Inhalts und der Figuren mit Maskierfilm ab.

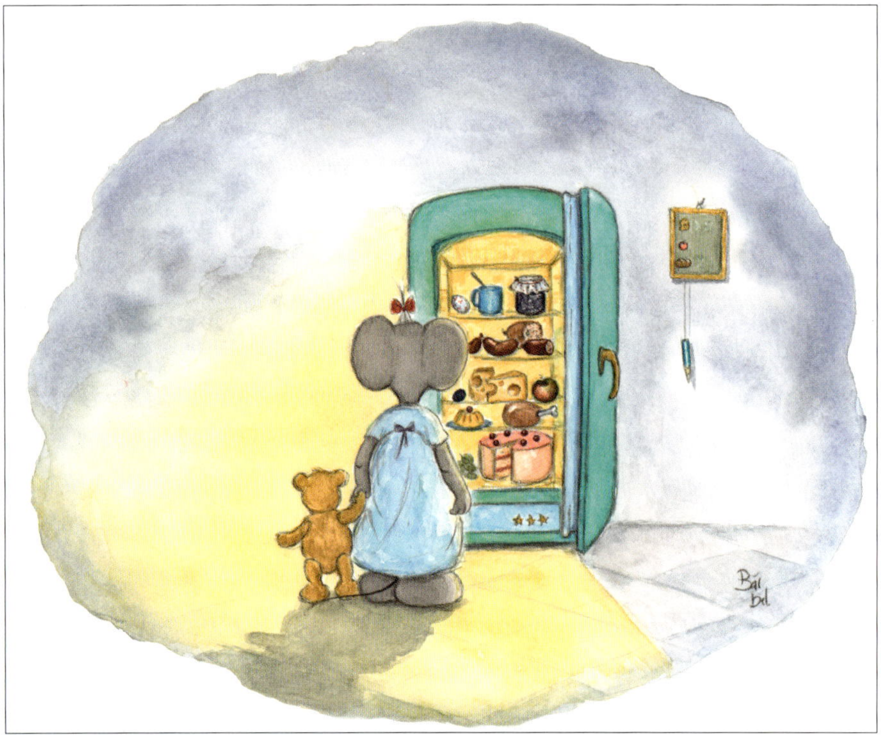

4 Legen Sie auf den Hintergrund einen Wasserfilm mit wolkigem Rand. Lassen Sie von außen leicht verdünnte Neutraltinte in den Wasserfilm hineinlaufen. Geben Sie nach und nach mehr Farbe in den Hintergrund, sodass ein Verlauf entsteht, der nach innen heller wird. Lassen Sie die Seite, zu der hin die Kühlschranktür geöffnet ist, nach unten hin frei, denn dorthin soll später der Lichtschein fallen. Legen Sie hinter die Figur mit verdünnter Neutraltinte einen Schatten auf den Boden. Sehen Sie die Wirkung? Sogar jetzt, wo das Motiv noch unvollständig ist, kommen der Lichtschein und der sich dagegen abgrenzende Schatten gut zur Geltung.

5 Tönen Sie das Kühlschrankinnere mit sehr hellem Gelb, ohne den Maskierfilm auf den Lebensmitteln zu entfernen. Achten Sie darauf, dass das Gelb eher in Richtung eines freundlichen Orange geht, auf keinen Fall aber ins Grünliche. Legen Sie mit dem gleichen Farbton eine dünnere →Lasur dorthin, wo das Licht aus dem Kühlschrank ins Zimmer fällt, also auf den Boden und in den Winkel vor der Schranköffnung. Geben Sie dem Schatten, der unter der geöffneten Tür entsteht, eine deutlich sichtbare Kontur. Dort, wo sich der Grauton des Hintergrundes mit dem Gelb des Lichtschimmers trifft, lassen Sie beide Farben unscharf ins Weiße verlaufen.

6 Nun entfernen Sie den Maskierfilm und kolorieren Sie das Kühlschrank-Äußere, die Lebensmittel und die Figur. Geben Sie den Lebensmitteln kräftige, appetitliche Tönungen. Denken Sie daran, dass Glanzpunkte Ihre Zeichnung plastisch erscheinen lassen. Legen Sie den Kühlschrank z. B. in einem hellen Türkis an, das kommt den Originaltönen Weiß oder Metallic am nächsten, ohne nüchtern oder kühl zu wirken. Lassen Sie bei den Figuren die zum Licht gewendete Seite heller, die vom Licht abgewendete Seite darf dunkler schattiert sein.

Fertig! Sehen Sie, wie durch die Kontraste das Licht zu strahlen scheint auf Ihrem Bild? Diese Wirkung entsteht durch das Nebeneinanderstellen von hellen und dunklen Tönungen, das dem Auge eine echte →Lichtquelle suggeriert.

TIPP: Die Technik des „Licht-Anknipsens" auf einer Illustration wird Ihnen helfen, viele stimmungsvolle Situationen darzustellen.

ÜBRIGENS: Natürlich ist die Anwendung von Licht- und Schatteneffekten jedem selbst überlassen und in keiner Weise ein „Muss". Es gibt viele Illustratoren, die andere Arten der Darstellung wählen, in denen Licht und Schatten weniger oder keine Rolle spielen. Auch das ist absolut akzeptabel, wie überhaupt alles erlaubt ist. Erst die Vielfältigkeit der Darstellungen und Interpretationen verschiedener Künstler macht das Medium Illustration so spannend, schön und interessant, wie es ist.

5. Atmosphäre in einem Bild – Die Stimmung macht's

Zur Konzeption eines voll durchillustrierten Doppelseitenbildes versetzen Sie sich am besten gedanklich in die darzustellende Situation oder Begebenheit, das heißt, in den Text. Lassen Sie die visuellen Eindrücke, die während des Lesens vor Ihrem geistigen Auge entstehen, reifen, bevor Sie sich an den Zeichentisch setzen. Es macht nichts, wenn sich das Bild in Ihrem Kopf nur langsam entwickelt. Lassen Sie ihm und sich selbst Zeit. Lesen Sie den Text noch einmal oder auch mehrmals durch. Das hilft, weitere Eindrücke zu sammeln.

Wenn Sie denken, dass Ihre Konzeption schon genügend Form angenommen hat, beginnen Sie mit dem Skizzieren. Es werden Ihnen während der Arbeit bestimmt noch weitere Details einfallen, aber halten Sie das, was Ihnen vorschwebt, jetzt schon einmal mit dem Bleistift fest. Beim Betrachten Ihrer Skizze werden sich weitere Ideen einstellen.

JETZT SIND SIE DRAN!

Zu folgendem fiktiven Textauszug soll eine zusammenhängende Doppelseite illustriert und der Text in das Bild integriert werden:

„... Sie fanden einen Lagerplatz, nah am Wasser und geschützt von alten Bäumen. Dort bauten sie ihr Zelt auf und machten ein Lagerfeuer. Als der Mond aufging und sein silbriges Licht über den Fluss ausgoss, brieten sie die selbst gefangenen Fische und fühlten sich wie Tom Sawyer und Huckleberry Finn ..."

Konzipieren Sie zu dem Textauszug eine eigene Doppelseitengestaltung. Beziehen Sie das Gelernte mit ein.

Blättern Sie erst weiter, wenn Sie die Aufgabe gelöst haben!

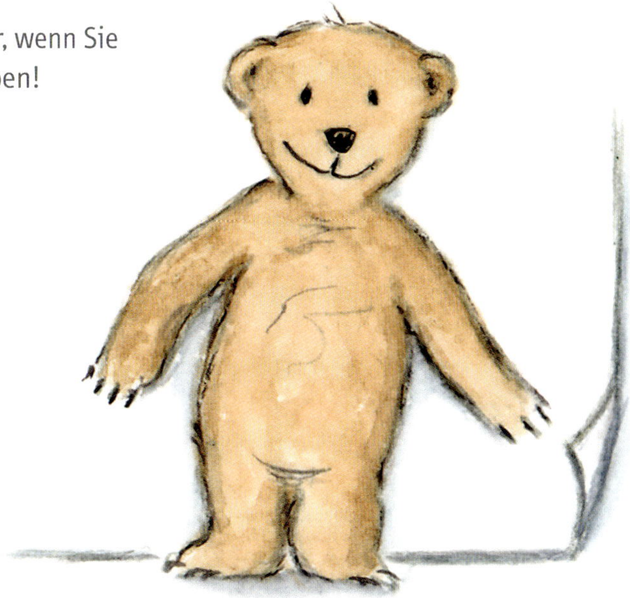

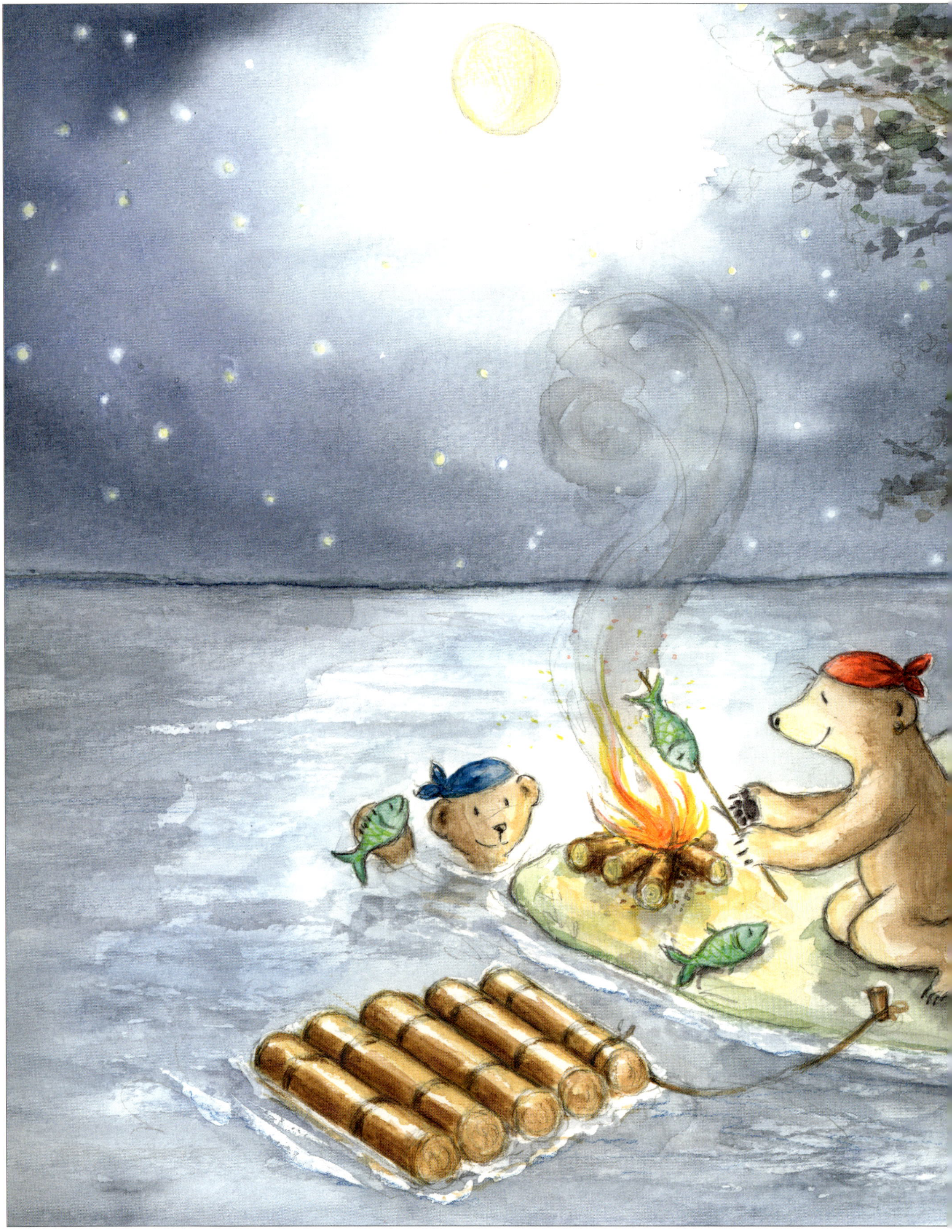

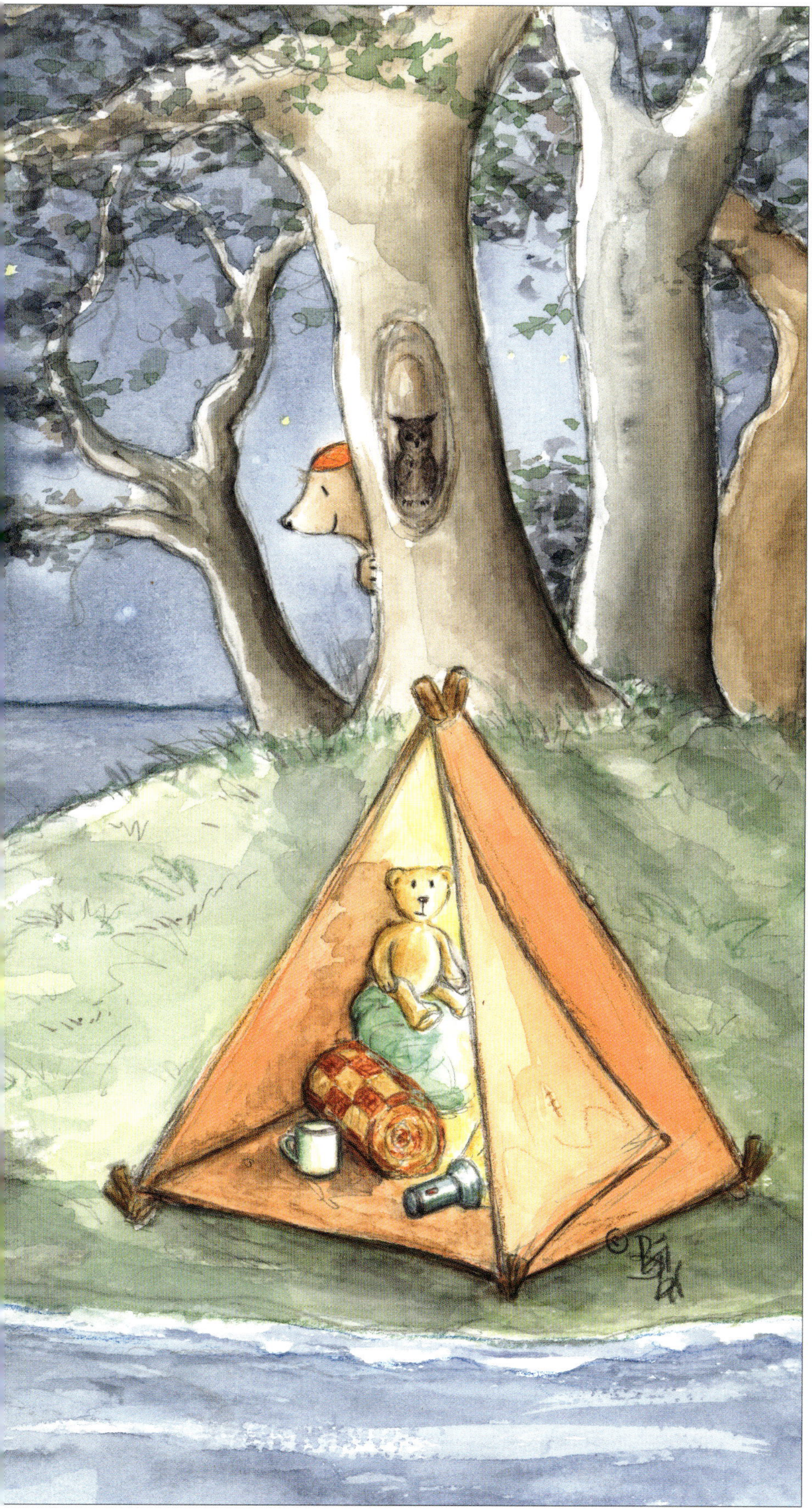

Illustration aus dem „Bärbel Haas Bilderkalender 2009“

STIMMUNG IM BILD

Sind Sie überrascht, dass die Protagonisten im Lösungsvorschlag keine Jungen, sondern Bären sind? Haben Sie sich für andere →Protagonisten entschieden? Das macht nichts. Beachten Sie die Details, die die Stimmung des Bildes ausmachen.

Welche Lichtquellen gibt es und wo werden sie reflektiert? Wie sind Licht- und Schattenfall angelegt?

Es gibt in dieser Illustration drei Lichtquellen: Den Mond, das Lagerfeuer und die Taschenlampe im Zelt. Die stärkste von ihnen ist der Mond. Von ihm werden die Bäume, die Wasseroberfläche und die Flusslandschaft erhellt. Dementsprechend fallen die Schatten auf die jeweils mondabgewandte Seite, bei den Bäumen, beim Zelt, bei dem Wiesenhügel der Landzunge und beim Floß. Das Lagerfeuer, die zweitstärkste Lichtquelle, erhellt nur ihre Umgebung in einem kleineren Radius. Ihr Lichtschein fällt auf die Vorderseite der beiden Bären und auf den Boden rings um die Feuerstelle. Die dritte und schwächste Lichtquelle ist die Taschenlampe im Zelt, die nur einen Teil des Zeltinneren beleuchtet. Da die Lampe auf dem Zeltboden liegt, kommt der Lichtschein von unten, wie man an dem Teddybär und an dem Schatten, den er nach oben gegen die Zeltwand wirft, sehen kann. Haben Sie bemerkt, dass das Licht von Taschenlampe und Feuer warm und gelbrötlich scheint, das des Mondes hingegen eher silbrig kühl? Also sind auch die angestrahlten Baumstämme nicht braun, sondern silbrigblau, das Zeltinnere dagegen und die Bärengesichter reflektieren ein warmes Licht.

Wodurch wird das nächtliche Ambiente verstärkt? Wie trägt die Farbpalette zu dieser Stimmung bei?

In der Nacht sind alle Katzen grau, so sagt ein Sprichwort und Sprichwörter haben ja meistens recht. Deshalb sind die Farben eines Nachtbildes nicht so bunt, wie sie bei demselben Motiv bei Tag ausfallen würden. Auch wenn es nicht unbedingt die Farbe Grau ist, die überwiegt, so doch ein mattes Blau, das, mit ein wenig Indigo abgedunkelt, in Richtung Violett geht. Diesen Ton finden wir

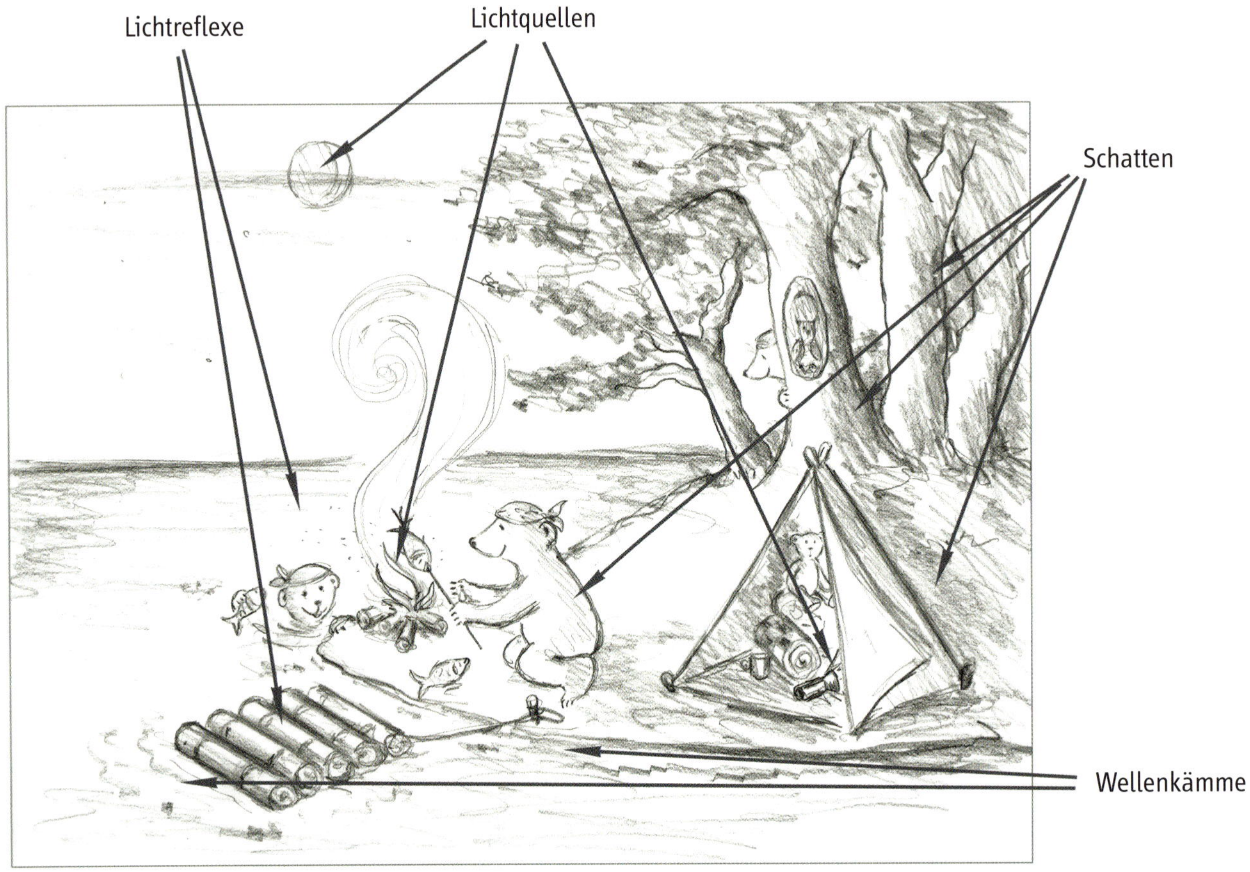

sowohl im Nachthimmel, in den Schatten als auch in allen Teilen des Bildes, die nicht vom warmen Licht des Feuers oder von der Taschenlampe erhellt werden.

Wie wird mit Stift und Pinsel ein Feuer angezündet? Wie entsteht Rauch?

Flammen zu zeichnen, ist gar nicht so schwer. Stellen Sie sich beim Skizzieren einfach die unruhig züngelnden Bewegungen vor – Sie können selbstverständlich auch Ihren offenen Kamin anzünden – und ahmen Sie diese mit Ihrem Bleistift nach, wobei Sie immer von unten anfangen, nach oben in geschwungenen Bogen spitz zulaufende Formen zeichnen und wieder nach unten gehen. Jede Flamme hat ihre eigene Form und Bewegung, in der Mitte des Feuers lodert es meist am höchsten. Die Holzscheite haben Sie, wie beim richtigen Feuermachen, schon vorher (mit Stift und Pinsel) aufgeschichtet. Lassen Sie das Feuer von ihnen Besitz ergreifen. Lassen Sie die Scheite und die unteren Bereiche der Flammen rot glühen, am besten mit einer Mischung aus Gelb und Orange und geben Sie anschließend ruhig ein wenig Rot darüber. Achtung, aber erst in einem zweiten Schritt, damit das Gelb sich nicht vermischt und noch gut zu sehen ist!
Auch einige rote Funken können nicht schaden. In ihrem mittleren Bereich sind die Flammen heller gelb, es darf ruhig ein wenig Weiß durchschimmern (weißglühend), die Ränder und die oberen Spitzen werden wieder orangerot umrandet. Noch ein bisschen schwarzen Ruß und Asche auf dem Holz und dem Boden unter dem Feuer verteilen, auch in den Flammen selbst schimmert es unten manchmal ein wenig schwärzlich. Nun können Sie daran gehen, das Holz fertig zu kolorieren. Vergessen Sie nicht, den Lichtschein der Flammen auf den Oberseiten der Scheite reflektieren zu lassen.

Jetzt fehlt nur noch der Rauch. Dafür legen Sie mit dem Pinsel und mit klarem Wasser eine Säule in der gewünschten, geringelten Form über das brennende Feuer. Fast so wie der obere Teil eines Fragezeichens, das mit seinem unteren Ende bis ins Feuer geht, nur ein bisschen dicker. In dieses Fragezeichen aus Wasser lassen Sie mit der Pinselspitze von unten ausgehend eine Mischung aus hellem Blau mit ein wenig Neutraltinte fließen, ganz leicht, sodass die Farbe nach oben aufsteigt und dabei immer zarter und durchscheinender wird. So wie richtiger Rauch, der von einem Feuer aufsteigt und sich in der Luft auflöst. Nun noch vorsichtig trocknen lassen und fertig ist die Rauchsäule!

Wie ist das Wasser angelegt?

Die Oberfläche reflektiert das Mondlicht. Um die Landzunge sowie um das Floß brechen sich kleine Wellenkämme, deren Schaumkronen mit Maskierfilm abgedeckt und nach dem Aquarellieren mit Schatten versehen werden.

Die Tiefe des Bildes entsteht durch die sich nach hinten verkleinernde Darstellung der Baumgruppe am rechten Bildrand.

JETZT SIND SIE DRAN!

Es gibt Texte, bei denen Fantasie nicht nur gefragt, sondern unverzichtbar ist. Sehen Sie selbst. Im folgenden Übungsbeispiel soll zu diesem Textauszug ein Bild illustriert werden:

„... Hast du gewusst, dass vor Milliarden Jahren
bevor noch Menschen auf der Erde waren,
aus Stein und Regen Teilchen sich zusammenfanden
zu einem Stoff, der salzig schmeckt, verbanden ..."

Konzipieren Sie dazu Ihre eigene Doppelseitengestaltung. Hier ist deshalb besonders Ihre Fantasie gefragt, weil ja niemand so genau weiß, wie es vor Jahrmilliarden auf der Erde aussah.

Blättern Sie erst weiter, wenn Sie die Aufgabe gelöst haben!

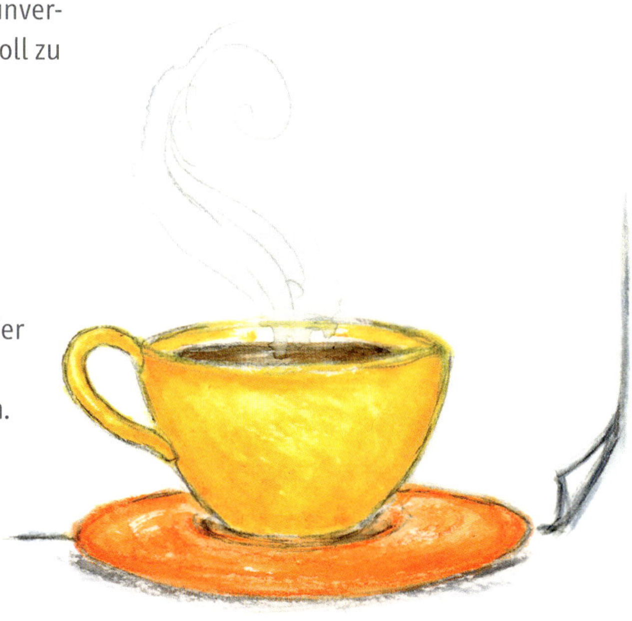

MEIN LÖSUNGSVORSCHLAG

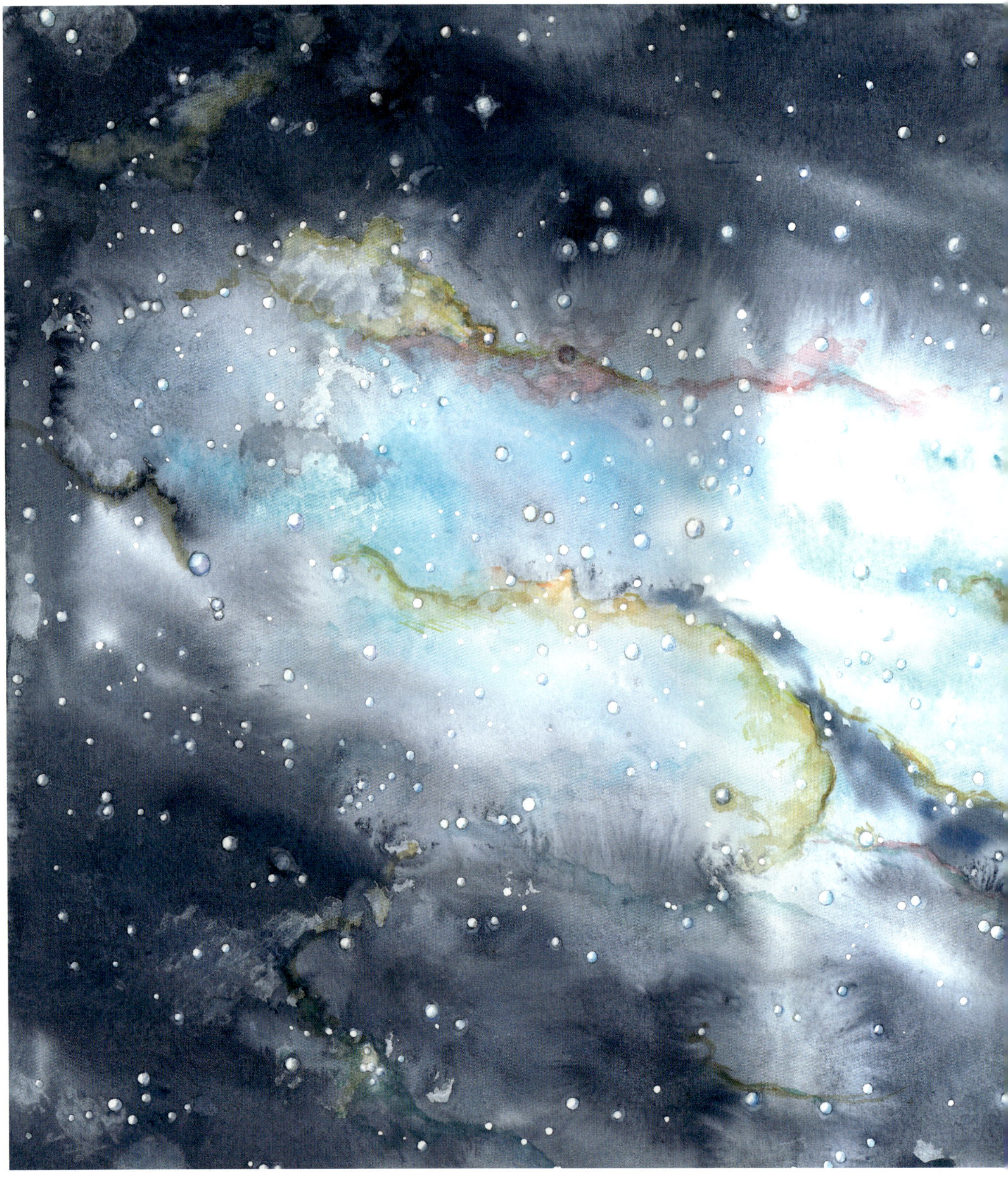

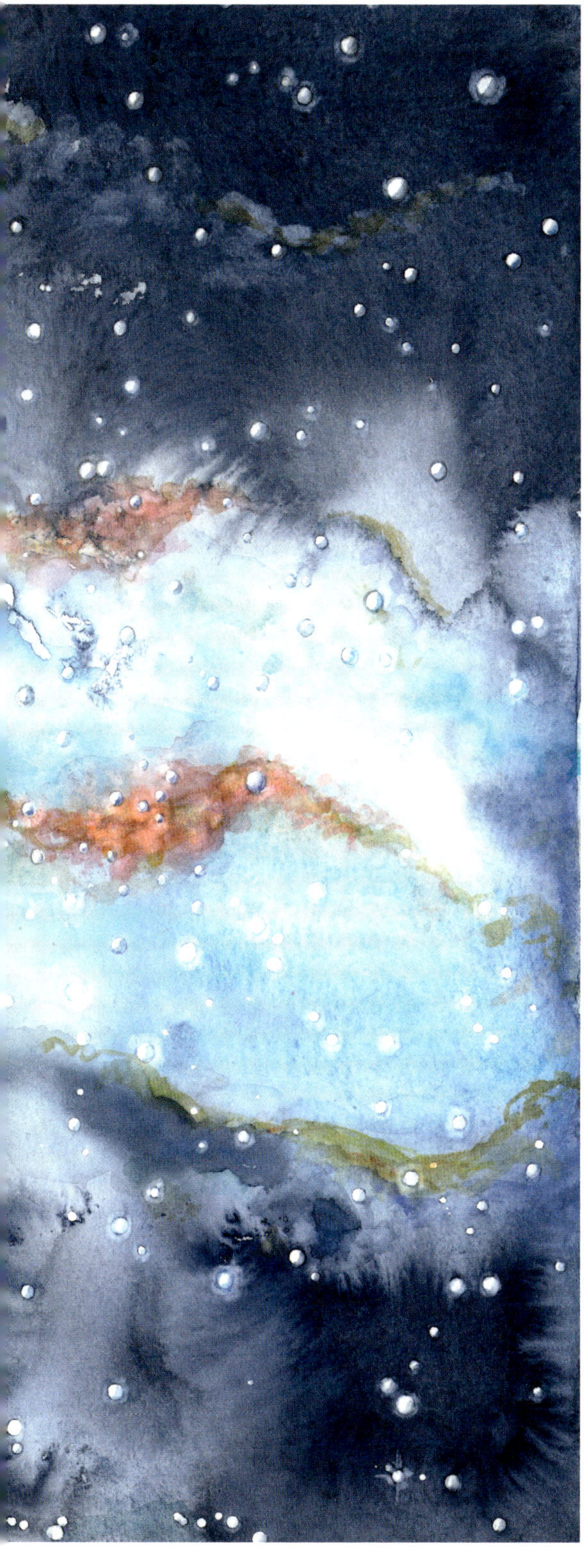

Sie sehen, für welche Lösung ich mich entschieden habe. Auch wenn wir nicht wissen, wie es vor Milliarden Jahren ausgesehen hat: Das Universum erlaubt uns trotzdem einen Blick in die ferne Vergangenheit. Deshalb fand ich es geeignet, den Textauszug auf die gezeigte Weise zu illustrieren.

Auch in dieser Illustration verwende ich die Licht-Schatten-Technik. Durch das Nebeneinanderstellen von hellen und dunklen Partien entsteht Licht. Das Abdecken (mit Maskierfilm), Auswaschen und Abschattieren der zahlreichen Sterne und Planeten verstärkt den Eindruck noch. Beachten Sie, dass alle Sterne den Schatten auf der gleichen Seite haben. Aber: nicht alle Sterne sind gleich groß und nicht alle haben die gleiche Farbe. Sehen Sie, dass es violette, gelbe, blau- und sogar türkisfarbene Kugeln gibt? Auch wenn das vielleicht nicht auf den ersten Blick auffällt, macht es den Gesamteindruck der Illustration lebendig und strahlend.

Nass-in-Nass-Technik

Der rötlich-blau-gelbe Sternennebel ist in → Nass-in-Nass-Technik gemalt, wobei nur die groben Strukturen und der horizontale Querverlauf vorausgeplant waren. Manches hat sich erst während des Auftrocknungsprozesses ergeben, den ich mit dem Föhn beschleunigt habe. Ich habe zu Beginn das gesamte Blatt gut gewässert und die Farben, beginnend mit Neutraltinte und Blau konzentriert hineinlaufen und sich horizontal bzw. diagonal verteilen lassen. Die Laufrichtung kann mit dem Pinsel gelenkt werden, zumindest zum Teil. Die anderen Farben wurden erst nach und nach angelegt, damit sich nichts vermischen konnte.

Weiß stehen lassen

Aus dem gleichen Grund habe ich immer ein wenig Weiß stehen lassen, als Abstandhalter für die verschiedenen Farben. Hätte sich z. B. der Übergang von Blau zu Gelb vermischt, wäre ein Grün entstanden, das die Weltraum-Illusion zerstört hätte. Vor dem Aquarellieren habe ich alle Sterne mit unterschiedlich großen Rubbelkrepp-Punkten abgedeckt. Eine nicht unerhebliche Arbeit, die allerdings noch harmlos war gegen das spätere mehrfarbige Abschattieren und Auswaschen der Kugeln, das mehrere Tage gedauert hat. Aber ich finde, die Mühe hat sich gelohnt. Die Illustration des Alls scheint fast wirklich zu leuchten, finden Sie nicht?

6. Perspektive und Blickwinkel – Von unten, von oben oder von der Seite

Platzieren Sie den Text so, dass er die Dramatik des Bildes nicht beeinträchtigt. Der perspektivische Bildaufbau soll die Spannung des Textes unterstreichen. Unterstützen Sie den Textauszug, der auf Spannungsaufbau abzielt, durch eine möglichst dramatische Bildlösung. Um dieses Ziel zu erreichen, darf auch mit Überzeichnung gearbeitet werden. Das bedeutet, dass alle gestalterischen Mittel, wie z. B. → Perspektive und Größenverhältnisse leicht übertrieben eingesetzt werden können.

BEISPIEL 1: AUF HOHER SEE – PIRATENSCHIFF IN SCHWEREM UNWETTER

„... Bald geraten sie in ein schweres Unwetter, denn Piraten geraten immer in schwere Unwetter, besonders, wenn sie auf Schatzsuche sind. Das Meer schäumt und braust, aber richtigen Seeräubern macht das nichts aus. „Schiff in Sicht!", ruft plötzlich Kurtchen aus dem Mastkorb. Ein schwarzes Schiff kommt näher, langsam und unheimlich ..."

1 Skizze der Szenerie

Um die Wirkung des entfesselten Meeres und des Unwetters zu steigern, wählen wir kein abgegrenztes Rechteckformat wie in den vorigen Illustrationen, sondern wir planen ein Bild mit frei aquarelliertem Rand, sowohl nach Himmels- als auch nach Meerseite. Den Horizont lassen wir über die Doppelseite diagonal nach rechts oben verlaufen, denn das gibt dem Betrachter das Gefühl, selbst auf einem wild schlingernden Schiff zu stehen und keinen festen Boden unter den Füßen zu haben. Der schäumende Wellenhorizont wird mit leichter Hand auf etwa halber Höhe angelegt. Lassen Sie den Bleistift schwungvoll über die Wellen tanzen.

Seien Sie mutig! Denken Sie daran, dass Sie nur skizzieren und jederzeit alles verbessern können, was Ihnen nicht gefällt. Wenn Sie die Horizontlinie gezeichnet haben, arbeiten Sie sich zum Vordergrund des Bildes vor. Lassen Sie Ihren Bleistift auf den Schaumkronen tanzen und dann bogenförmig hinabgleiten in die Wellentäler. Zeichnen Sie große Wellen, geben Sie ihnen schöne Schaumkronen, lassen Sie diese brechen und vergessen Sie nicht, hier und da eine Kaskade von Tropfen anzulegen.

Stellen Sie sich vor, wie ein kleines Schiff auf dem aufgewühlten Meer auf und ab tanzt. Zeichnen Sie das kleine Schiff mitten in eine Welle hinein. Wählen Sie eine Perspektive mit Aufsicht auf das Schiff. Lassen Sie eine große Welle das Schiff verfolgen und dann über das Heck schwappen. Zeichnen Sie ein sturmgeblähtes Segel.

TIPP: Wenn Sie das nächste Mal in eine Bilderausstellung oder in ein Museum gehen, halten Sie Ausschau nach Gemälden, auf denen das Meer gezeigt wird. Es ist sehr nützlich zu vergleichen, wie die Künstler auf ganz unterschiedliche Art das Thema umsetzen und man kann eine Menge lernen. Das gilt natürlich auch für alle anderen Themen.

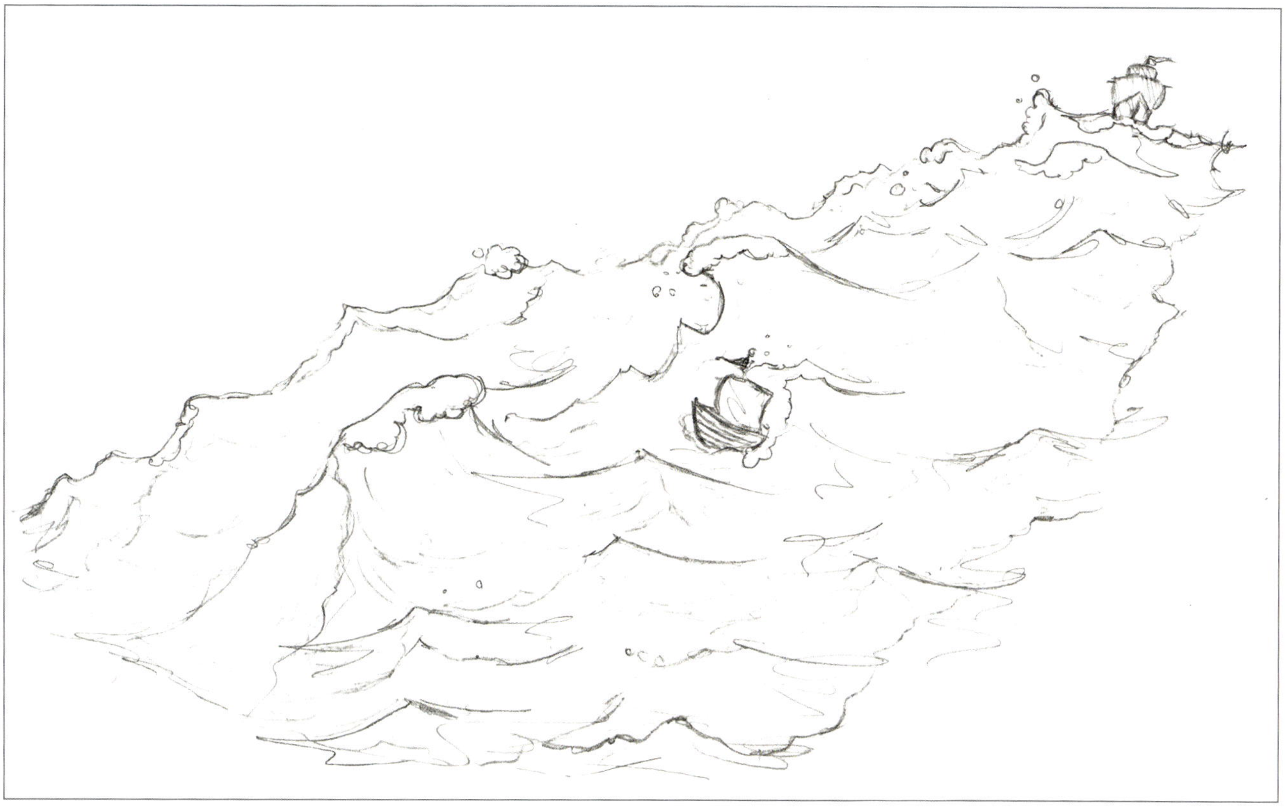

Denken Sie nicht darüber nach, dass kein vernünftiger Seemann bei diesem Wetter mit voller Takelage fahren würde. Sie sind mitten in einem Piratenabenteuer, da darf alles stattfinden, was die Spannung erhöht.

Behalten Sie immer den Text im Hinterkopf!

Es fehlt nun noch das schwarze, Unheil verkündende Schiff. Lassen Sie dieses Schiff am Horizont erscheinen, der günstigste Punkt ist der am rechten oberen Horizontrand. Diese Position vermittelt den Eindruck der Überlegenheit des Schiffes. Dieses hat sozusagen Oberwasser, denn es befindet sich weit oberhalb des Piratenschiffchens, das gerade von der großen Welle bedroht wird. Das schwarze Schiff ist trotz der weiteren Entfernung fast so groß wie das Piratenschiff im Vordergrund. Also in Wirklichkeit größer und es fährt sowohl auf das Piratenschiff als auch auf den Betrachter bzw. Leser zu. Es scheint vom Sturm in keiner Weise beeinträchtigt, hat die Nase – sprich den Bug – oben und schiebt eine Bugwelle vor sich her, was für seine Kraft spricht.

Wir und auch die Piraten im vorderen Schiff betrachten das schwarze Schiff von unten her, die Rollen sind also eindeutig verteilt.

2 Übertragen Sie Ihre Skizze auf Aquarellpapier.

3 Befestigen Sie das Papier mit Klebestreifen sorgfältig auf Ihrem Arbeitstisch. Es wird nass in nass gearbeitet.

Da wir keinen gerade abgegrenzten Bildrand planen, ist eine Gummierung an den Außenrändern des Bildes nicht nötig. Bedecken Sie die Horizont-Diagonale zwischen Himmel und Meer, die Oberkanten und Schaumkronen der Wellen, die kompletten Schiffe und die Schlieren in den abfallenden Wellentälern mit Maskierfilm. Achten Sie darauf, dass die schaumige Form der Wellenkämme und die Tropfen gut zur Geltung kommen.

4 Legen Sie mit einem größeren Pinsel (Stärke 6) den Himmel mit klarem Wasser an. Lassen Sie am oberen Bildrand durch den Wasserspiegel einen wolkigen Umriss entstehen. Legen Sie in den nassen Untergrund eine wolkige Farbmischung aus relativ konzentrierter Neutraltinte und Indigo. Gehen Sie dabei vom Horizont und von der Mitte aus und lassen Sie die Farbe zum Rand abfließen, sodass sich am wolkigen Wasserrand von selbst eine äußere Bildbegrenzung bildet. Legen Sie weitere Farbaufträge in den noch nassen Untergrund, bis der Himmel eine kräftige, blauschwarze, wolkige Tönung aufweist. Lassen Sie alles gut durchtrocknen.

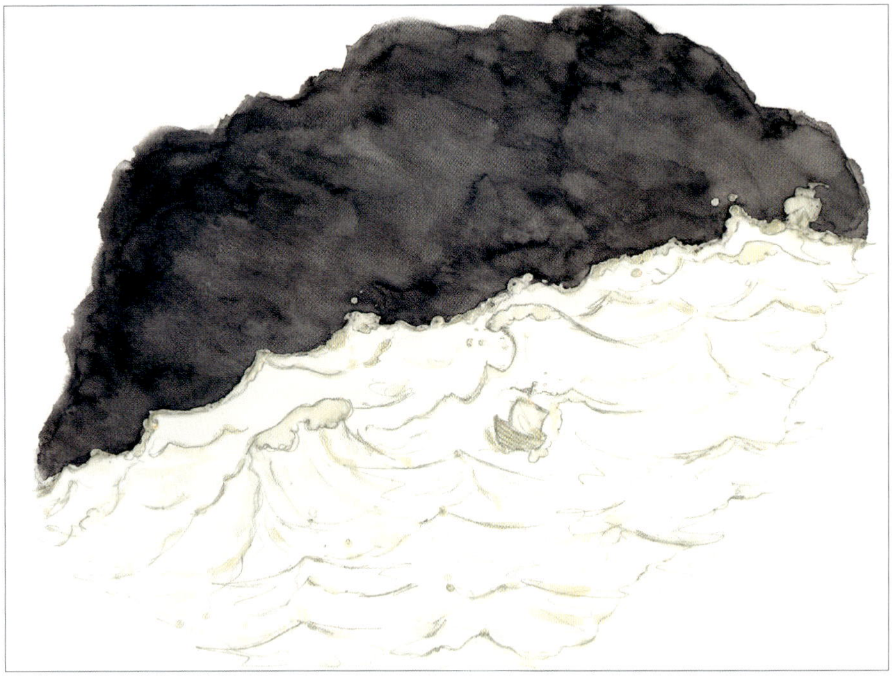

5 Mischen Sie Indigoblau, wenig Ultramarin und noch weniger Neutraltinte und aquarellieren Sie das Meer in seiner Laufrichtung, das heißt, Sie folgen mit dem Pinsel dem Auf und Ab der Wellen. Beachten Sie, dass Wellen keine zweidimensionalen Spitzen sind, sondern aus mehreren Flächen bestehen, die in der Spitze zusammenkommen oder dreidimensionale Kämme bilden. Tragen Sie die Farbe unterschiedlich stark auf, das macht die Wasseroberfläche lebhaft.

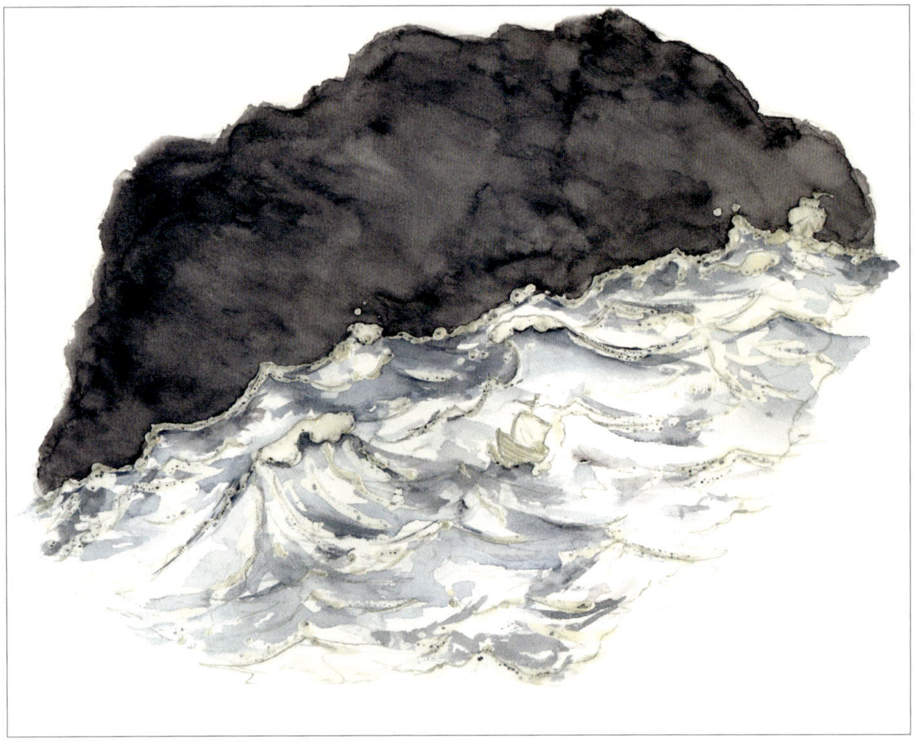

Geben Sie den Flächen unterschiedliche Helligkeit, lassen Sie das Weiß des Papiers durchscheinen. Tupfen Sie überflüssige Farbe mit einem Papiertuch weg, das macht Ihre Wellen plastisch. Geben Sie ruhig noch andere Blau- oder Blaugrüntöne in Ihre Farbmischung: das Meer hat viele Farben. Betonen Sie Linien mit einer konzentrierteren Mischung Ihres Farbtons.

Wenn Sie mit dem Ergebnis zufrieden sind, entfernen Sie – nach dem Trocknen – an der Horizontallinie die Teile des Maskierfilms, die nicht zum Anlegen der Schaumkronen dienen und vervollständigen Sie den oberen Rand des Meers. Dann lassen Sie das Bild wieder gut durchtrocknen.

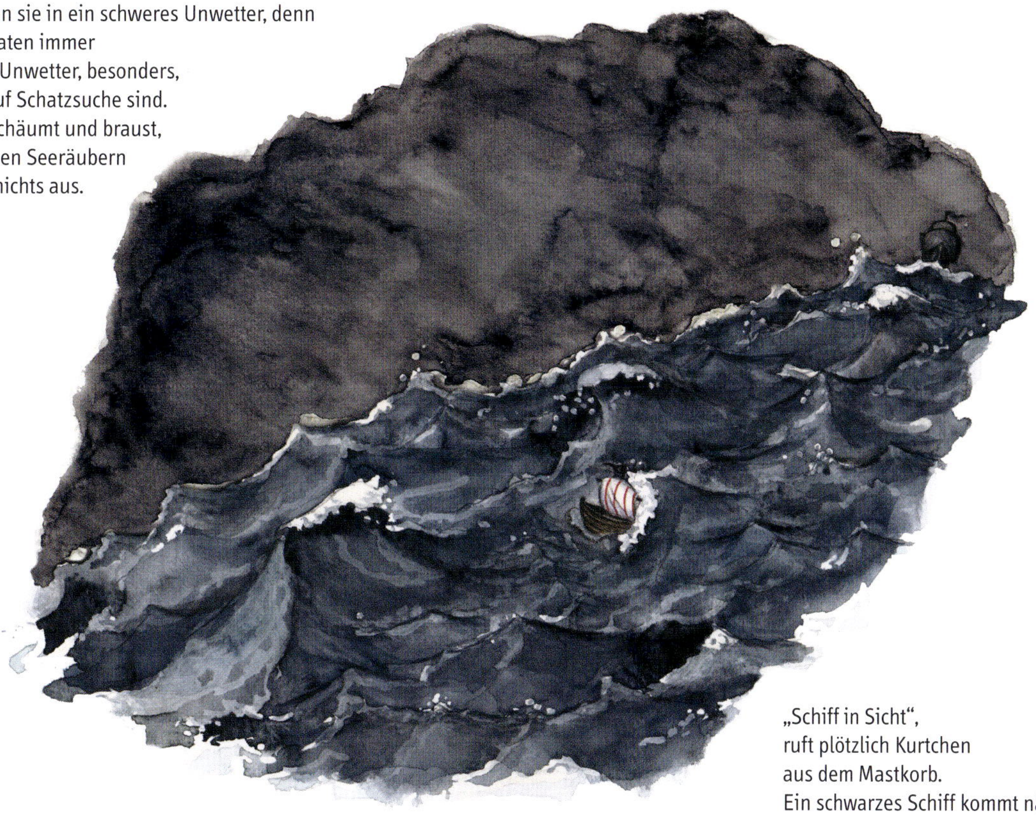

Illustration aus „Der Piratenschatz"

6 Den restlichen Maskierfilm vorsichtig entfernen. Um den Schaum auf den Wellen plastisch zu gestalten, wird das Weiß an seinen unteren Bereichen mit leichtem Blau abschattiert und modelliert, ebenso die Wassertropfen und die Linien der Wellenkämme. Die Bereiche unterhalb der Schaumkronen werden noch dunkler abschattiert, um das Brechen der Wellen besser zur Geltung zu bringen.

7 Kolorieren Sie mit einer Mischung aus Brauntönen den Schiffsrumpf des vorderen Schiffes. Das Segel bleibt in Weiß stehen und wird nur mit Blau abschattiert. Die roten Streifen werden als Bögen gemalt, um das Blähen zu verdeutlichen. Die Piratenflagge wird mit Neutraltinte angelegt, lassen Sie mittig einen hellen Flecken stehen, als Andeutung des typischen Totenkopfsymbols.

Das schwarze Schiff kolorieren Sie in unterschiedlichen Abschattierungen von Neutraltinte. Mit Lichteinfall und Schatten wird das Blähen des Segels suggeriert.

ACHTUNG: Wenn Sie zum Trocknen einen Föhn verwenden, müssen Sie sehr schnell und gleichmäßig über den gesamten Farbauftrag föhnen, sonst fließen Farbreste aus noch flüssigen Stellen in die bereits getrockneten Bereiche ab und machen unkontrollierte und unschöne Kränze.

BEISPIEL 2: KEKSE WIE LKW-REIFEN

Versuchen Sie, Dinge und Figuren aus ungewöhnlichen Blickwinkeln zu betrachten und in ungewohnten Größenverhältnissen und Kontexten zu zeichnen. Begeben Sie sich dazu zum Beispiel auf gleiche Augenhöhe mit Ihrer Figur. Ist sie klein? Dann werden Sie ebenfalls klein und sehen Sie mit dem Bleistift die Dinge größer, als sie in Wirklichkeit sind.

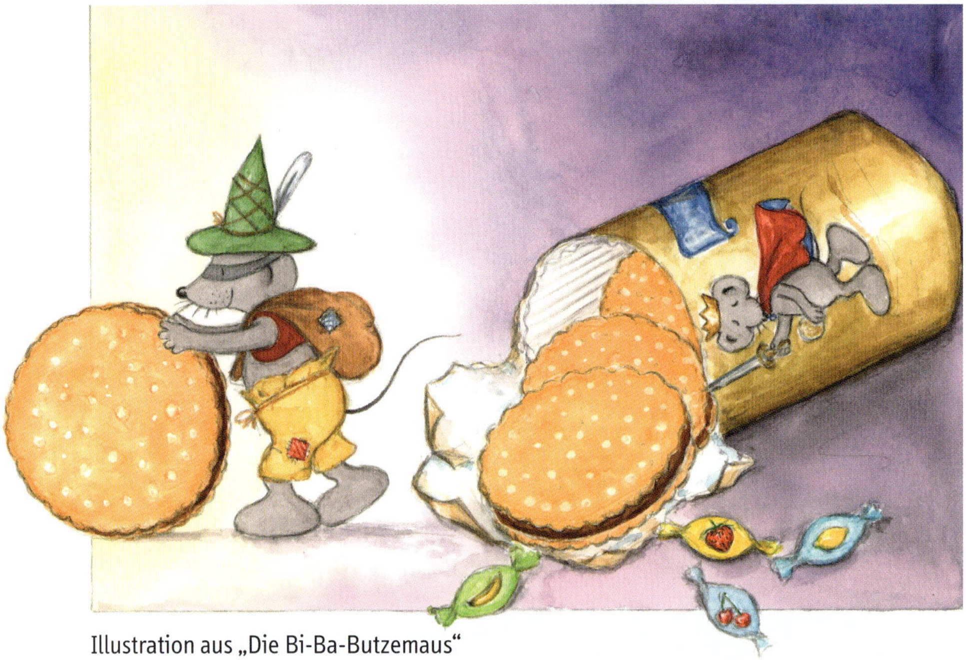

Illustration aus „Die Bi-Ba-Butzemaus"

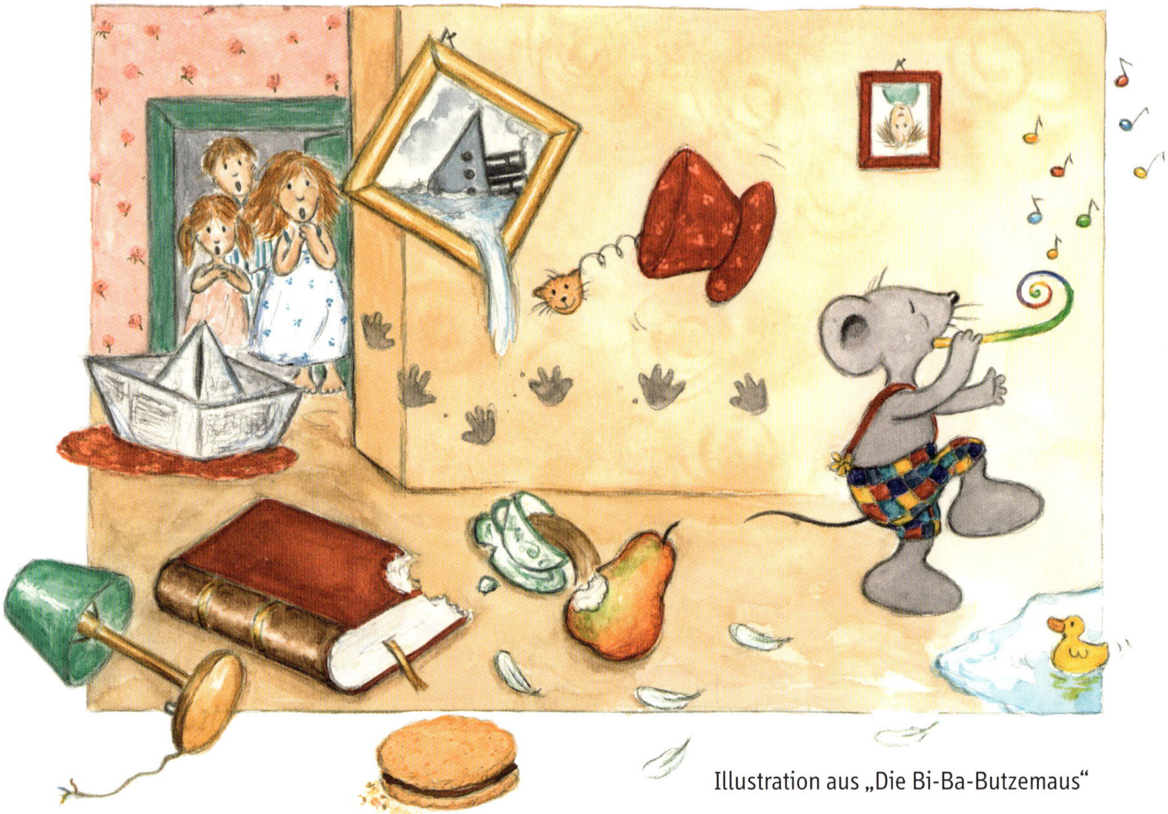

Illustration aus „Die Bi-Ba-Butzemaus"

BEISPIEL 3: BÜCHER IM MATRATZENFORMAT

Setzen Sie die Gesetze der Normalität außer Kraft. Lassen Sie fantastische, spannende Dinge passieren, zum Beispiel ein Meer, das aus einem Wandbild in die (Bilderbuch-)Realität ausläuft.

BEISPIEL 4: SCHIFFCHEN IN DER SUPPE

Zeichnen Sie etwas Verrücktes: Lassen Sie in einem Teller Tomatensuppe ein Papierschiffchen vor Anker gehen.

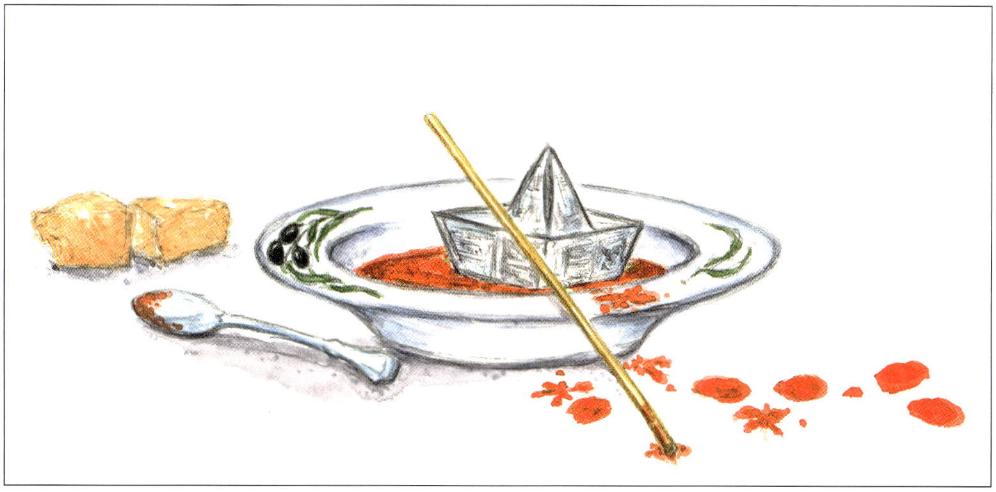

BEISPIEL 5: WECHSELN SIE DEN BLICKWINKEL!

Schauen Sie gemeinsam mit Ihrem Hund, den Sie für kurze Zeit in den Keller verbannen mussten – vielleicht weil der Heizungsmonteur, der gerade oben Reparaturarbeiten macht, sich vor Hunden fürchtet – durch einen Lichtschacht in den Himmel. Bekommen Sie nicht auch Lust, endlich wieder nach oben ins Freie zu gehen, vielleicht einen der Äpfel vom Ast zu pflücken oder mit Ihrem Hund eine Runde durchs Gras zu tollen?

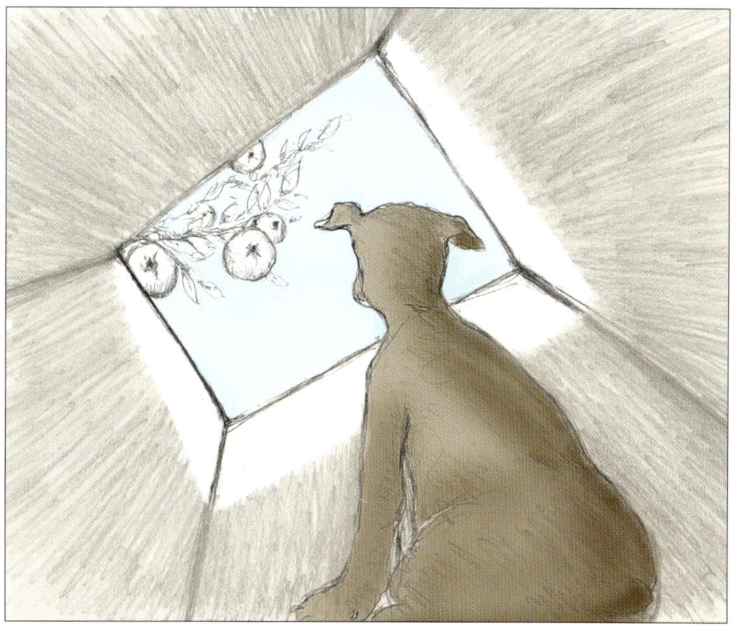

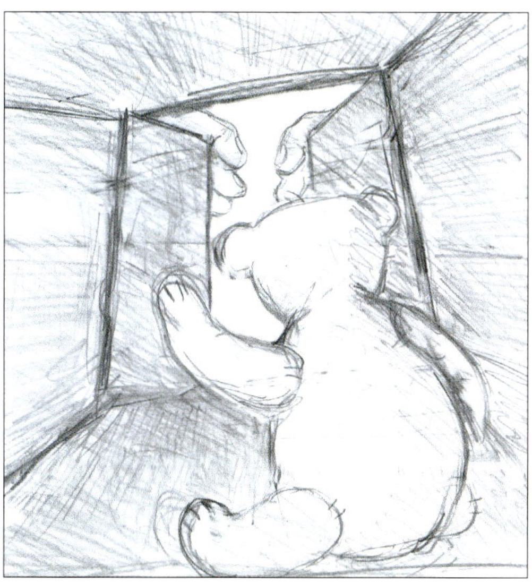

Lassen Sie sich zusammen mit einem Teddybär, der gerade in einem Spielzeuggeschäft verkauft wurde, in einen Geschenkkarton packen. Na, wie fühlen Sie sich? Ein wenig beengt? Auch wenn der Karton nur gezeichnet ist, kann er im Betrachter Emotionen auslösen.

Auch hier gilt wieder: Probieren Sie Ungewöhnliches aus. Versuchen Sie neue Blickwinkel zu (er)finden. Seien Sie mutig: es kann gar nichts schief gehen. Sie wissen ja: Ihre Skizze können Sie jederzeit verbessern oder neu zeichnen, so lange, bis Sie mit dem Ergebnis zufrieden sind.

7. Gegenstände in Bewegung – Dynamik bringt Spannung

Was für die Lebendigkeit und Beweglichkeit der Charaktere und Figuren einer Illustration zutrifft, das gilt auch für Gegenstände, also die eigentlich unbelebten Zutaten eines Bildes. Das können Möbel sein oder Dinge des alltäglichen Gebrauchs, aber auch alles andere, was dazu beiträgt, ein Bild anzureichern und spannend zu machen.

BEISPIEL 1: SCHWANKENDE MÖBEL

Zu diesem Zweck können Sie die normalerweise gerade verlaufenden Linien und Kanten, wie z. B. die des Schrankes und der Anrichte biegen, sodass es aussieht, als lehnten sich die Möbel Halt suchend gegeneinander. Auch Backofentüren und die Handtuchstange biegen sich und der Herd scheint gewissermaßen in die Knie zu gehen aus Entsetzen über dieses ganze Chaos, das die Kinder in der Küche angerichtet haben. Eine Wirkung, die noch unterstrichen wird durch den Gesichtsausdruck, den der quellende Teig hat. Der Raum, in dem sich niemand befindet, wirkt so trotzdem belebt.

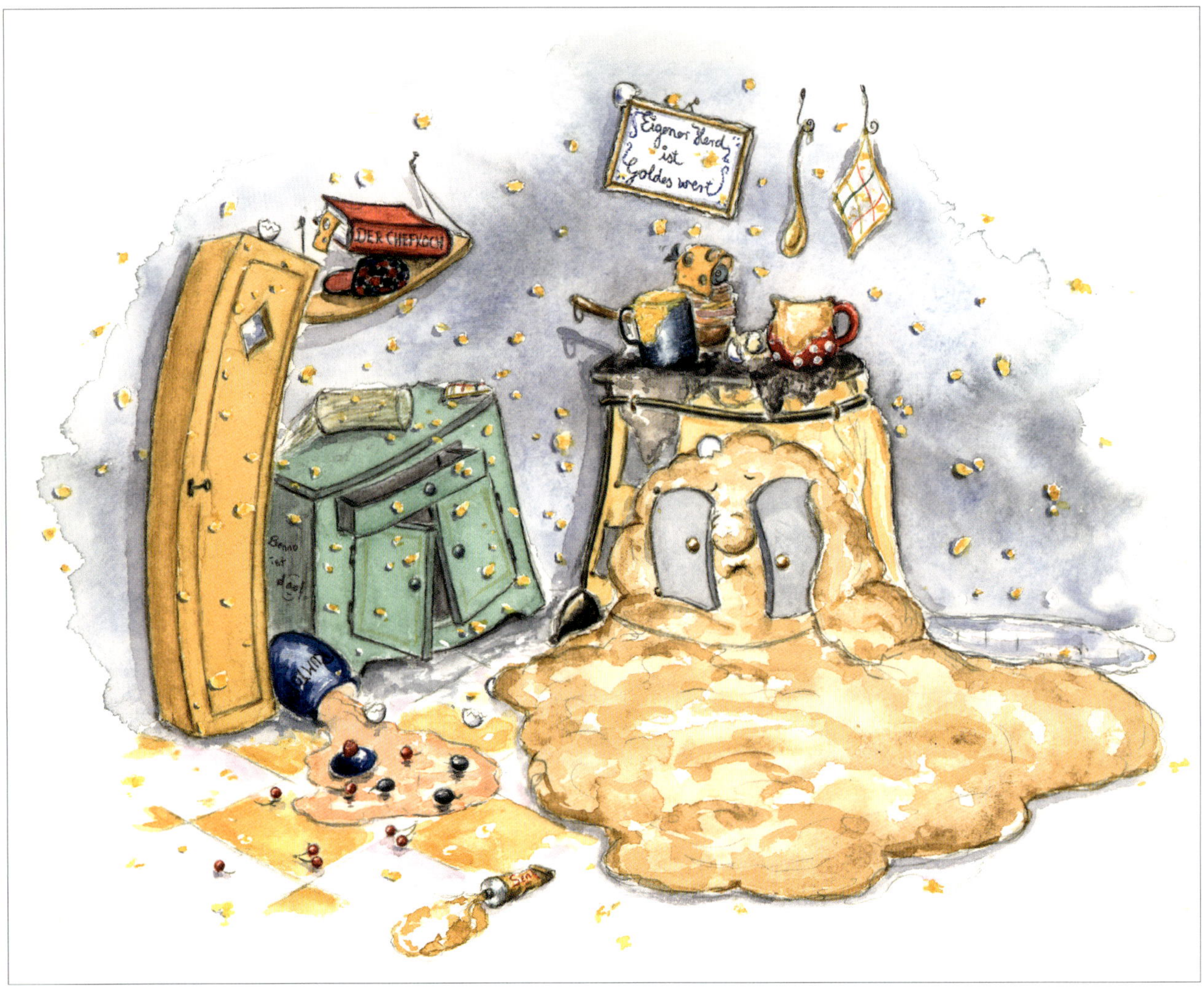

Illustration aus „Überraschung für Papa“

BEISPIEL 2: EXPLODIERENDE ZAUBERTRÄNKE

Eine weitere Möglichkeit, Dynamik ins Bild zu bringen, ist es, Momentaufnahmen oder Schnappschüsse sich abspielender Vorgänge festzuhalten. Das kann ein Sprung sein oder die schnelle Bewegung eines Gegenstandes, die noch nicht abgeschlossen ist. Oder ein Ereignis, das gerade stattfindet und von dem der Illustrator sich eine Bruchteilsekunde herausnimmt und sie bildlich darstellt. Wichtig ist, dass dem Betrachter sofort klar wird: Hier geschieht gerade etwas und ich bin live dabei! Ob es ein Zaubertrank ist, der der Zauberin unter den Händen explodiert ...

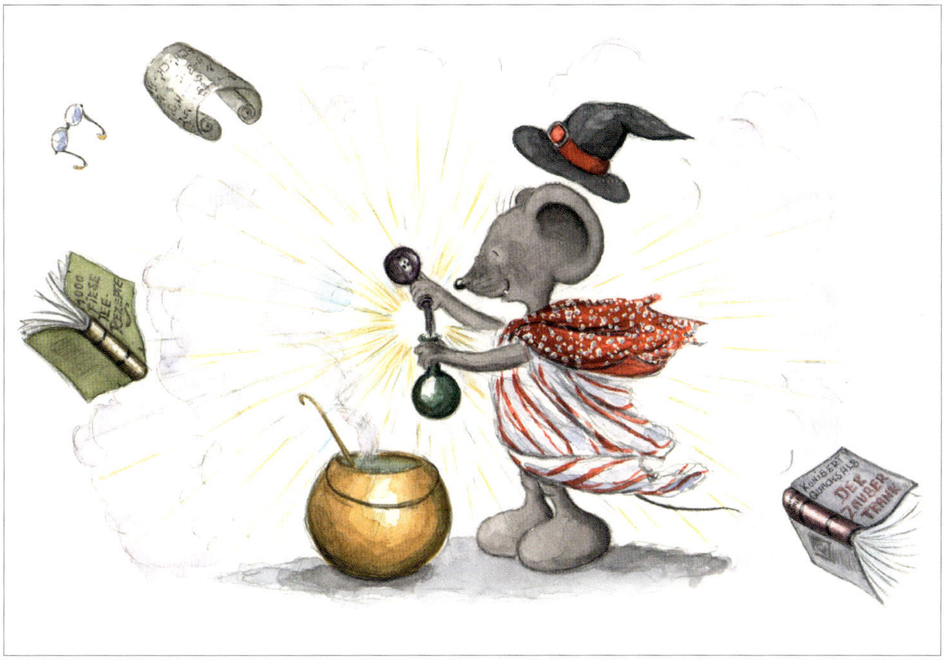

BEISPIEL 3: HÜPFENDE KAFFEETASSEN

... oder eine Kaffeetasse, die gerade in diesem Moment umkippt und schwungvoll ihren Inhalt verschüttet.

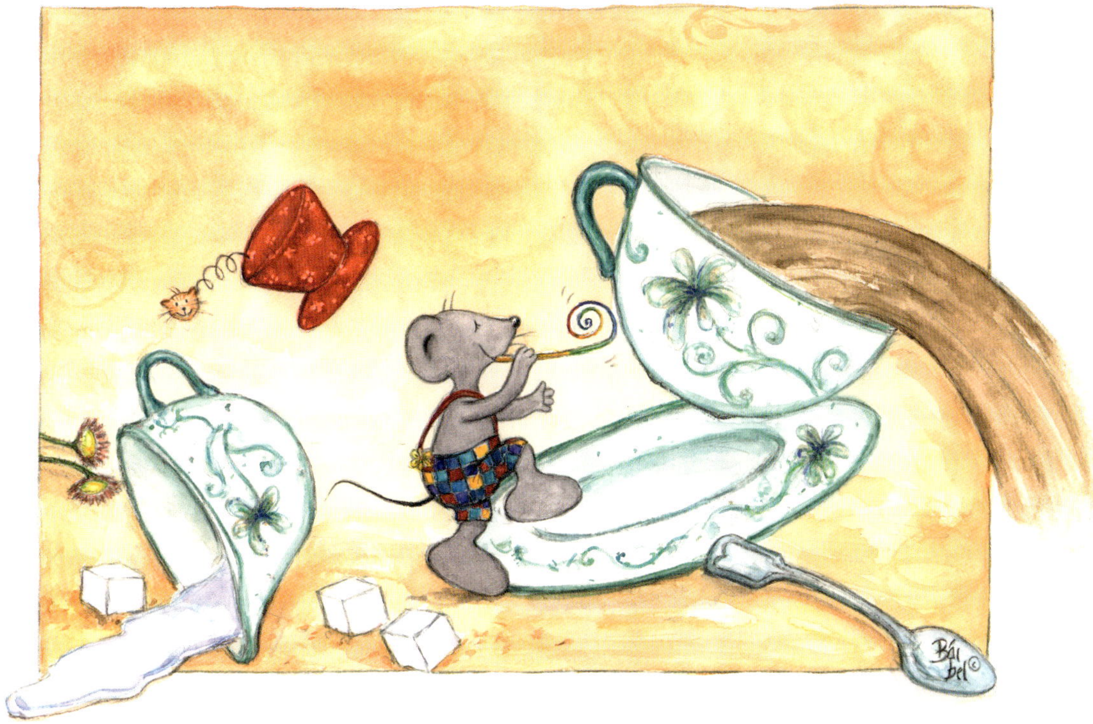

BEISPIEL 4: KNALLENDE EIER

Ob ein Topf mit trocken gekochten Eiern, die auseinanderplatzen, sodass man fast den Knall hören kann …

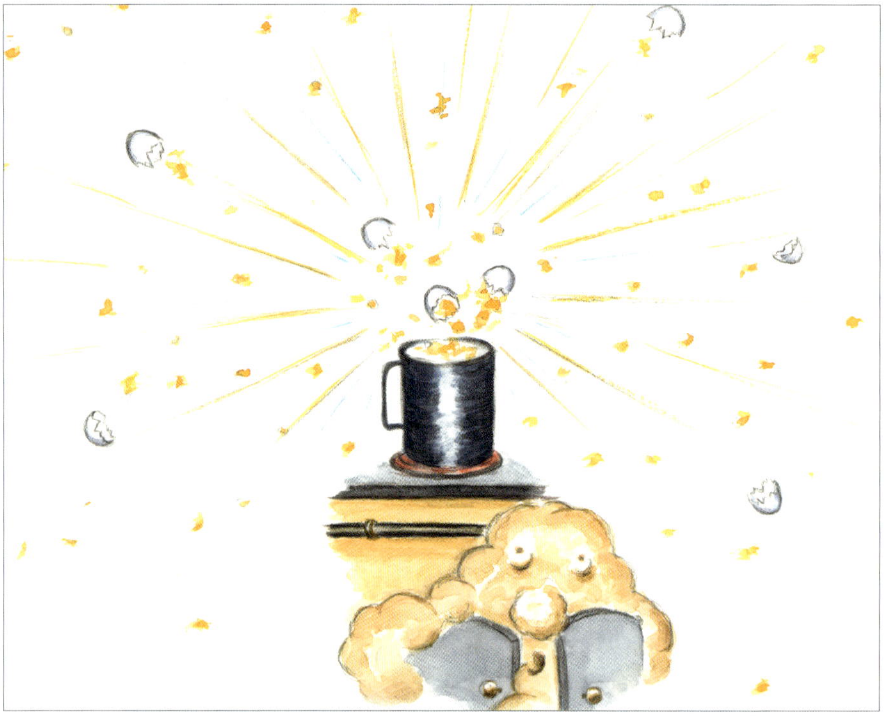

BEISPIEL 5: FLIEGENDE HASENKINDER

… oder Hasenkinder, die mit dem Schlitten gegen einen Zaun fahren und anschließend durch die Luft fliegen – so wird ein Bild lebendig.

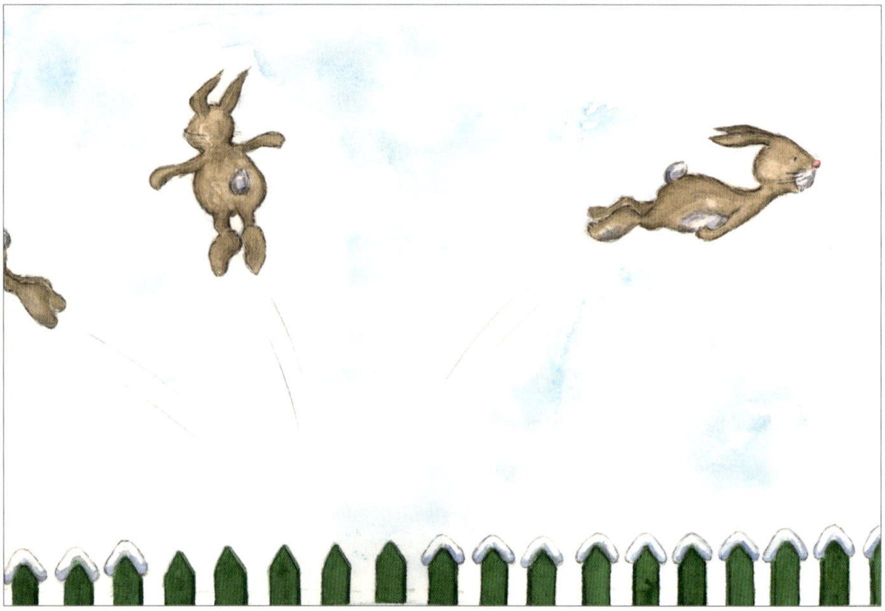

TIPP: Man kann zu Recht einwenden, dass es für manche Begebenheiten keine Modelle oder Vorlagen gibt und dass es auch nicht so leicht ist, alles selbst auszuprobieren, um das Typische für diesen oder jenen Vorgang herauszufinden. Mein Tipp ist es, mit Skizzen so lange zu experimentieren, bis Ihnen das Ergebnis realistisch erscheint oder zumindest doch wahrscheinlich. Das Auge findet schnell heraus, was gut und schlüssig wirkt und was nicht. Selbst wenn es um etwas geht, was Sie noch nie gesehen haben und vielleicht – oder hoffentlich – auch nie in Wirklichkeit sehen werden. Probieren Sie einfach, lassen Sie Ihrer Fantasie wieder einmal freien Lauf. Genießen Sie es, mit Pinsel und Stiften auf dem Papier etwas Wildes zu veranstalten, ohne sich um die Folgen oder ums Saubermachen kümmern zu müssen. Sie werden sehen, das macht viel Spaß!

8. Natur und Fantasie – In der Illustration blüht beides

Ob Sie für Ihre Illustrationen zu einem Text ein Motiv aus der Natur nehmen oder es lieber Ihrer Fantasie entspringen lassen, hängt natürlich auch von der Geschichte ab. Bei einem fiktiven Text gibt es mehr Spielraum als bei Sachbüchern, wo es – wie der Name schon sagt – wichtig ist, dass alles sachlich richtig dargestellt wird. Zum Beispiel ist es sinnvoll, bei der Illustration von naturbezogenen Themen entweder in entsprechenden Büchern nachzuschlagen oder von der Natur selbst abzuschauen. Wenn Sie aus Ihrer Schulzeit noch alte Biologiebücher haben, zögern Sie nicht, diese vom Dachboden oder aus dem Keller zu holen. Die Darstellungen sind oft sehr genau und anschaulich und geben gute Vorlagen für authentische Illustrationen, selbst wenn diese dann von Ihnen künstlerisch interpretiert und abgewandelt werden. Aber auch ein Zweig aus dem Garten, eine Beerendolde oder eine Blume leisten gute Dienste. Beim Illustrieren werden Sie lernen, die Dinge genauer zu beobachten und auch, sich das Gesehene zu merken. Wenn Sie darin genug Übung haben, können Sie das Erlernte variieren und Ihre Illustrationen frei komponieren.

JETZT SIND SIE DRAN!

Versuchen Sie, aus dem Gedächtnis eine gemaserte Naturholztür, eine Erdbeere, eine Kirsche, eine Kastanie, das Blatt und die Blütenkerze eines Kastanienbaumes zu zeichnen. All diese Dinge haben Sie sicherlich schon unzählige Male gesehen.

Schauen Sie sich die Abbildungen auf Seite 62 erst an, wenn Sie mit Ihren eigenen Zeichnungen fertig sind.

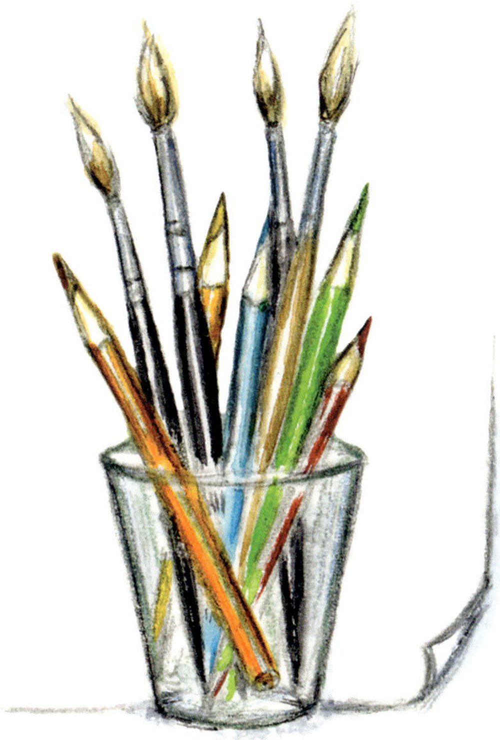

MEIN LÖSUNGSVORSCHLAG

Und? Wie sind Sie zurechtgekommen? Haben Sie die typischen Eigenschaften gut wiedergeben können? Falls dies noch nicht für alle Gegenstände zutraf – kein Problem! Wenn Sie das nächste Mal einen dieser Gegenstände sehen, werden Sie ihn mit anderen Augen betrachten als bisher. Und so wird sich Ihr persönliches Illustrations-Repertoire mit der Zeit erweitern. Denn die Dinge, die Sie genau ansehen und dann selbst in einem Bild umsetzen, bleiben Ihnen im Gedächtnis haften.

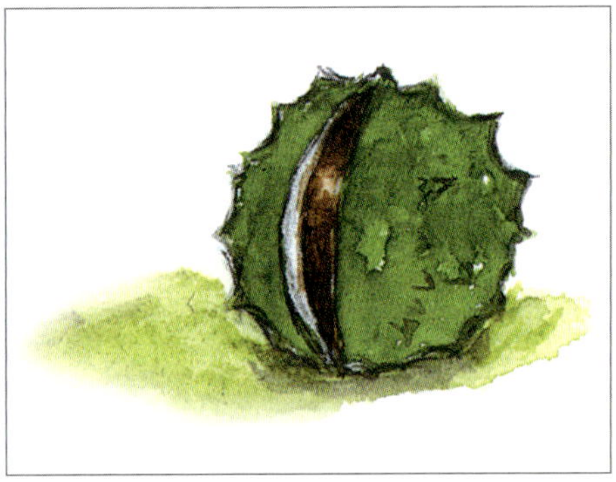

Kastanie, die rotbraun glänzend mit ihrer aufgesprungenen stacheligen Hülle fast wie ein Igel aussieht.

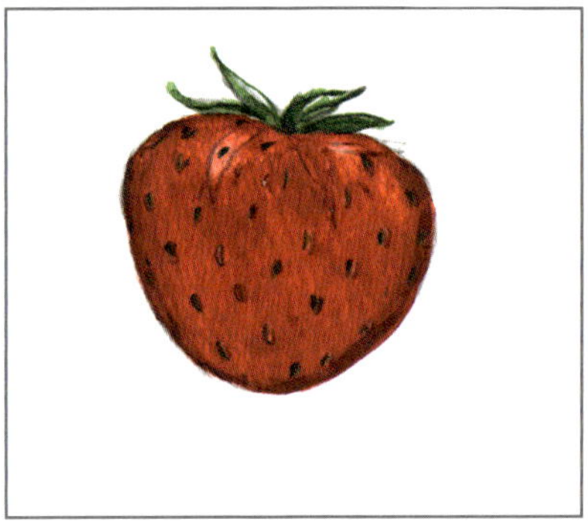

Erdbeere mit ihren hellgrünen Pünktchen, die wie Stecknadeln im roten Fruchtfleisch stecken.

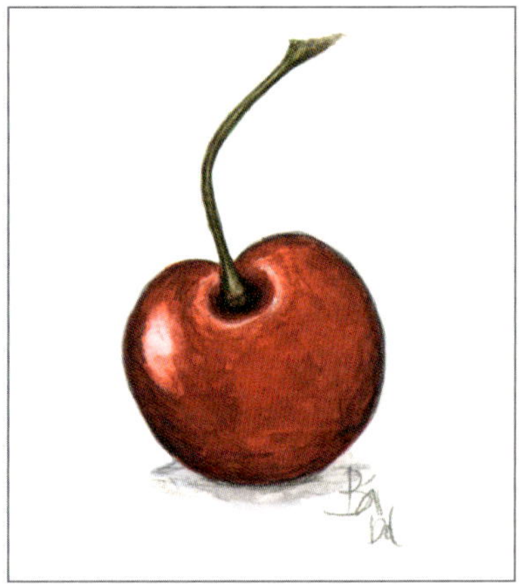

Kirsche mit ihren Glanzpunkten auf der blutroten Frucht und dem tief eingelassenen Stiel.

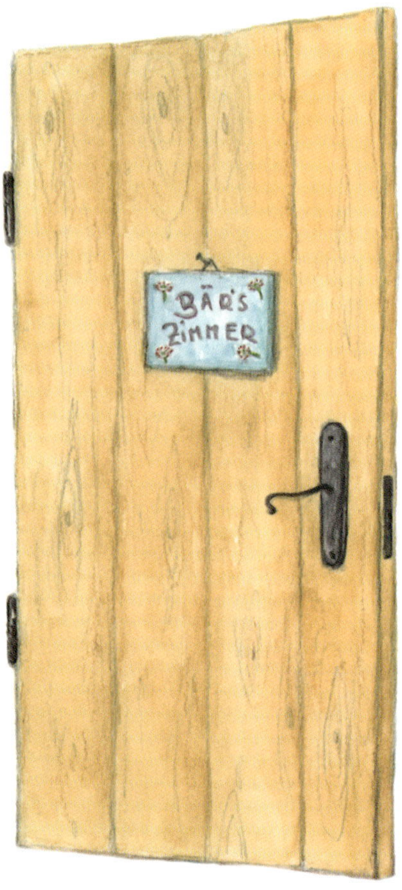

Holztüre mit der typischen Maserung und den Astlöchern.

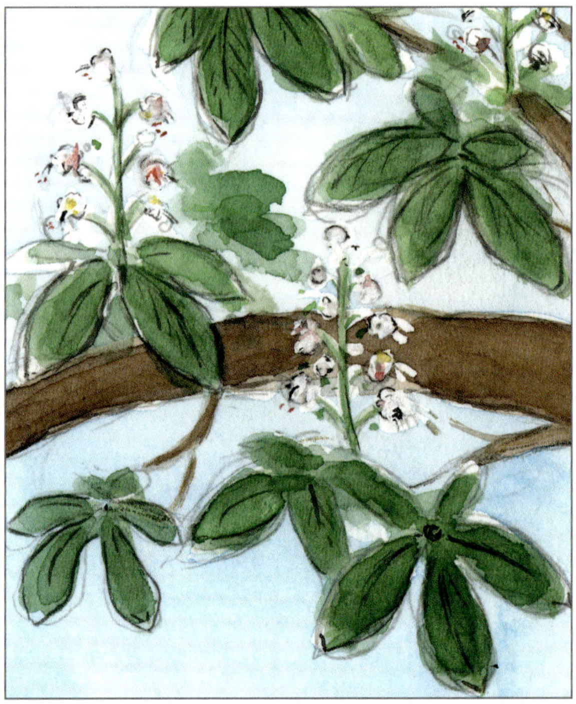

Kastanie, deren Blätter wie eine Hand mit rundlichen Fingern aussehen.

9. Natur und Architektur – Landschaft, Stadt, Garten oder Inneneinrichtung

Wenn Sie den Hintergrund für eine Geschichte gestalten, hängt es zum Teil vom Text ab, wie dieser aussehen wird. Ob Stadt oder Land, ob Sommer, Frühling, Herbst oder Winter, all diese Dinge beeinflussen die Gestaltung Ihrer Bildkulisse. Darüber hinaus sind Sie frei in der Gestaltung und können Ihre Fantasie spielen lassen. Sie sind hier der Architekt!

BEISPIEL 1: GEWITTERSTIMMUNG AUF DEM LAND

Illustrieren Sie eine ländliche Gegend, über der ein Gewitter aufzieht, zu dem folgenden Textausschnitt:

„... und der wilde Vetter Sturm baut einen hohen Wolkenturm ...“

Beachten Sie den ins Indigofarbige gehenden Himmel, der sich im Teich spiegelt, und die matten Farben der Felder und Dächer. Dass es keine Schatten gibt, zeigt, dass die Sonne nicht scheint. Sehen Sie sich die Abschattierung der Wolkenränder an. Beachten Sie die Schilfhalme, die sich im aufkommenden Wind biegen.

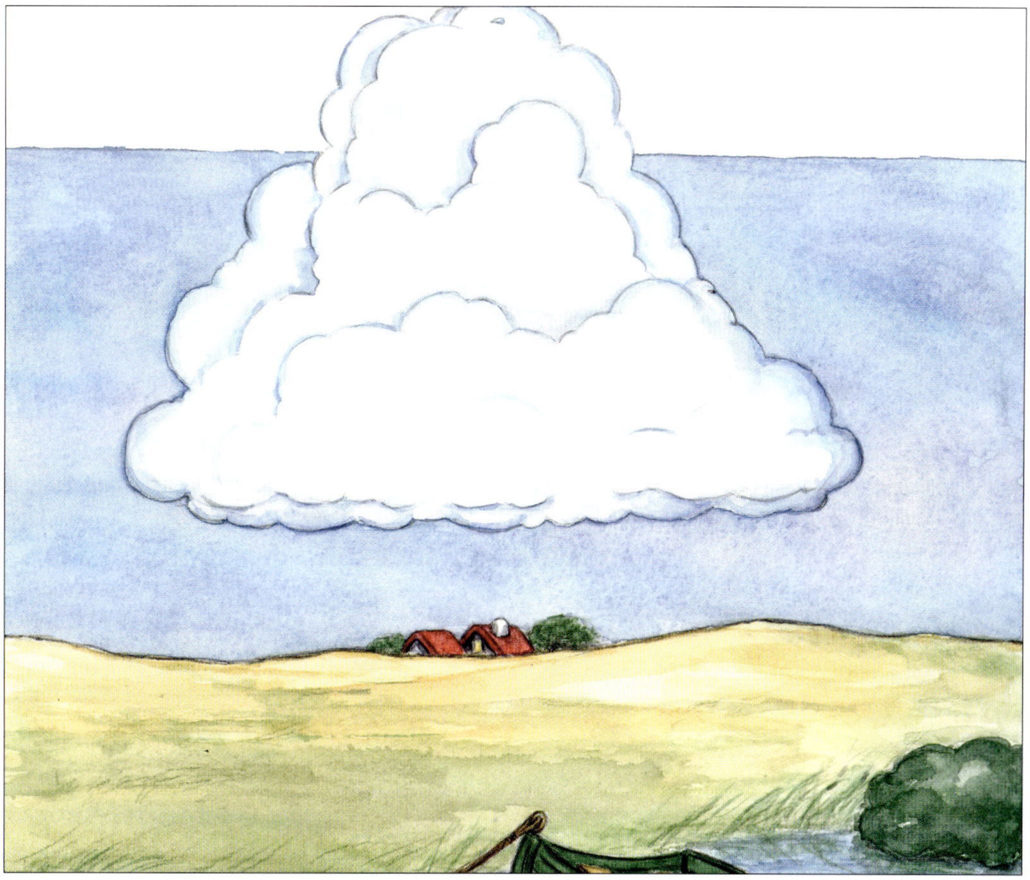

BEISPIEL 2: ÜBER DER STADT

Illustrieren Sie einen Blick über eine kleine Stadt.

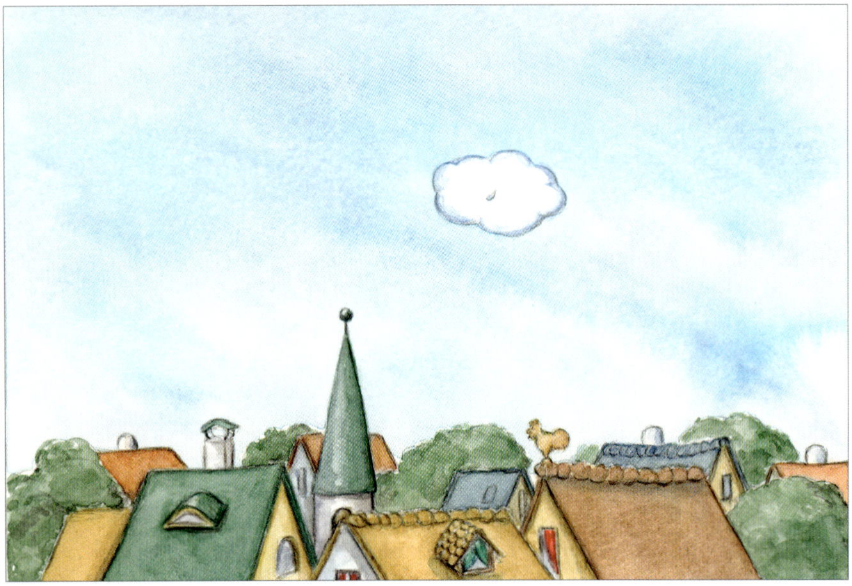

Illustration aus „Der Tropfen"

Beachten Sie den Bildausschnitt. Die Ansicht beschränkt sich auf die Dächer der Stadt und den Himmel darüber. Es könnte ein Blick aus einem Fenster etwas oberhalb der Stadt sein. Der Betrachter hat das Gefühl, sich oberhalb des Geschehens zu befinden.

BEISPIEL 3: BOOT IM NEBEL

Illustrieren Sie den folgenden Textausschnitt:

„... Wie ein dünner Schleier hebt sich der Nebel über dem See und allmählich wird das Boot sichtbar, das sanft auf den Wellen schaukelt ..."

Beachten Sie die Farbgebung. Die neblige Luft, das Wasser und der Kahn sind mit einer dünnen, fast einfarbigen Lasur angelegt. Das leichte Blau des Himmels schimmert nur zart durch. Das undeutlich erkennbare Wiesengrün im Hintergrund geht diffus in den Himmel über.

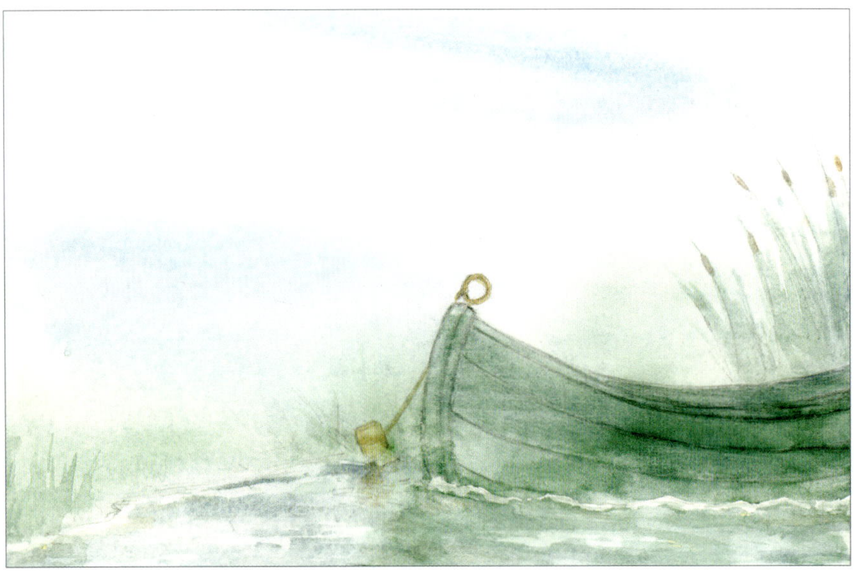

Illustration aus „Der Tropfen"

Die hellen Stellen des Bildes entstehen durch einen ganz leichten und verdünnten Farbauftrag, der viel vom Papiergrund durchscheinen lässt. Auch die weißen Nebelschwaden am Bug des Kahns entstehen durch Aussparung. Schilf und Gras am Seeufer werden nur sehr verdünnt und mit zartem Pinselstrich gestaltet. Die gekräuselten Wellenränder am Seeufer und um das Boot herum werden vor dem Aquarellieren mit Maskierfilm abgedeckt. Die Spiegelung des Bootes im Wasser wird unterbrochen angelegt, da die Lichtbrechung auf den Wellen ein durchgehendes Abbild verhindert. Durch diesen kleinen Trick wirkt die Wasseroberfläche sehr natürlich.

BEISPIEL 4: WINTERZAUBER

Lassen Sie zwei Kinder zum Schlittenfahren gehen. Versuchen Sie, eine winterliche Atmosphäre zu gestalten, in der man glaubt, den gefrorenen Schnee unter den Fußtritten knirschen zu hören und spürt, wie die Luft eisig kalt in die Nase beißt.

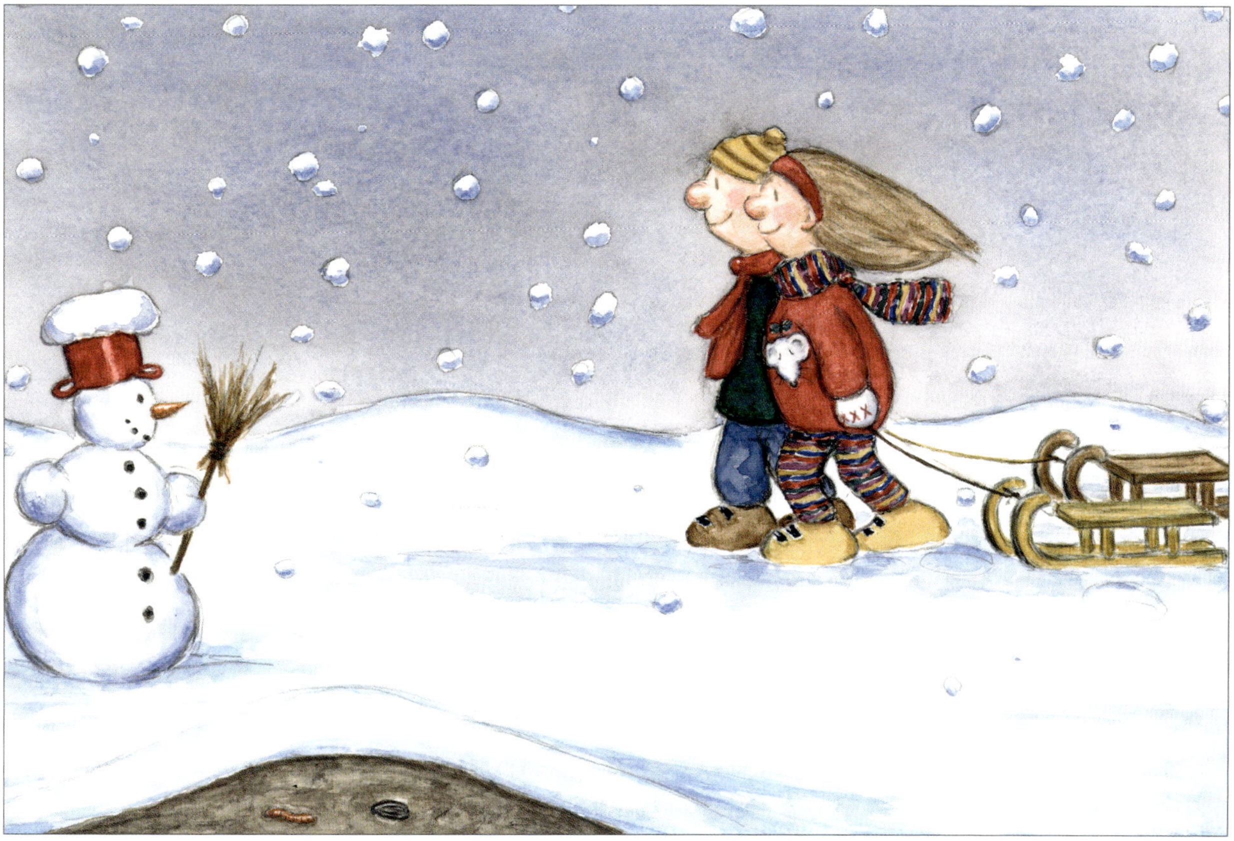

Illustration aus „Der Kern"

Sehen Sie, wie dunkel der Himmel ist?

Es ist eine Mischung aus Neutraltinte und Violett mit Blau, gegen die sich die weißblauen Schneeflocken und die Schneedecke des Bodens fast grell abheben. Der Boden wird mit großzügigen Pinselstrichen nur blauviolett abschattiert, sodass ein Großteil der Schneedecke weiß bleibt. Beachten Sie die Weichheit der Konturen. So sieht frisch gefallener Schnee aus.

Die Schneeflocken sind nur unten blauviolett abschattiert. Durch den Kontrast zum oberhalb liegenden Weiß erscheint dieses noch strahlender und die Flocken, die natürlich, was die Größe anbetrifft, ein wenig übertrieben sind, wirken plastisch und scheinen wirklich sanft nach unten zu schweben. Dieser Eindruck entsteht dadurch, dass jede Flocke unterschiedlich und auch die Verteilung im Bild nicht gleichmäßig ist.

Haben Sie es bemerkt?

Die Sohlen der Stiefel sowie die eisernen Kufenunterkanten der Schlitten sind nicht zu sehen. Durch diesen kleinen Trick wird angedeutet, dass die Schneedecke schon so hoch ist, dass man darin einsinkt. Die feinen weißen Ränder um die Schuhe herum verstärken den Eindruck des Einsinkens noch. Sie können diesen Effekt leicht mit einem dünnen Strich Maskierfilm erzielen, den Sie vor dem Anlegen des Schnees anbringen. Auch die Kinder, die Schneeflocken und der Boden werden vor dem Anlegen des dunklen Himmels mit Maskierfilm abgedeckt.

Nasen und Wangen der Kinder sind von der Kälte gerötet, aber dafür sind sie warm angezogen. Man kann die Strickmuster von Schal, Hose, Pullover und Handschuh gut erkennen und auch die Rundlichkeit der Körperkonturen lässt auf wintertaugliche Stoffe schließen.

BEISPIEL 5: AM VOGELHÄUSCHEN

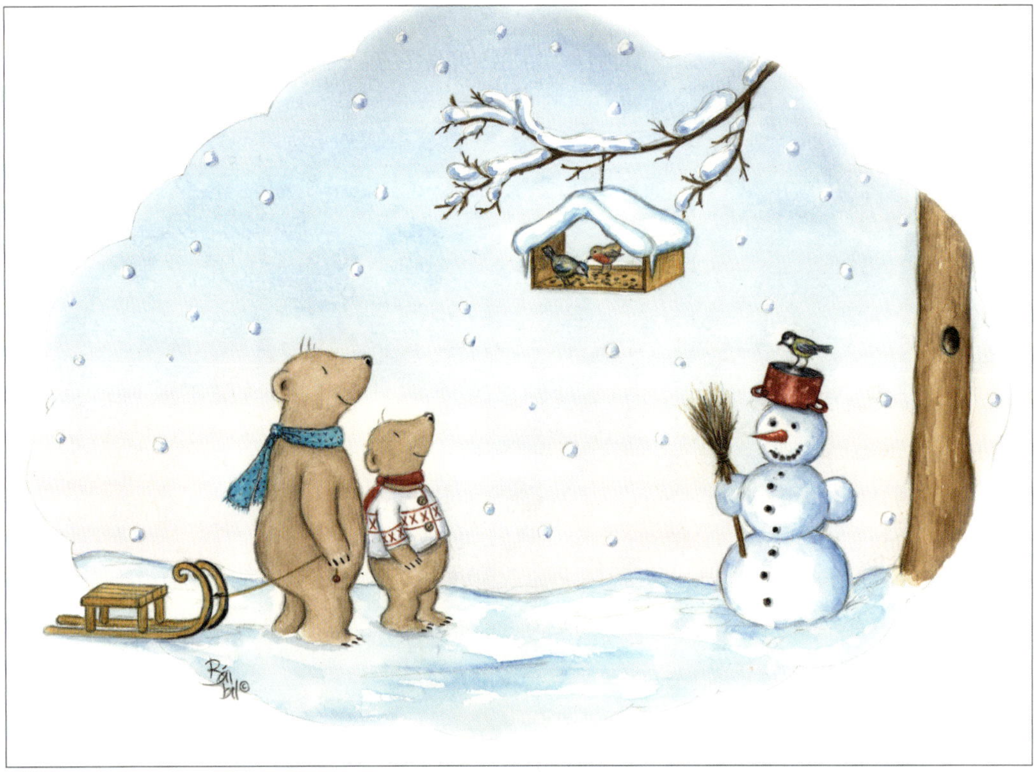

Aber es gibt auch helle Wintertage. Der Himmel zeigt hier eine ganz besondere Färbung, die typisch für die Jahreszeit ist. Das freundliche Hellblau des Himmels verläuft nach unten hin ins Rosa-Violettfarbene. Der Schnee ist ebenfalls hellblau.

BEISPIEL 6: AUF DEM EIS

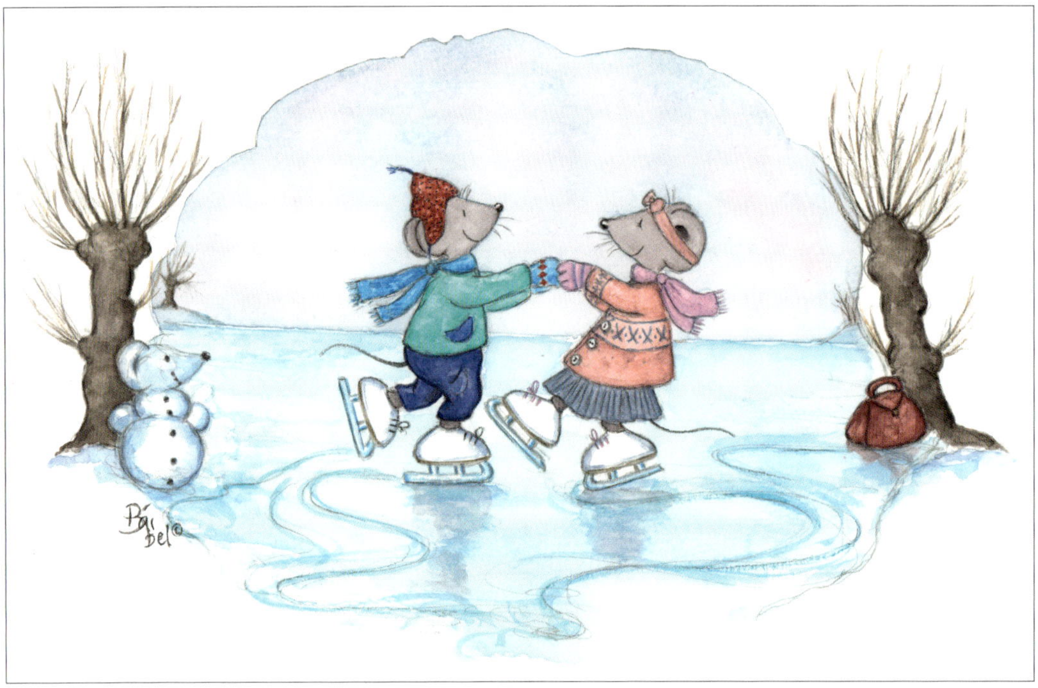

Aber auch ein zugefrorener Weiher zum Schlittschuhlaufen mit kahlen schwarzen Weiden liefert ein typisches, stimmungsvolles Wintermotiv.

BEISPIEL 7: EIN NACHMITTAG IM GARTEN

Nachfolgend finden Sie einige Garteneindrücke. Ob eine intime Ecke mit einem Stapel Holzscheite hinter dem Haus, auf dem einige Igel herumturnen ...

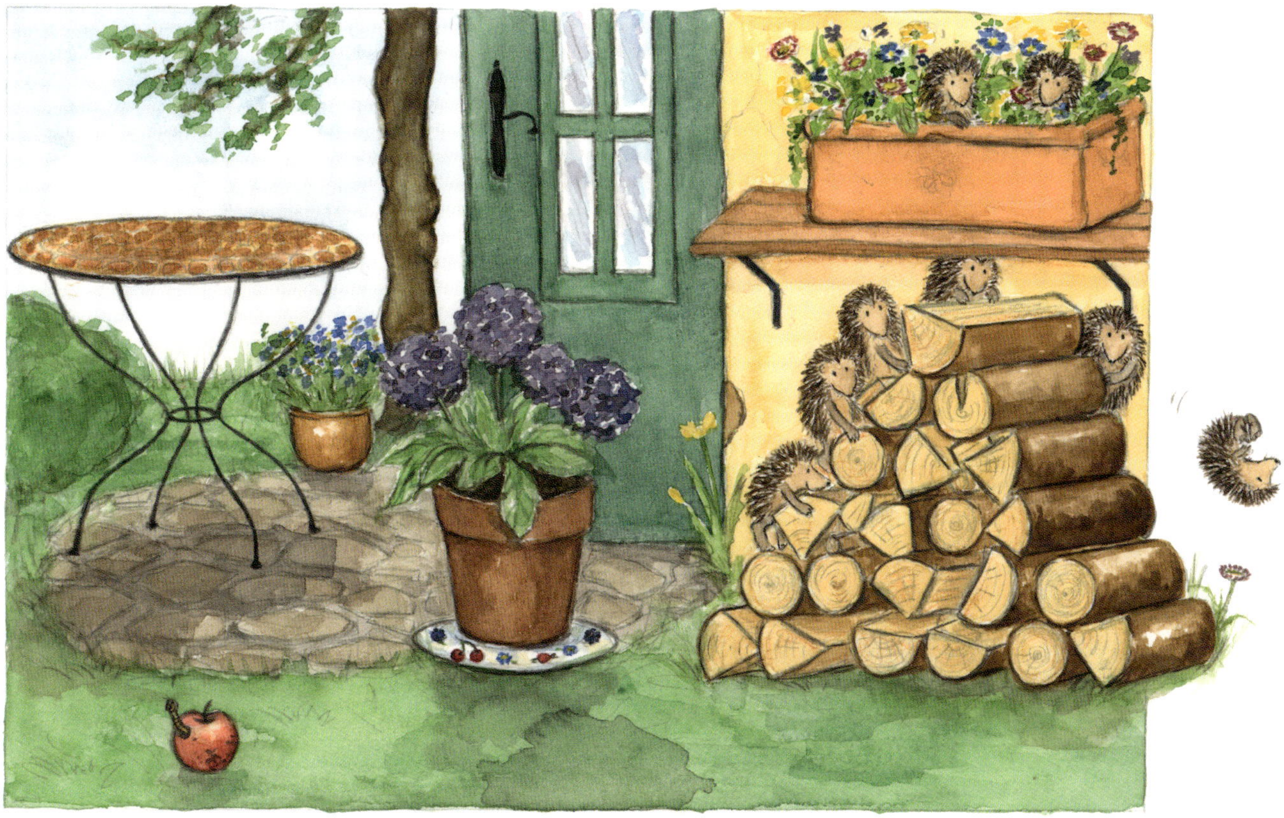

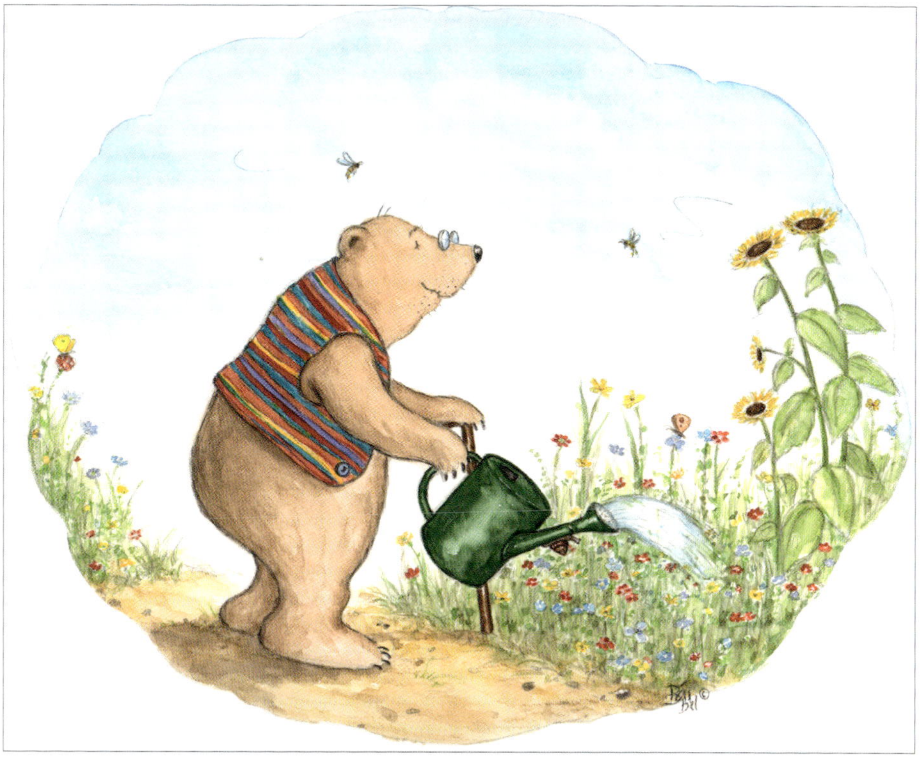

BEISPIEL 8: OPA BÄRS BLUMENBEET

... ob ein etwas verwildertes Blumenbeet, das von einem Bärengroßvater begossen wird ...

Obwohl die Sonne selbst nicht im Bild ist, sieht man an den Schatten, dass sie da ist und auch, wo sie steht: Die Rückenseite des Bären ist dunkel, ebenso die Unterseiten der Arme, der Bereich unter der Strickweste und der Boden hinter ihm. Der Rest des Weges ist sonnig hell.

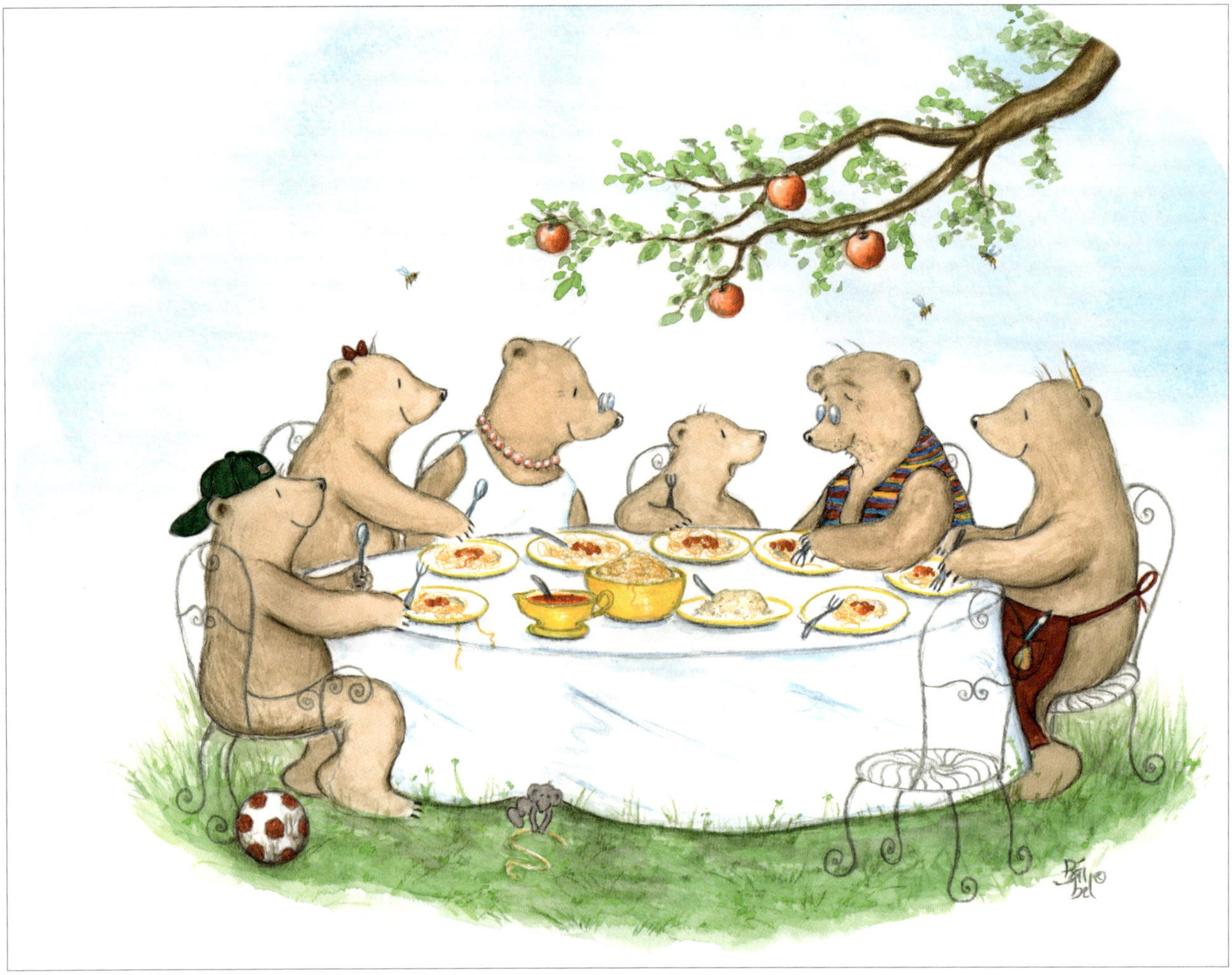

Illustration aus „Bekackt!“

BEISPIEL 9: MITTAGESSEN UNTERM APFELBAUM

... oder ein gemütliches Familienmittagessen in der Wiese unter einem Baum.

Gestalten Sie ein eigenes Gartenidyll. Es kann, muss jedoch nicht ein Komplettbild sein. Manchmal sind Teilansichten viel spannender. Eine Ecke mit Sträuchern und Blumen, ein schattiges Plätzchen unter einem Baum, ein Stück vom Gartenzaun, das mit Efeu oder mit Gartenwinde zugewachsen ist. Vergessen Sie nicht die Details. Ob Schnecke oder Schmetterling, ob Biene oder Steinchen am Weg: Es sind die kleinen, unscheinbaren Dinge, die ein Bild lebendig erscheinen lassen und die oft erst auf den zweiten Blick entdeckt werden. Denken Sie auch daran, ein wenig Sonne ins Bild zu bringen. Sie muss nicht selbst sichtbar sein, aber durch gezielten Einsatz von Helligkeit und Schatten wirkt Ihre Illustration sonnig.

Scheuen Sie keine Mühe bei Bekleidungsstücken. Die Arbeit lohnt sich. Die bunten Streifen auf Opas Weste zum Beispiel sind ein Blickfänger, der dem Bild einen zentralen Punkt gibt. Ob Sie Stickereien einarbeiten oder Applikationen anbringen, ob die Stoffe in Ihrer Illustration gemustert sind oder mit Motiven bedruckt, all dies macht Ihr Bild attraktiver.

BEISPIEL 10: TRAUTES HEIM ... GLÜCK ALLEIN

Es hängt immer vom Text ab und davon, was Sie zeigen möchten. Auch für die Interieurs gilt: Sparen Sie nicht an Details, sofern es in den Rahmen des Gesamtkonzepts passt.

Ob Sie in Ihrem Bild nur einen Ausschnitt des Motivs zeigen oder ob Sie das gesamte Ambiente mitliefern, das bleibt Ihnen überlassen.

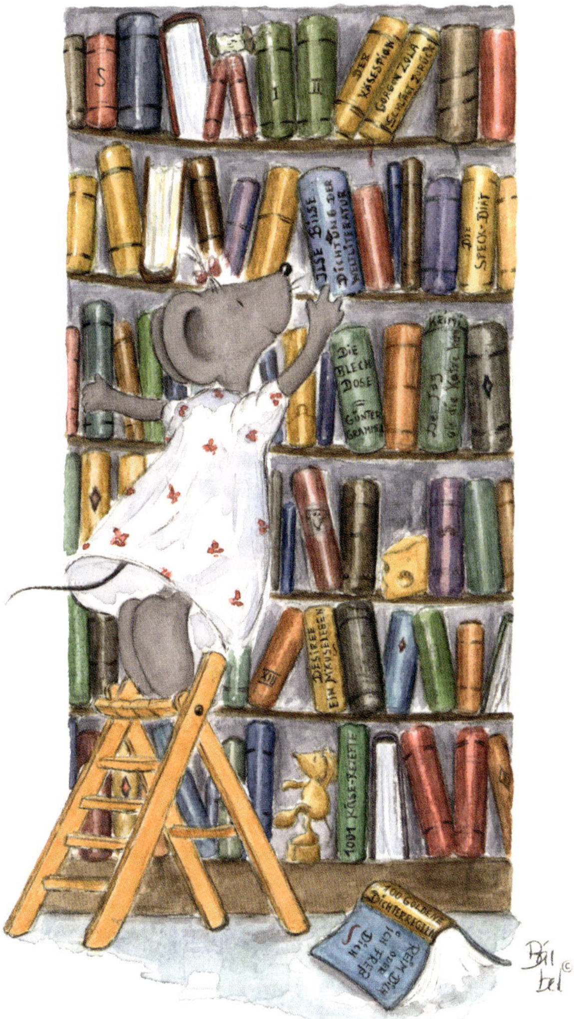

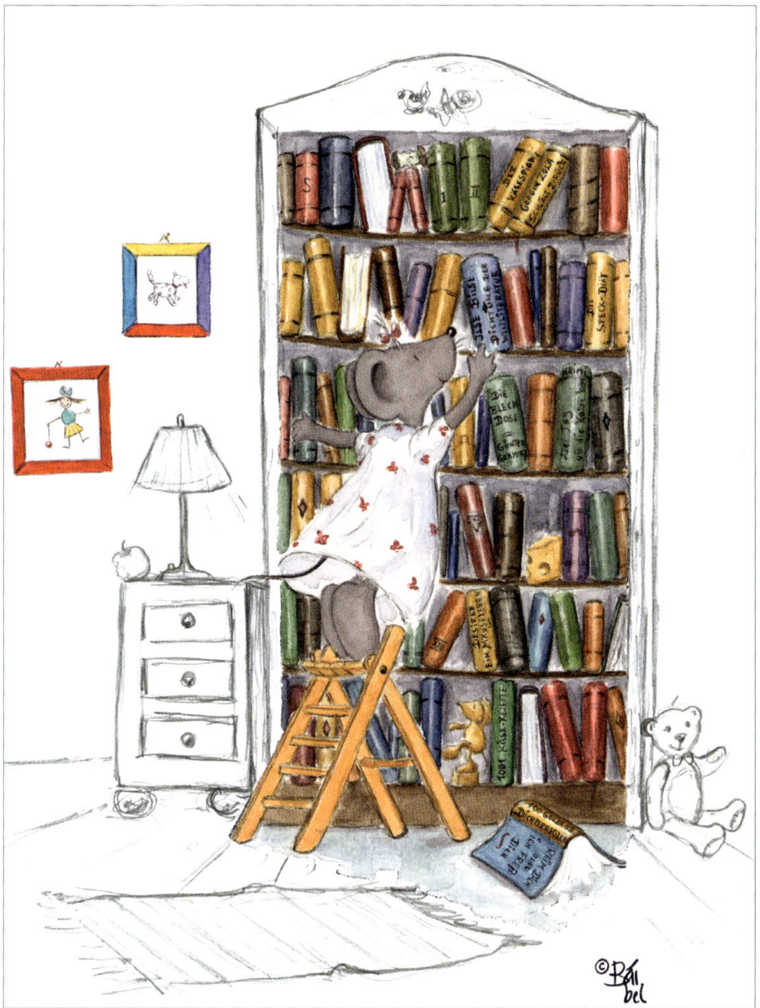

BEISPIEL 11: SCHLAFENDE KATZE

Nachfolgend finden Sie zwei Innenraumansichten. Wie Sie sehen, gibt es mehrere Möglichkeiten zur Gestaltung. Es können ganze Räume abgebildet werden, Teilansichten einzelner Bereiche oder Details.

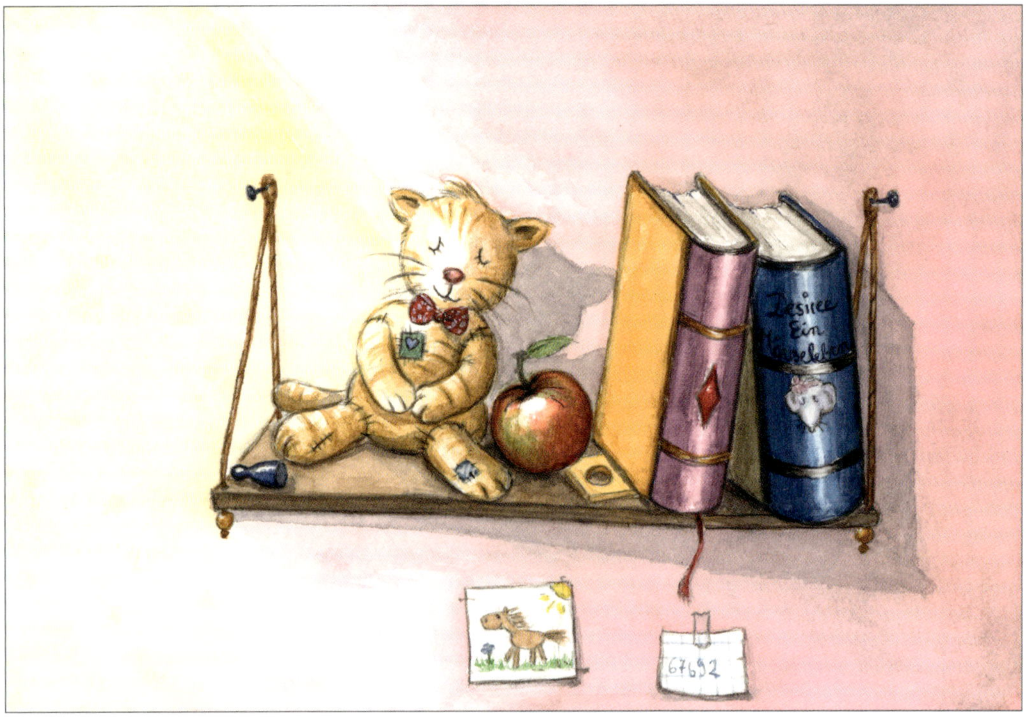

BEISPIEL 12: MUTTER BÄR STREICHT SCHULBROTE

Auch in kleinen Illustrationen lässt sich viel unterbringen. Dem Betrachter Ihres Bildes wird es Freude machen, auf Entdeckungsreise zu gehen. Haben Sie zum Beispiel auf dem Küchenbild mit der Butterbrote streichenden Bärenmutter die roten Farbflecken entdeckt, die der Pinsel auf ihrem Arm und der Taille hinterlassen hat? Nein? Vielleicht beim zweiten Betrachten des Bildes.

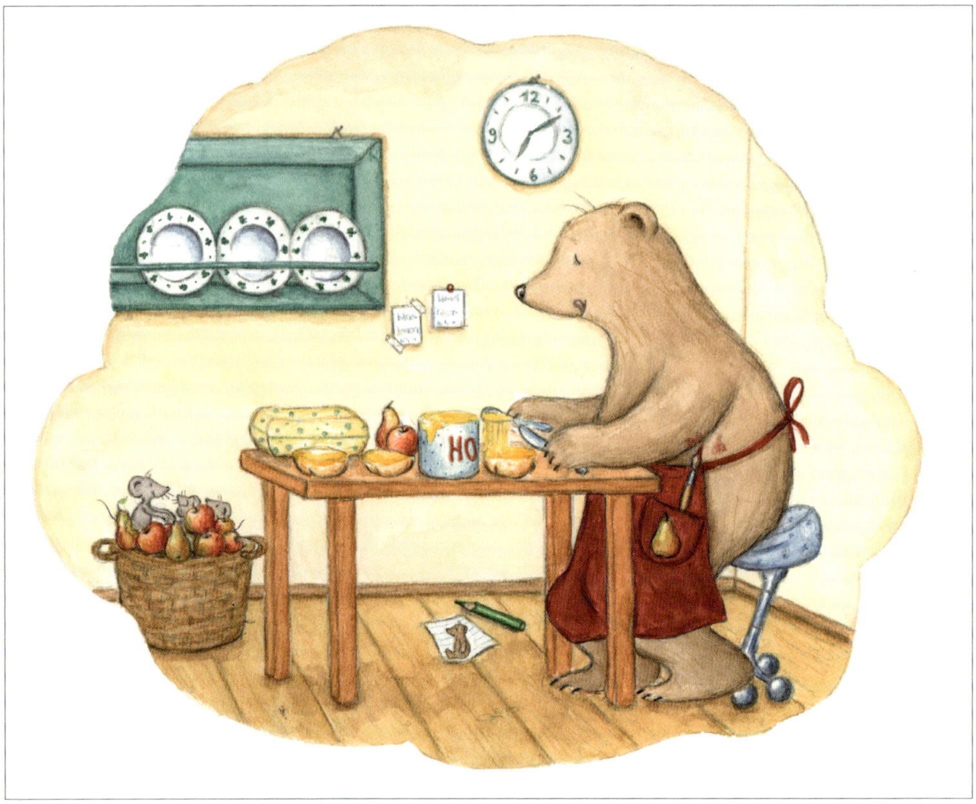

JETZT SIND SIE DRAN!

Gestalten Sie selbst auf dem Zeichenpapier ein „Trautes Heim“ nach Ihren eigenen Vorstellungen. Wenn Ihnen im Moment keine passende Textvorlage einfällt, hier zwei Vorschläge.

Mein erster Textvorschlag lautet:

„Das freut den Bärenvater richtig: die Kinder helfen flink und tüchtig!“

Zu diesem Text lässt sich viel Lustiges illustrieren. Denn wenn die Kinder im Haushalt mithelfen, ist das ja, wie Sie mir vielleicht augenzwinkernd bestätigen werden, nicht unbedingt eine Hilfe. Nun? Gehen Ihnen schon die ersten Bilder durch den Kopf? Wenn nicht, denken Sie weiter über das Thema nach. Dann fällt Ihnen bestimmt bald etwas Passendes ein.

Mein zweiter Textvorschlag lautet:

„Von Zeit zu Zeit, so ab und zu,
braucht Mutter Bär ein bisschen Ruh’.
Ein Wohlfühl-Stündchen oder zwei,
das pustet Kopf und Seele frei.
Und Vater Bär – das macht er gern –
schaut derweil mit den Kleinen „fern“.“

Sie sehen, dieses Mal geht es um das Thema Wellness im trauten Heim. Wenn Sie nicht sofort eine visuelle Vorstellung von den Räumlichkeiten der Textvorgaben haben, lassen Sie Ihre Fantasie spielen oder recherchieren Sie in Zeitschriften, Ambiente- oder Wohnbüchern, oder auch in Ihrer Erinnerung. Dort ist manches abgespeichert, was nur wieder ausgegraben und freigelegt werden muss.

Lassen Sie sich Zeit mit der Entstehung Ihrer Interieurs. Auch ein Innenarchitekt ist nicht in einer Stunde fertig.

Meine Lösungen finden Sie nach dem Umblättern auf Seite 72.

TIPP: Gestalten Sie die Illustration als Doppelseite in zwei Teilen. Dann können Sie beide Aspekte, den der Mutter bei ihrer Wellness-Tätigkeit und andererseits den des Vaters, der in der Zwischenzeit die Kleinen in Schach hält, ausführlich darstellen.

ACHTUNG: Das „Fernsehen“ muss nicht unbedingt die übliche Bedeutung haben! Kleine Doppelsinnigkeiten erfreuen Leser und Betrachter.

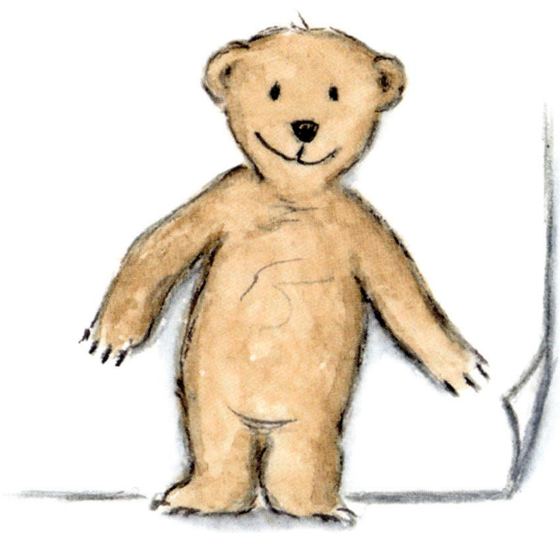

MEIN LÖSUNGSVORSCHLAG: VATER HAT KÜCHENDIENST

Wie Sie sehen, habe ich für meine Illustration eine ganz alltägliche Szene aufgegriffen: Das Spülen. Auch wenn heutzutage die meisten Haushalte diese Arbeit von der Technik erledigen lassen, so gibt es doch, gerade in jüngeren Familien oder bei Studenten noch immer die Frage: Wer ist heute dran mit dem Abwasch? Bei unserer Familie Bär ist diese Frage ein für alle Male geklärt – es ist der Vater, und zwar immer.

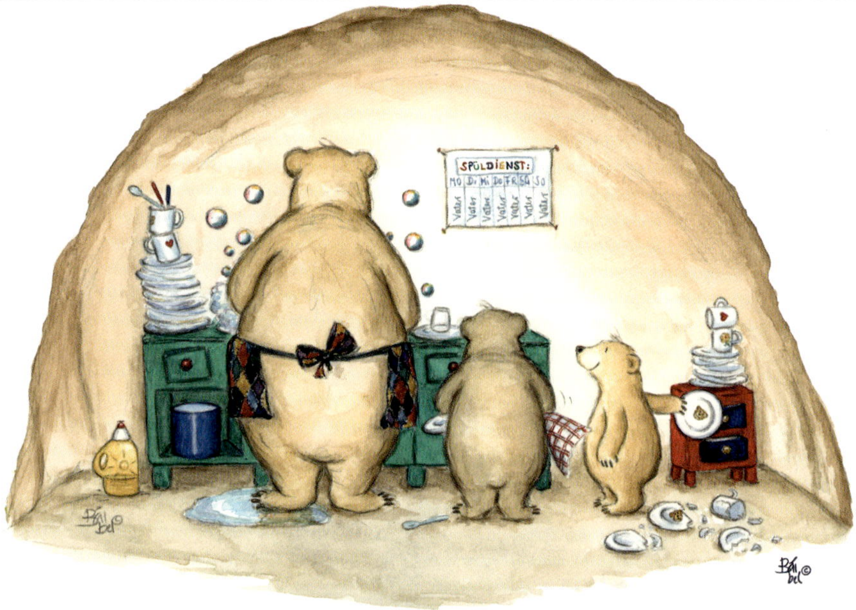

Das freut den Bärenvater richtig:
Die Kinder helfen flink und tüchtig.

Dass die Kinder trotzdem bereitwillig helfen, zeugt ohne Zweifel von hoher Sozialkompetenz und ist darüber hinaus ein schöner Zug, wenn auch nicht ganz ohne Tücken, wie beim genauen Hinsehen am rechten Bildrand bemerkt werden kann.

LÖSUNGSVORSCHLAG 2: MUTTER BÄR IM WELLNESS-HIMMEL

Von Zeit zu Zeit, so ab und zu,
braucht Mutter Bär ein wenig Ruh'.

Ein Wohl-Fühl-Stündchen oder zwei,
das pustet Kopf und Seele frei...

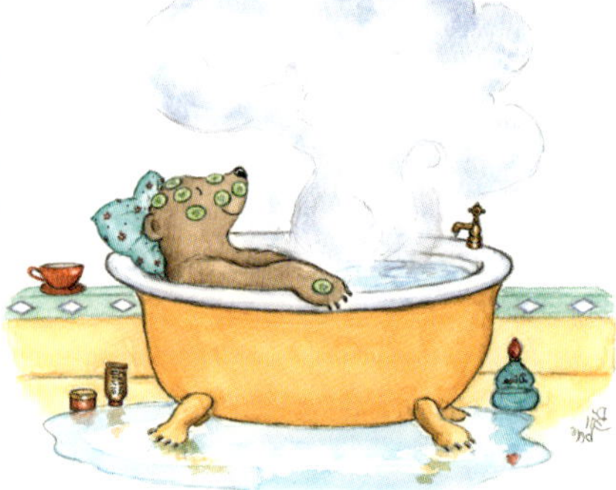

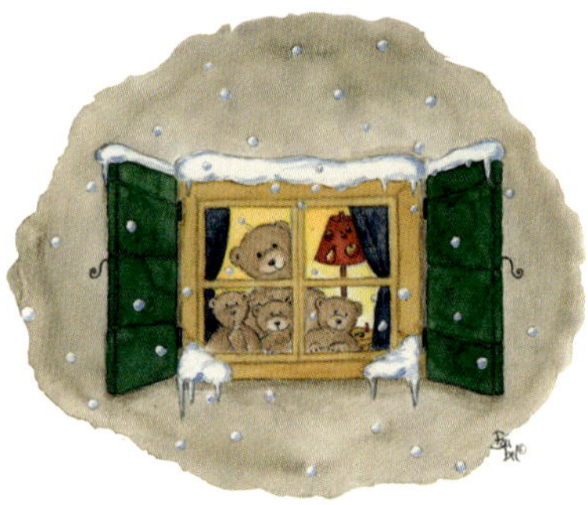

Und Vater Bär - das macht er gern -
schaut derweil mit den Kleinen "fern".

Auch in diesem Beispiel finden wir eine alltägliche Geschichte: Die gestresste Mutter Bär soll entspannen. Dafür sorgt der Vater, indem er die Kleinen unter- und von ihr fernhält. Dass der Plan gelingt, ist am entspannten Gesicht der Mutter zu erkennen – auch durch die Gurkenmaske hindurch. Wichtig auch hier: Die (Wellness-)typischen Details. Auch der Rest der Familie ist zufrieden mit der Freizeitgestaltung, die zeigt, dass „Fernsehen" – mal ganz anders, nämlich nicht in die Matt- sondern durch die Fensterscheibe gucken, auch Spaß machen kann.

10. Die Vignette – Klein und dekorativ

Neben ganz- oder doppelseitiger Bildgestaltung gibt es noch ein weiteres Format, das sich gut dort einfügen lässt, wo Platzmangel herrscht. Zum Beispiel auf einer Seite, die viel Text enthält oder auf der sogenannten → U4, also dort, wo der Klappentext steht und oft nicht genügend Raum vorhanden ist: → die Vignette.

BEISPIEL 1: IGELKINDER AUF DER WIPPE

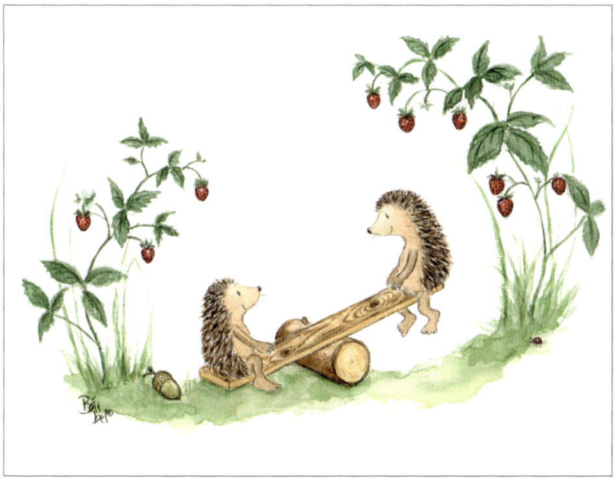

Illustration aus „Zehn kleine Igelkinder“

BEISPIEL 2: ROTKEHLCHEN AUF SCHNEEBEDECKTEM AST

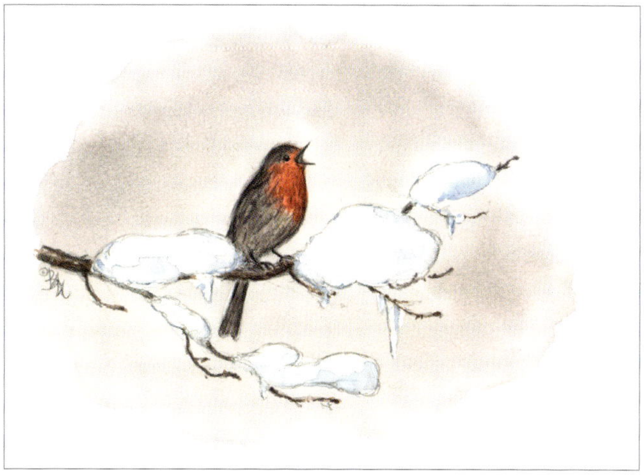

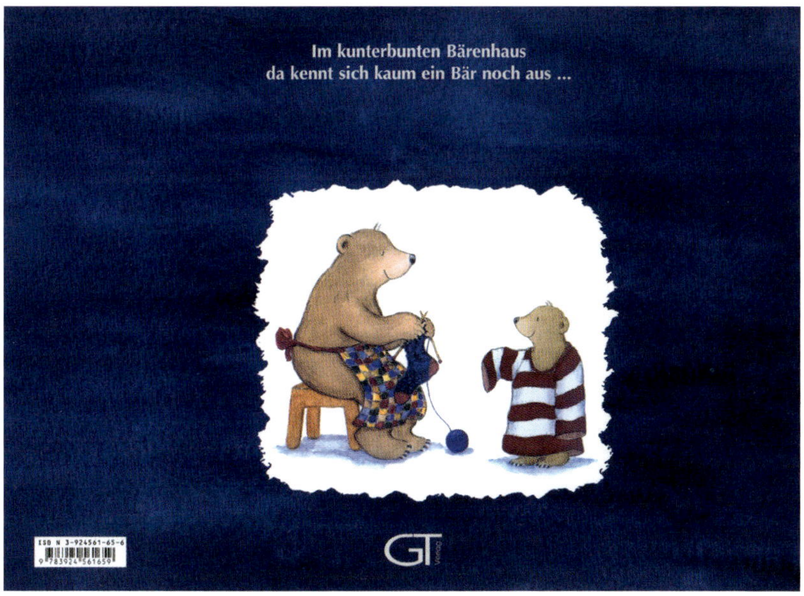

Illustration (Buchrückseite) aus „Bärenwirtschaft““

Vignetten eignen sich sowohl für Innentitelseiten, zu Beginn und am Ende eines Kapitels als auch am Ende des Buches. Es gibt jedoch auch Illustratoren, die die Bebilderung ihrer Bücher fast ausschließlich in Vignettenform gezeichnet haben.
Ein Beispiel hierfür ist die englische Autorin Beatrix Potter, von der man sagt, dass sie nur Bücher schreiben und illustrieren wollte, die gut von Kinderhänden gehalten werden konnten, die also ein kleines Format haben mussten.

11. Monochromie – Es muss nicht immer bunt zugehen

Die Illustrationen der meisten Bücher oder Kalender sind vielfarbig. Aber es kann auch durchaus spannend sein, Bilder einfarbig (monochrom) anzulegen. In den frühen Zeiten der Illustration, als Farbdrucke noch zu teuer oder aus anderen Gründen nicht realisierbar waren, wurden die Darstellungen mit einfarbigen Holzschnitten oder Kupferstichen hergestellt. Diese findet man heute kaum mehr in der Illustration.

BEISPIEL 1: DIE KLEINE MEERJUNGFRAU IN BLAUTÖNEN

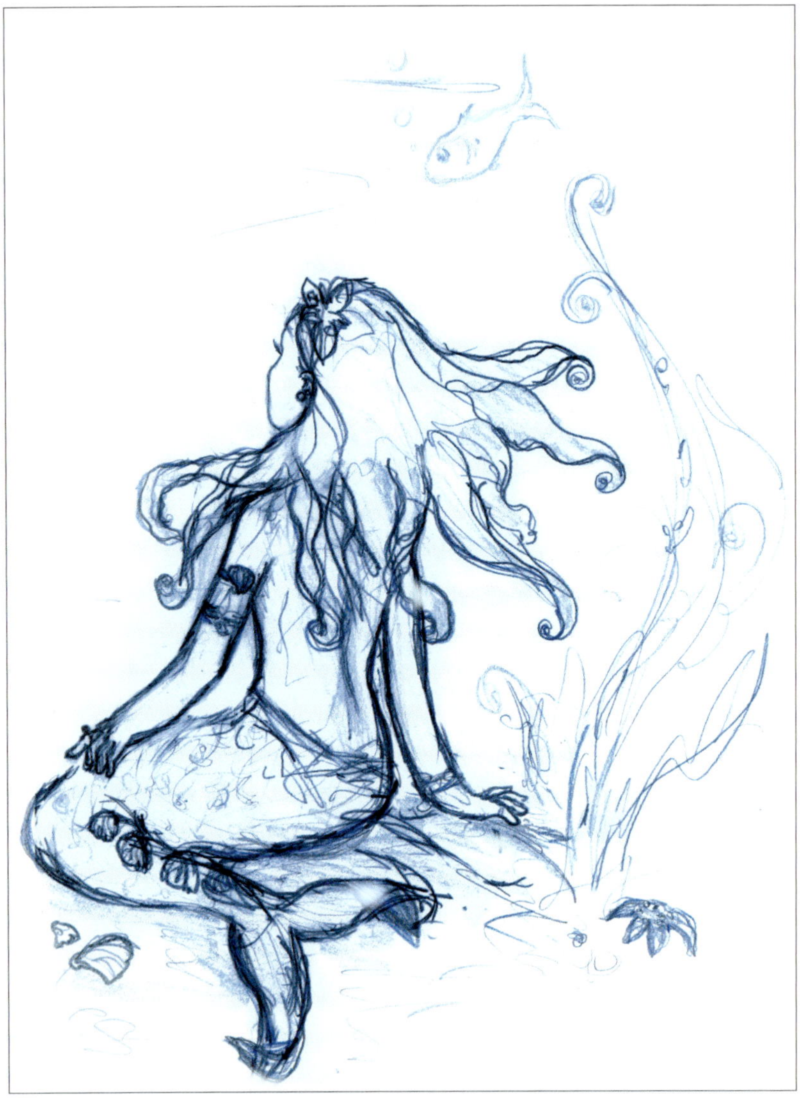

Aber dafür gibt es andere Techniken, die sehr ausdrucksstark sind, z. B. die Bleistift- und Federzeichnung oder auch Darstellungen aus verdünnter Tusche, die mit dem Pinsel aufgetragen wird. Diese Art der Illustration wirkt reduzierter als die vollfarbige, wodurch ein gewisser Charme entsteht, ähnlich der Schwarz-Weiß-Fotografie wird die →Monochromie auch als Stilmittel eingesetzt. Wie spannend einfarbige Tusche-Illustrationen sein können, beweisen die Enid Blyton Abenteuer-Bücher, die von dem englischen Illustrator Stuart Tresilian eindrucksvoll in Szene gesetzt wurden.

Preisgünstig

Ein wirtschaftlicher Nebeneffekt bei der Verwendung einfarbiger Illustrationen ist die Tatsache, dass monochrome Darstellungen preisgünstiger zu drucken sind, da kein Vierfarbdruck erforderlich ist. Trotzdem ist bei Bilderbüchern für Kinder die vollfarbige Darstellung nach wie vor die am meisten realisierte Option, da schöne Farben stimulierend wirken, die Attraktivität des Buches erhöhen und damit auch die Motivation, es zu lesen.

BEISPIEL 2: OBEN AUF DEM SCHLATTERHORN

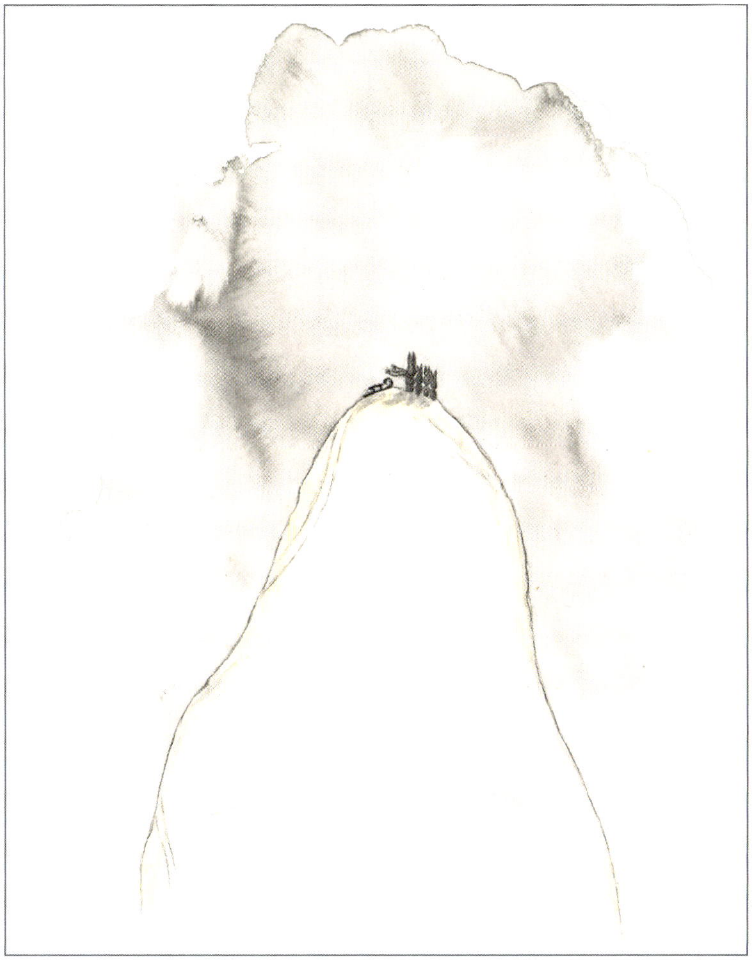

Illustration aus „Kommt ein Hase geflogen“

Dies ist besonders wichtig in Zeiten von Computer- und Konsolenspielen, die durch sehr aufwendige Illustration und Animation sowie durch leichte Konsumierbarkeit eine große Konkurrenz zum guten, „altmodischen“ Bilderbuch darstellen. Ich bin trotzdem der Ansicht, dass das Bilderbuch durch diese Konkurrenz seinen Wert und seine Bedeutung nicht verloren hat.

Individuelle Geschichte

Im Gegenteil. Die Inhalte des Bilderbuches müssen erlesen, d. h. erarbeitet werden, da hier nicht alles bis ins letzte Detail dargestellt wird. Ein Teil der Geschichte entsteht erst durch das Lesen im Kopf des Kindes und zwar ganz individuell bei jedem Kind auf seine eigene Art, in der es das Buch erlebt. So wird seine Kreativität geweckt, seine Fantasie gefördert und beflügelt. Dies ist eine wichtige Erfahrung, die jedes Kind machen sollte. Denn das Vermögen, kreativ zu sein, fantasievoll zu denken, ist nicht nur in vielen Situationen seines späteren Lebens von Vorteil, sondern darüber hinaus ein Schlüssel zur Selbstentfaltung. Wer aus der eigenen Kreativität Freude schöpfen kann, weiß, dass diese länger anhält als die Freude, die durch Konsum entsteht.

DER LETZTE SCHLIFF – DIE GESCHICHTE WIRD ABGERUNDET

1. Die Vorsatzillustration – Fast wie ein Geschenkpapier

Der Vorsatz – eigentlich das →Vorsatz(papier) – ist das Erste, was beim Aufschlagen eines Buches sichtbar wird, nämlich die Doppelseite, die auf der linken Seite von innen in den Deckel eingeklebt ist. Man könnte sagen, der Vorsatz ist eine Art Visitenkarte für das Buch. Bei belletristischen Büchern besteht der Vorsatz oft aus farbigem Papier. Beim Kinderbuch jedoch darf er durchaus verspielt und mit Illustrationen versehen sein, z. B. mit einer großen doppelseitigen Illustration. Häufiger ist der Vorsatz mit einem dekorativen Muster ausgestattet, einem →Allover-Motiv, das Bezug nimmt auf den Inhalt des Buches. Für ein Piratenbuch zum Beispiel können das kleine, monochrome oder bunte Schiffchen sein, für ein Bärenbuch ein Streumuster von Teddybären. Vielseitig einsetzbar sind Blümchenmuster oder bunte Punkte. Es gibt für jedes Buch eine Vorsatzidee, die – fast wie ein Geschenkpapier – die Freude auf das Auspacken der Geschichte, also das Durchblättern, das Anschauen und die Lektüre steigert. Nebenbei gesagt kann man aus Vorsatzillustrationen als Nebenverwertung durchaus auch richtiges Geschenkpapier machen. Mehr dazu auf Seite 96.

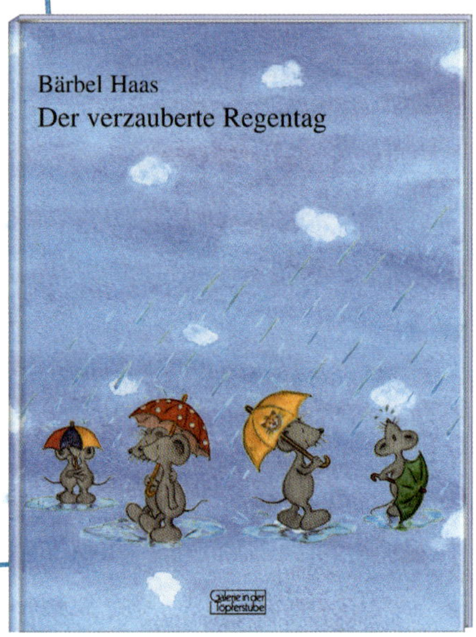

SCHRITT FÜR SCHRITT: KLEINE BLAUE WOLKEN AUF WEISSEM GRUND

TIPP: Drehen Sie hin und wieder Ihr Blatt. Aus wechselnden Perspektiven sehen Sie deutlicher, wo noch etwas fehlt oder wo Sie eine zu dichte Anhäufung der Motive haben.

1 Messen Sie die geforderte Doppelseitengröße ab. Geben Sie an jeder Seite noch einen Zentimeter als Verschnittspielraum dazu. Zeichnen Sie die Rahmenbegrenzung mit Bleistift dünn ein.

2 Skizzieren Sie sehr fein die Wolken und achten Sie auf eine gute Verteilung, sodass keine Löcher oder Gassen im Muster entstehen.

3 Zeichnen Sie mit einem Pinsel der Stärke 3 mit klarem Wasser die vorskizzierten Wolken nach. Gehen Sie dabei immer von den Rändern aus und lassen Sie in der Mitte der Wolken ein wenig trockenen Raum frei.

4 Nehmen Sie mit der Pinselspitze hellblaue Farbe auf und lassen Sie diese von außen, immer den wolkigen Konturen folgend, in die mit Wasser vorbereiteten Wolken laufen. Sie werden sehen, dass die Farbe, indem sie nach innen verläuft und dabei heller wird, bis zu dem frei gelassenen mittleren Weiß, sich fast ganz von allein zu duftigen, strahlend blauen Wölkchen verwandelt.

Nun das Ganze noch gut trocknen lassen, damit nichts verläuft.

Fertig ist der fröhliche Wolkenvorsatz!

TIPP: Aquarellieren Sie immer partienweise, damit Ihre Wolken nicht zu früh trocknen. Wenn nötig, einfach nachwässern.

Achtung: Einmal kolorierte Wolken nur ganz vorsichtig nachbearbeiten, um den natürlichen Effekt nicht zu verderben.

SCHRITT FÜR SCHRITT: KLEINE WEISSE WOLKEN AUF BLAUEM GRUND

1 Fixieren Sie einen Bogen Aquarellpapier der gewünschten Größe mit Klebeband auf der Unterlage. Skizzieren Sie die Wolken leicht vor. Benetzen Sie den gesamten Bogen mit klarem Wasser. Dann aquarellieren Sie mit großem Pinsel (z. B. der Stärke 10) einen großzügigen, lockeren blauen Himmelhintergrund über die gesamte Fläche.

2 Wenn der Hintergrund Ihren Vorstellungen entspricht, legen Sie ein Papiertaschentuch über Ihre Zeigefingerspitze und tupfen Sie mit zwei oder auch drei nebeneinandergesetzten Tupfen, wovon dann der mittlere etwas höher gesetzt wird als die beiden seitlichen, aus dem nassen Blau kleine weiße Wolken heraus. Dabei immer neue trockene Stellen des Taschentuchs nehmen, sobald es feucht ist.
Alles gut durchtrocknen lassen. Anschließend die Konturen nach Bedarf noch mit Pinsel oder Farbstift nacharbeiten. Fertig!

Achtung: Führen Sie Ihre Pinselstriche immer quer oder leicht diagonal, denn Himmelsstrukturen verlaufen horizontal und niemals vertikal.

TIPP: Das Abtupfen von feuchter Farbe mit Papiertaschentüchern eignet sich auch gut dazu, Licht- und Glanzpunkte herauszuarbeiten, um Gegenstände plastischer wirken zu lassen.

Abschließend noch einige weitere Vorsatzvorschläge:

Aber wie immer gilt auch hier: Denken Sie sich eigene Vorsatz- und Allover-Ideen aus, z. B. mit Schirmen, Papierschiffchen, mit Obst oder bunten Käfern oder, oder ...

Es ist nicht schwer, macht viel Spaß und wirkt sehr dekorativ!

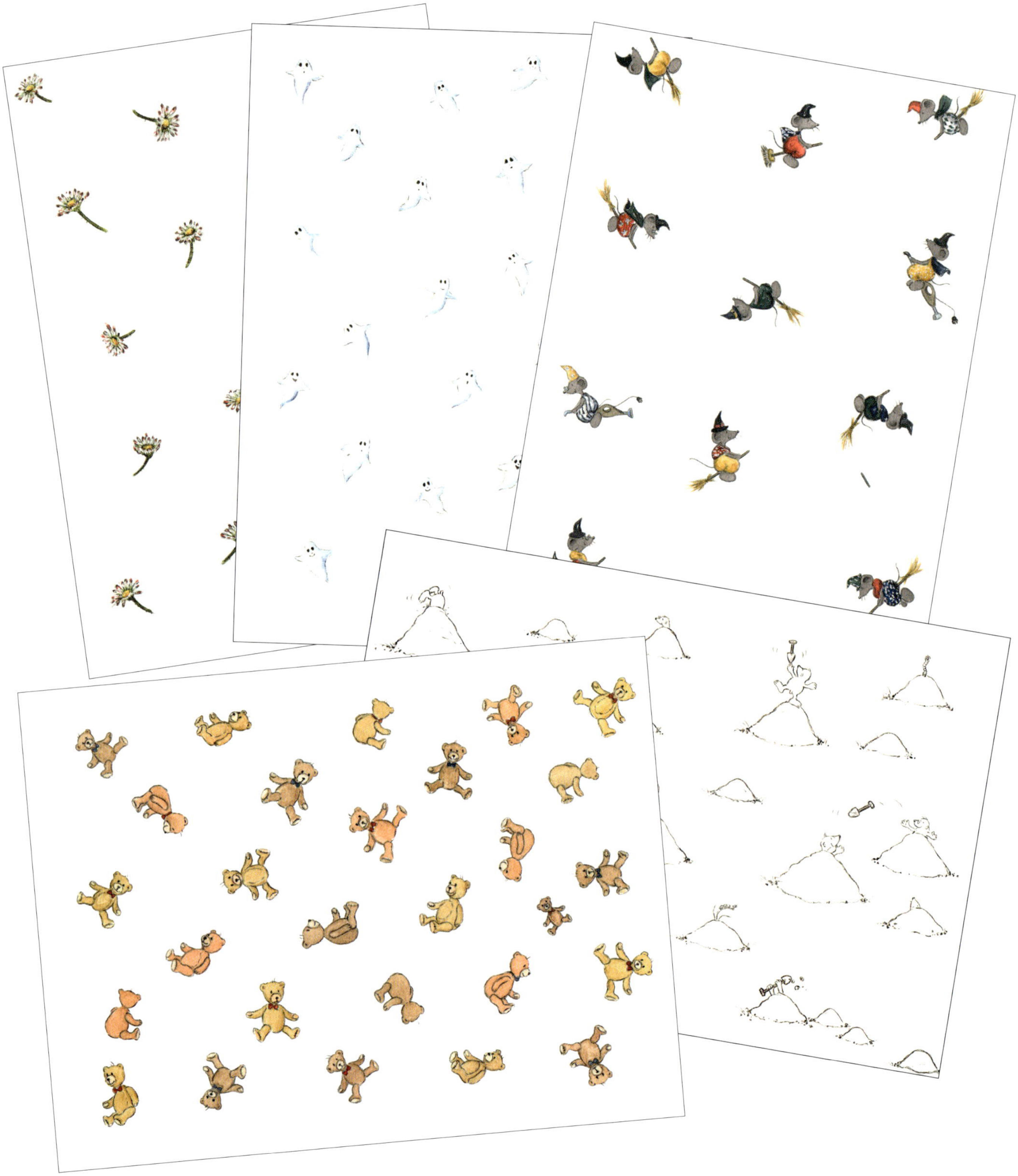

2. Innentitelgestaltung – Klein, aber fein

Der →Innentitel ist die rechte Seite, die auf den sogenannten → Schmutztitel folgt. Auf ihm ist der Titel des Buches mit einer kleinen Vorab-Illustration gedruckt, die, wie auch der Vorsatz, einen Hinweis gibt auf die Geschichte, die folgt.

BEISPIEL 1: INNENTITELGESTALTUNG SPUKSCHLOSS

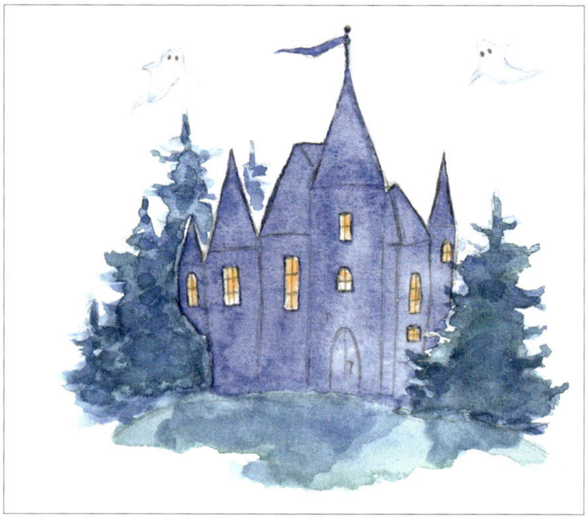

aus „Zwei Räuber und drei Schlossgespenster“

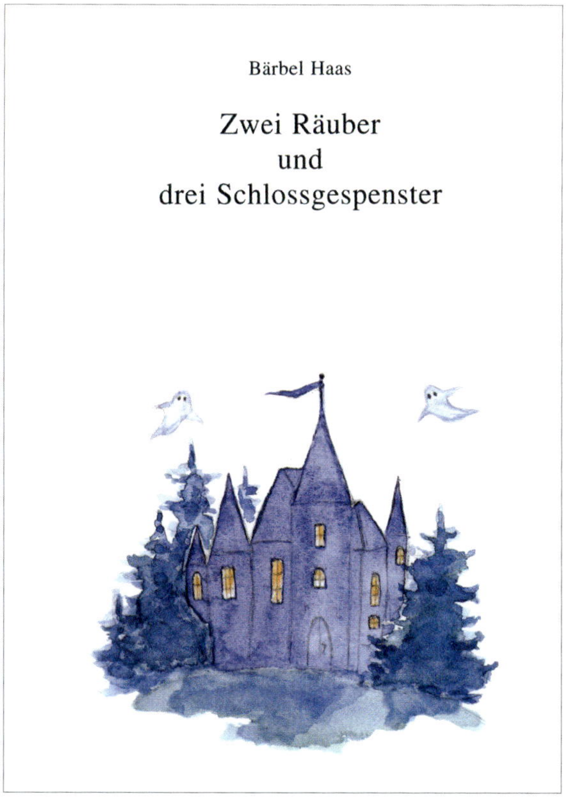

Bärbel Haas

Zwei Räuber
und
drei Schlossgespenster

BEISPIEL 2: INNENTITELGESTALTUNG MAUS AM FENSTER

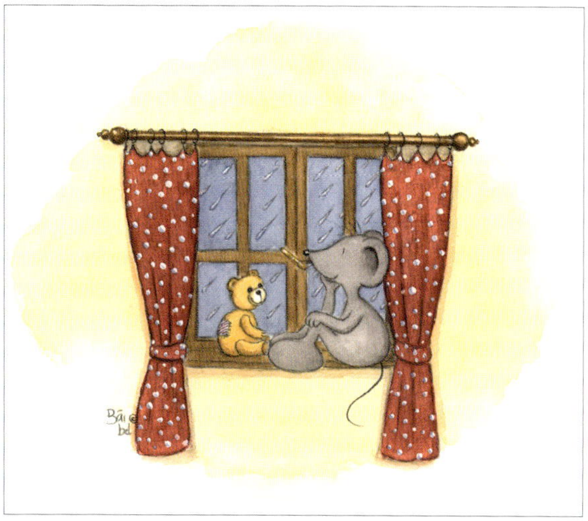

aus „Schlaf gut, Maus“

Wie bereits besprochen, eignet sich für den Innentitel eine Vignette, also ein kleines, dekoratives Bildchen. Dieses kann auch aus dem Buch selbst genommen sein, z. B. eine Illustration, die eine Textseite schmückt und die verkleinert auf dem Innentitel wiederholt wird. Oder es kann ein Ausschnitt aus einer Illustration sein, der zu diesem Zweck verwendet wird.

Im Zweifelsfall, falls Ihnen keine Abbildung aus dem Buch als völlig geeignet erscheint, lohnt es sich immer, eine kleine Extra-Illustration für den Innentitel anzufertigen. Ihre kleinen und großen Leser werden sich darüber freuen.

3. Die Titelgestaltung – Das macht Lust auf den Inhalt

Auf den ersten Blick ist der Titel das Wichtigste an einem Buch. Der Verlag wirbt damit, der Buchhändler zeigt ihn in seinem Schaufenster, er erscheint manchmal in Zeitungsartikeln und -rezensionen, in denen das Buch besprochen wird. Er ist das Erste, was der zukünftige Leser von dem Buch sieht: Vielleicht nur für einen Moment, und in dieser kurzen Zeit muss er etwas über das Buch erzählen, er muss Lust machen, das Buch aufzuschlagen und mit der Lektüre zu beginnen. Das Titelbild sollte deshalb einige wesentliche, leicht verständliche Kurzinformationen über den Inhalt liefern. Handelt es sich beispielsweise um ein Piratenbuch, so müssen wesentliche Merkmale zu diesem Thema möglichst spannend und typisch in die Illustration eingearbeitet sein, also z. B. das Meer, ein Schiff, die Piratenflagge, Enterhaken, Fässer, eine Schatztruhe, Augenklappen, bunte Hosen, Kopftücher, vielleicht ein Papagei. Es müssen nicht alle Accessoires auf einmal verwendet werden, das wäre des Guten zu viel und würde übertrieben wirken. Aber die geschickte Auswahl weniger typischer Dinge zu einer stimmungsvollen Komposition kann einen starken Titel ausmachen.

Je leichter der Leser erkennt, worum es geht, desto besser, und anhand typischer Merkmale kann er schnell entscheiden, ob ihn das Thema interessiert.

Erwartungen wecken

Auf dem Titelbild sollten außerdem eine oder mehrere der Hauptfiguren des Buches zu sehen sein oder eine typische Schlüsselszene, die zusammen mit dem Titeltext Spannung und Erwartung weckt, ohne allerdings zu viel zu verraten. Bei Kinderbüchern sind beliebte Stichwörter: Abenteuer, Geheimnis, Fantastisches oder Mysteriöses, düstere Vergangenheit – z. B. in Form von Rittergeschichten, Schätze, Hexen, ferne Zukunft, aber durchaus auch Freundschaft, Familiäres, Tiere oder Naturphänomene. So wie das Gericht auf dem Titel eines Kochbuches besonders appetitlich angerichtet und fotografiert ist, so muss auch das Titelbild eines Bilderbuches zu einem Genuss für das Auge werden. Es sollte allerdings niemals zu viel versprechen, sonst wird die Lektüre des Buches zur Enttäuschung. Im Literaturverzeichnis (Seite 140f.) finden Sie einige Titelbilder abgebildet.

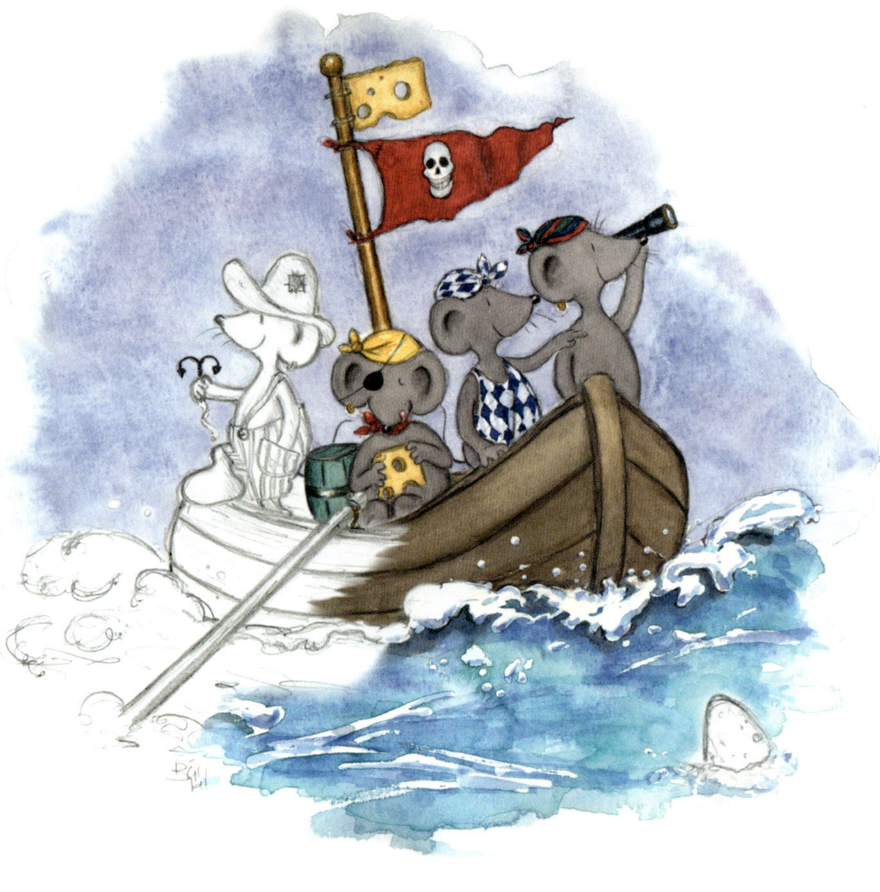

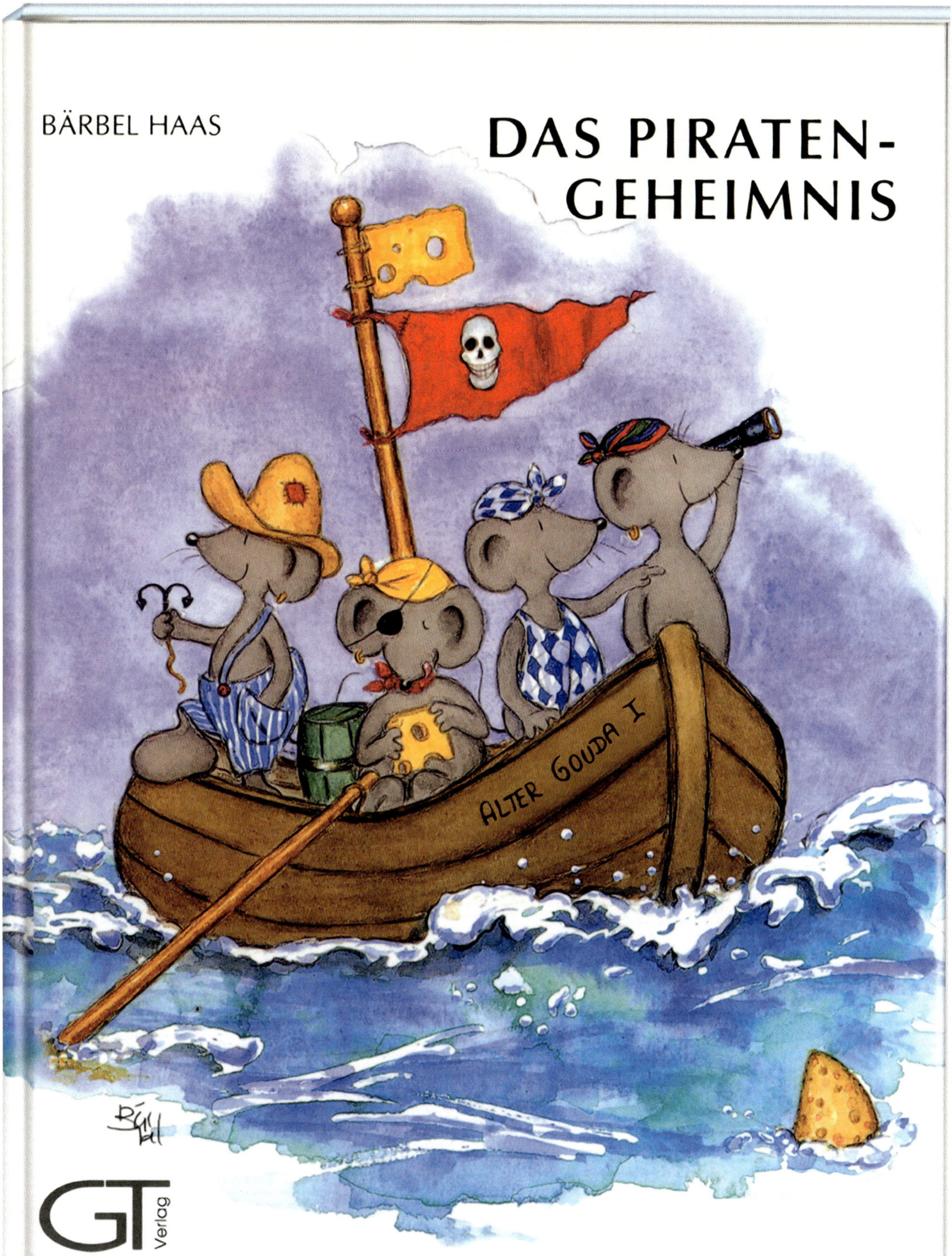
BÄRBEL HAAS
DAS PIRATEN-
GEHEIMNIS
ALTER GOUDA I
GT Verlag

„ES WIRD EINMAL ..." IHRE ÜBUNGSGESCHICHTE

Jetzt sind Sie dran!

Hier als Übungsgeschichte ein modernes Märchen, das von Ihnen illustriert werden möchte. Beziehen Sie alles Gelernte mit ein. Denken Sie daran, dass nicht alles im Bild gezeigt werden muss, was der Text erzählt. Es müssen nicht nur große Illustrationen sein. Manchmal reichen auch kleine Bilder oder →Vignetten, die – vom Text eingerahmt – kleine optische Höhepunkte der Geschichte bilden.

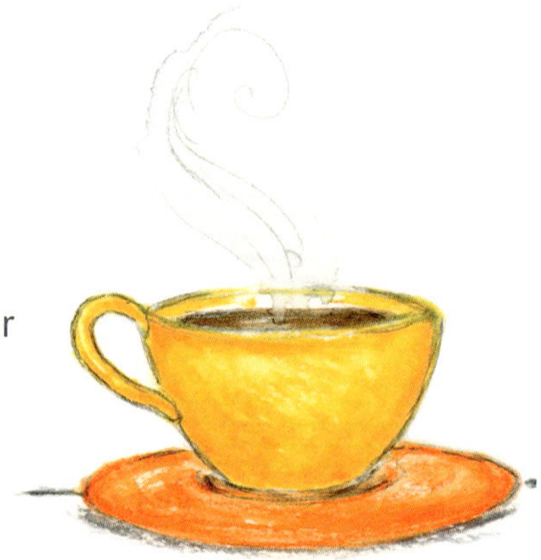

Viel Erfolg!

Es wird einmal ...

„Lies mir eine Geschichte vor", bat das kleine Mädchen. „Eine Geschichte von einer Prinzessin in einem Schloss."

Der Bär erhob sich und ging zu dem Bücherregal, das in der Ecke stand. Es waren nur Bilderbücher darin, große und kleine, dicke und dünne. Hochformatige und querformatige, sogar einige quadratische, aber das waren nicht sehr viele. Es gab Bücher mit vielen Bildern und solche mit wenigen, die dafür sehr viel Text enthielten. Es gab Märchenbücher und Geschichtenbücher. Sachbücher und Fantasiebücher, Hundebücher und Pferdegeschichten. Spannende Bücher und lustige Bücher, aber auch traurige Geschichten. Bücher, die noch ziemlich neu aussahen und solche, die vom Blättern schon ganz abgenutzt waren. Das waren die Bücher, die das kleine Mädchen ganz besonders gerne mochte und die der Bär ihr schon sehr oft vorgelesen hatte. Bücher, die man gerne mag, kann man immer wieder lesen und manchmal findet man Sachen, die einem vorher nie aufgefallen sind, obwohl man das Buch schon oft angeschaut hat.

Der Bär ging mit seiner Tatze die Bücher durch, die von Prinzessinnen handelten und zog schließlich eines heraus. Er setzte sich zu dem kleinen Mädchen auf das alte, abgewetzte Sofa mit dem verblassten Chintzstoff, auf dem Äpfel und Trauben abgebildet waren und noch andere Früchte. Er zog die Stehlampe mit dem gefältelten Seidenschirm näher heran, damit er seine Augen nicht so anstrengen musste. Das kleine Mädchen kuschelte sich unter die bunte Decke und schaute den Bär erwartungsvoll an.

Der Bär schlug das Buch auf und begann vorzulesen:

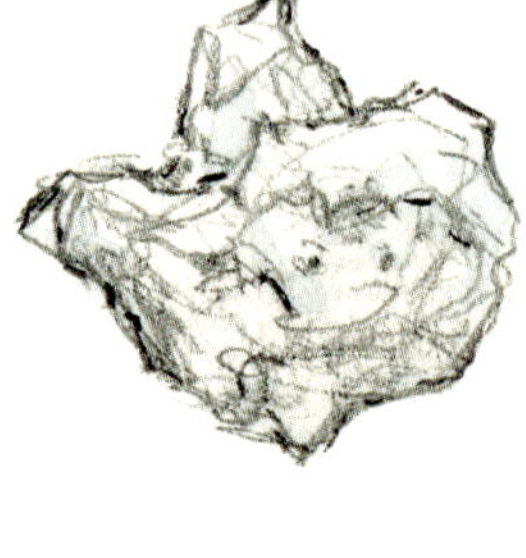

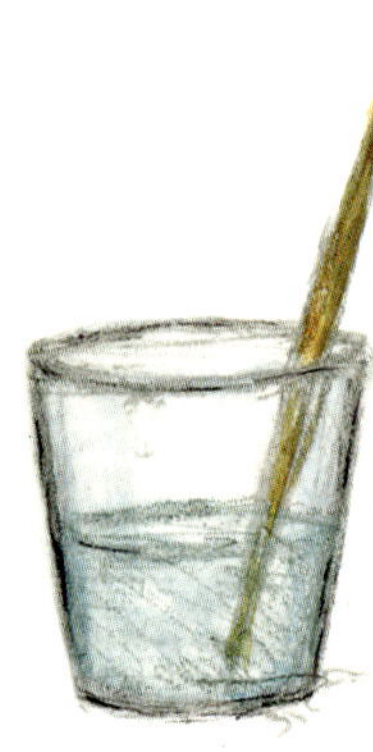

„In einer Zeit, die weit entfernt in der Zukunft liegt, lebt eine Prinzessin in einem Schloss zusammen mit ihren Eltern, dem König und der Königin.

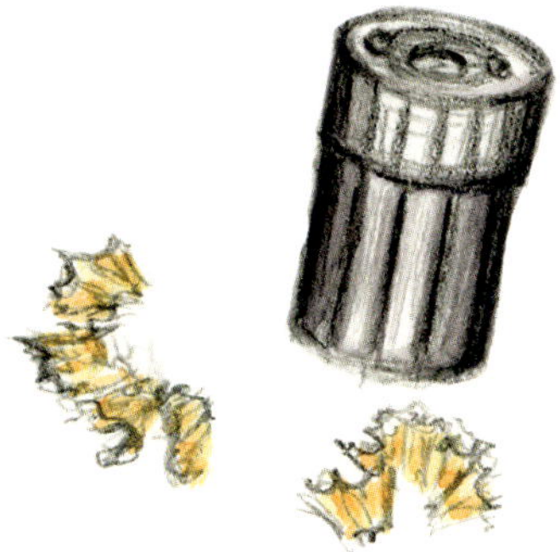

Eines Abends sagt die Königin zu der kleinen Prinzessin:

„Heute Abend gehen dein Vater, der König und ich ins Kino. Es gibt einen neuen Film, den ich gerne sehen möchte. Macht es dir etwas aus, allein zu bleiben? Ich könnte dir jemand vom Elite-Prinzessinnen-Unterhaltungs-Service bestellen."

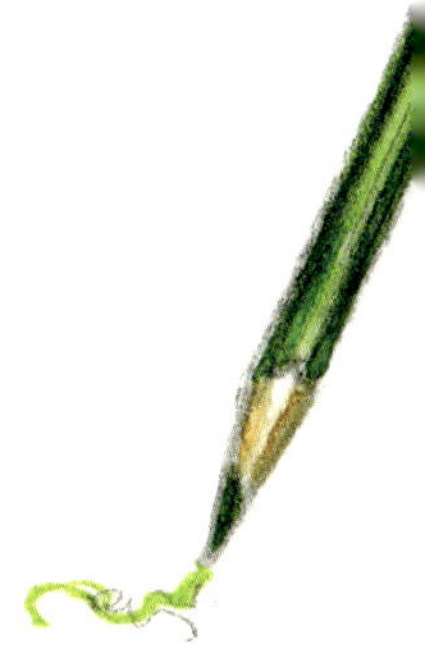

Aber die Prinzessin schüttelt den Kopf und sagt:

„Es macht mir gar nichts aus, allein zu bleiben. Geht Ihr nur ins Kino, ich kann mich schon allein unterhalten."

Und sie zeigt auf ihren Computer und auf die komplett-virtuelle Imaginations-Anlage mit der neuen dreidimensionalen Ton-Bild-Geruchs-Illusionierungs-Maske.

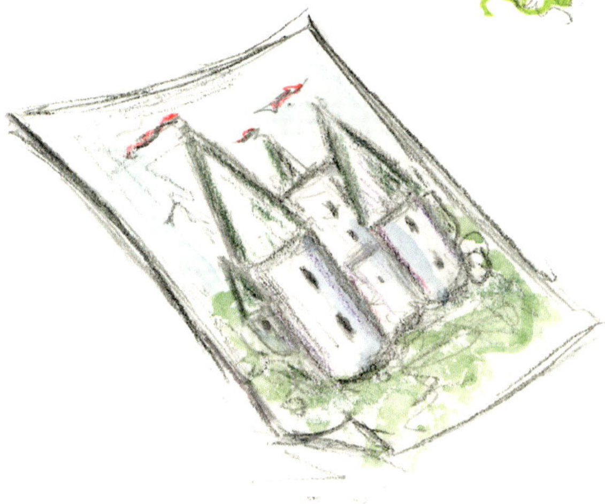

Da ist die Königin beruhigt. Gut gelaunt lässt sie sich von ihren Roboter-Zofen für den Kinobesuch ankleiden und frisieren.

Wenig später verlassen der König und die Königin das Schloss und die Prinzessin ist allein. Abgesehen natürlich von den unzähligen vollautomatischen, mechanischen Dienern und – Zofen, die zu jeder Zeit während des Tages und der Nacht überall lautlos im Schloss umherschweben und immer beflissen sind, der königlichen Familie jeden Handgriff abzunehmen.

Die Prinzessin lässt sich das Abendessen auf ihr Zimmer bringen und probiert einige der neuen virtuellen Spiele aus, die ihr Vater, der König, ihr von einem Staatsbesuch in Neu-West-Illusonien mitgebracht hat. Aber nach einer Weile hat sie genug von den grellen Farben, von denen man leicht Kopfschmerzen bekommt.

Sie nimmt die Illusionierungs-Maske ab, wippt ein wenig in ihrem bequemen Schwebesessel und überlegt, was sie gerne tun würde. Malen wäre jetzt schön, aber der digitale Stift ihres Zeichencomputers ist kaputtgegangen und es muss erst ein neuer bestellt werden.

Plötzlich hat sie eine Idee: Sie wird das Schloss erkunden, eine Art Abenteuerreise machen, in alle die Säle und Flügel gehen, in denen sie noch nie war. Wer glaubt, dass eine Prinzessin alle Räume des Schlosses kennt, in dem sie wohnt, der irrt sich. Das ist ja nicht so wie in einer Wohnung wie die, in der du oder ich wohnen! So ein Schloss hat ja nicht nur vier oder fünf Zimmer, sondern in den verschiedenen Flügeln viele Räume und Säle, mindestens fünfzig oder sechzig, vielleicht auch noch mehr, ganz zu schweigen von den vielen Treppen und Gängen, manche davon sind Geheimgänge, die man nur durch versteckte Türen betreten kann, die mit Tapeten beklebt und von außen nicht zu erkennen sind für Uneingeweihte. Und dann gibt es noch die Turmzimmer, in denen in den alten Märchen manchmal Hexen mit Spinnrädern darauf warten, dass Prinzessinnen kommen und sich mit der Spindel in den Finger stechen, um dann in einen hundertjährigen Schlaf zu fallen, aus dem sie erst durch den Kuss eines Prinzen geweckt werden können.

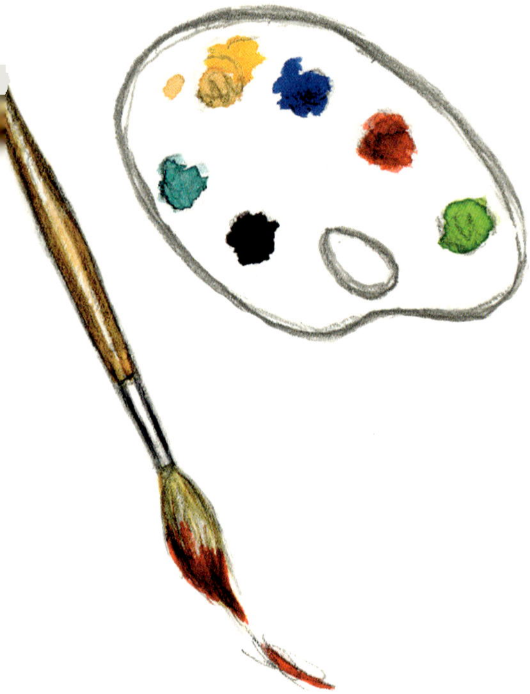

Aber das sind alte Geschichten und diese Geschichte hier spielt ja in der fernen Zukunft, wo manches sich geändert haben wird. Trotzdem haben auch die Schlösser der Zukunft viele Säle und Zimmer, denn die Schlösser der Zukunft sind noch immer die alten Gebäude, zumindest von außen. Denn so schöne Schlösser wie damals können schon heute nicht mehr gebaut werden, geschweige denn in der Zukunft! Die Baumeister von heute bauen nur viereckige Betonklötze, weil die, so sagen sie, schön, modern und praktisch sind. Also lassen die Könige von heute und morgen einfach die alten Schlösser stehen. Innen drin sind sie natürlich ganz modern eingerichtet mit allem Komfort und der Technik immer auf der Höhe der Zeit, aber von außen sieht es aus, als sei die Zeit stehen geblieben. So ist es auch mit dem Schloss, in dem die kleine Prinzessin wohnt, die beschlossen hat, diesen Abend, an dem der König und die Königin im Kino sind, zu nutzen, um auf Erkundungsreise zu gehen.

Sie pfeift ihrem Roboter-Hündchen, denn zu zweit macht alles mehr Spaß und außerdem fühlt sie sich dann weniger allein in dem großen, nächtlich stillen Schloss.

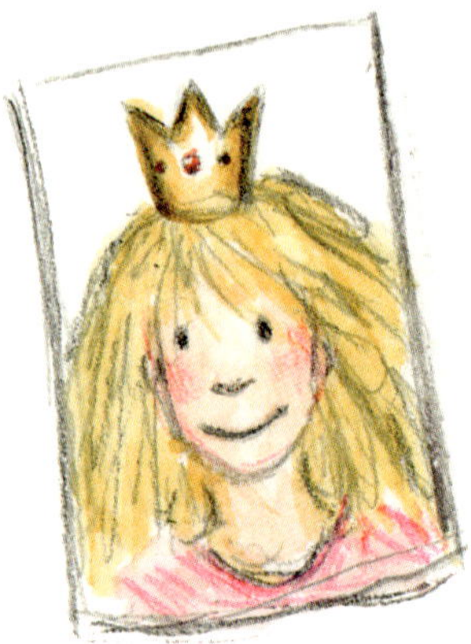

Zuerst ist ihr noch alles vertraut, sie schlendert durch die Gänge und Säle, in denen sie oft mit ihrer Mutter ist, dort wo gegessen, gewohnt, geschlafen, sich angekleidet, gebadet, gespielt, gelesen, geschrieben wird, wo die Prinzessin ihren Schulunterricht bekommt. Denn natürlich gehen Prinzessinnen nicht auf öffentliche Schulen, auch wenn sie manchmal mehr Lust dazu hätten, als mit einer Lehrerin oder einem Lehrer allein den Lehrstoff durchzuarbeiten. Aber so ist es nun einmal und das Leben einer Prinzessin hat nicht nur rosige Seiten, heute nicht und auch nicht in der Zukunft.

Nach den Privaträumen kommen die Räume, in denen ihr Vater arbeitet, sein Büro, die Bibliothek, der Saal, in dem der König seine Staatsgäste empfängt oder die Mitglieder der Regierung. Nach und nach kommen ihr die Gänge fremder, die großen Türen abweisender vor und die Stille, die sie umgibt, wird dichter. Die Prinzessin lässt das Roboter-Hündchen bei Fuß gehen. Die großen Fenster in den Gängen geben Ansichten frei, die die Prinzessin noch nie gesehen hat. Die großen Porträtbilder an den hohen Wänden scheinen sie verwundert anzusehen, als seien sie überrascht, sie hier zu

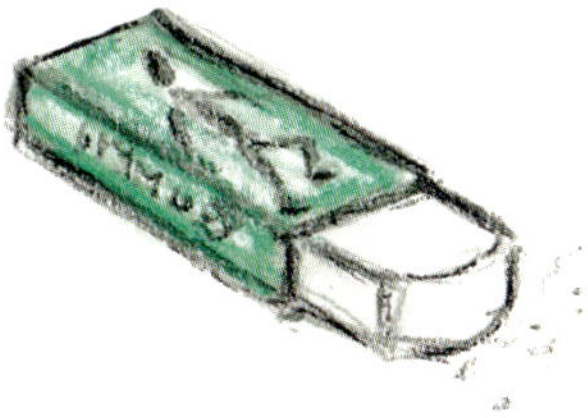

sehen. Die Prinzessin wiederum kennt keines der stolzen Gesichter in den hoheitsvollen Rahmen, deren blasses Gold ein wenig müde in die Dämmerung schimmert. Die Stromsparlampen, die in diesem Teil des Schlosses wahrscheinlich Tag und Nacht durchbrennen und schon einen Großteil ihrer Lebensenergie verbraucht haben, verbreiten ein fahles Licht, eine matte Dämmerung, die der Nacht näher als dem Tag ist. Von Zeit zu Zeit bleibt die Prinzessin vor einer der verschlossenen Türen stehen und klatscht in die Hände. Dann öffnet sich die Tür wie von Zauberhand und gibt den Blick frei auf einen dämmerigen Saal, der entweder leer ist oder in dem mit weißen Tüchern abgedeckte Möbel einen hundertjährigen Schlaf halten. Alte, matte Parkettböden ächzen unwillig, als die Prinzessin ins Zimmer tritt, um zum Fenster zu gehen. Der Blick hinaus zeigt ihr den Flügel des Schlosses, aus dem sie gekommen ist, und zum ersten Mal kann sie von außen in ihr eigenes Zimmer sehen. Es sieht einladend und gemütlich aus mit den freundlichen Vorhängen an den Fenstern, dem warmen Licht und dem bunt lackierten Titan-Regal, in dem sie von hier aus ihren Lieblingsteddy und ihre Puppen sitzen sehen kann. Trotzdem beschließt die Prinzessin, ihren Ausflug fortzusetzen, vielleicht entdeckt sie ja doch noch ein spannendes Geheimnis.

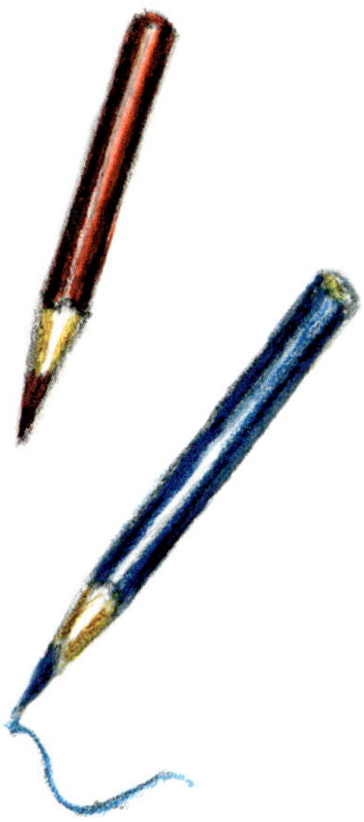

„Komm weiter!", ruft sie dem Roboter-Hündchen zu und es wedelt fröhlich mit dem plüschbesetzten Schwänzchen und schaut sie mit seinen blauen, metallisch glänzenden Augen an.

Am Ende des Ganges führt eine steinerne Wendeltreppe nach oben in ein höheres Stockwerk. Die Prinzessin befindet sich nun in einem Gang, der nicht so hohe Decken hat wie die Gänge und Flure, in denen sie bisher war. Die Zimmertüren reagieren auch nicht mehr auf ihr Händeklatschen, die moderne Technik ist also noch nicht bis hierher vorgedrungen. Statt der Akustik-Sensoren haben diese Türen altmodische schwere Türklinken aus blind gewordenem Messing, das in geheimnisvoll mattem Blaugrün schimmert. Die Prinzessin versucht, die Klinken herunterzudrücken, das geht nur sehr schwer und das Metall quietscht protestierend. Aber die Türen lassen sich nicht öffnen, sie sind abgeschlossen und die Schlüssel sind abgezogen. Aber das weiß die Prinzessin nicht, denn sie hat noch nie einen Schlüssel gesehen oder gehört, dass man mit ihnen Türen öffnen oder zuschließen kann.

Sie geht den langen Gang hinunter und probiert es an allen Türen. Jede einzelne Klinke drückt sie herunter, aber es ist jedes Mal das gleiche. Die Klinke quietscht, aber die Tür bleibt verschlossen. In diesem abgelegenen Teil des Schlosses kommt kein Diener vorbeigeschwebt, den sie fragen könnte, warum sich die Türen nicht öff-

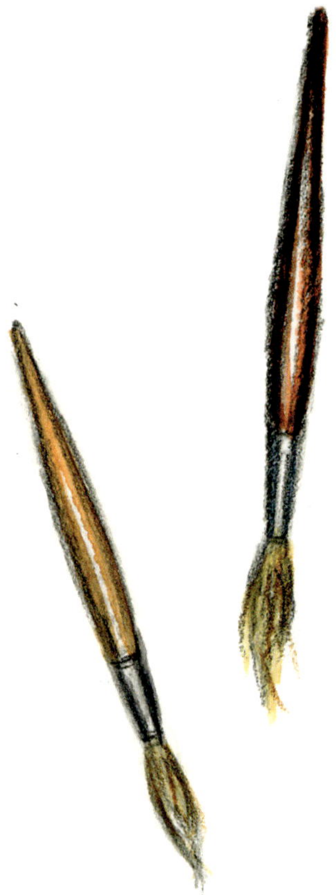

nen lassen und es gibt keinen Wand-Monitor mit Sprechanlage, von dem aus sie einen herbeirufen könnte. Also probiert sie es weiter, geht von Tür zu Tür. Das Hündchen hat sich im Gang hingesetzt, als wüsste es schon, dass sie es nicht schaffen wird.

An der letzten Tür angelangt versucht sie es noch einmal. Die Klinke quietscht, wie alle anderen vorher auch. Und dann ... plötzlich ... dann gibt die Tür nach, einfach so, öffnet sich, wenn auch schwer, ein Stückchen nach innen. Die Prinzessin steckt ihren Kopf in den Spalt und schaut in das dahinterliegende Zimmer, aus dem ein warmes, gelbes Licht in den dämmerigen Gang fällt.

In dem kleinen, altmodisch ausgestatteten Zimmer, das vollgestopft ist mit Möbeln und mit Dingen, die die Prinzessin noch nie gesehen hat, steht ein Ohrensessel und daneben auf einem bunten Teppich ein wackeliges dreibeiniges Tischchen, darauf eine Teekanne, aus der es dampft und zwei Tassen. In einer Schale liegen Kekse und Schokoladestückchen. An der einen Wand steht ein Sekretär, in dessen geöffneter Lade ein Stapel Papiere liegt, einige Bunt- und Bleistifte, ein Radiergummi und ein Spitzer. An der anderen Wand steht ein Eisenofen, durch dessen Glastür brennende Holzscheite zu sehen sind. Daneben in der Ecke steht ein niedriges Regal aus hellem Holz, in dem viele bunte Bücher sich gemütlich gegeneinander lehnen. Es sind nur Bilderbücher in dem Regal, große und kleine, dicke und dünne. Hochformatige und querformatige, sogar einige quadratische, aber das sind nicht sehr viele. Es gibt Bücher mit vielen Bildern und solche mit wenigen, die dafür sehr viel Text enthalten. Es gibt Märchenbücher und Geschichtenbücher. Sachbücher und Fantasiebücher, Hundebücher und Pferdegeschichten. Spannende Bücher und lustige Bücher, aber auch traurige Geschichten. Bücher, die noch ziemlich neu aussehen und solche, die vom Blättern schon ganz abgenutzt sind. Aber all das weiß die Prinzessin nicht, denn sie hat noch nie ein Bilderbuch gesehen.

Neben dem Bücherregal steht ein altes, abgenutztes Sofa aus verblasstem Chintzstoff, auf dem Äpfel und Trauben abgebildet sind und noch andere Früchte. Daneben eine Stehlampe mit einem gefältelten Seidenschirm, darunter brennt eine Glühbirne, die ein warmes gelbes Licht verbreitet.

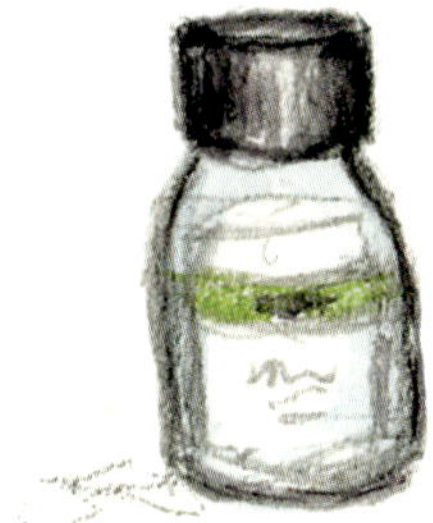

Auf dem Sofa sitzt ein kleines Mädchen. Es hat sich unter eine bunte Decke gekuschelt und lehnt sich an einen großen braunen Bären, der neben ihr auf dem Sofa sitzt. Der Bär hält ein Bilderbuch in seinen Tatzen und liest dem kleinen Mädchen daraus vor ...“

Das kleine Mädchen entdeckte die Prinzessin, die durch den Türspalt schaute und sie winkte ihr, hereinzukommen.

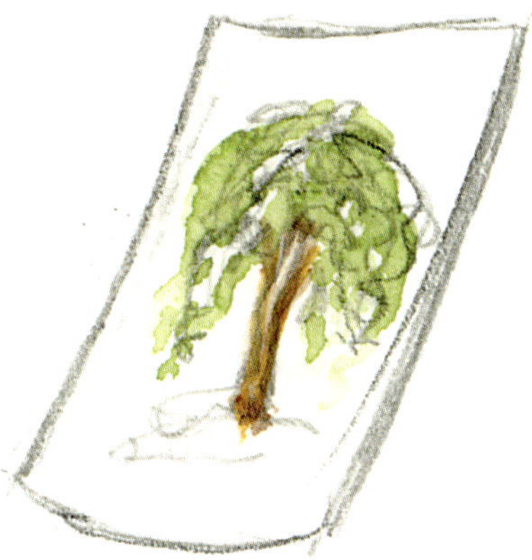

Sie rückte ein Stückchen zur Seite, damit die Prinzessin auch Platz fand auf dem Sofa und unter der bunten Decke, und der Bär las weiter aus dem Buch vor, als wäre nichts geschehen:

„... als die Prinzessin in das Zimmer am Ende des Flurs gegangen ist, schließt sich die Tür hinter ihr. Der kleine Hund der Prinzessin, der draußen im Gang geblieben war, wartet noch eine Weile darauf, dass sie wieder herauskommt, dann läuft er durch die langen Gänge zurück, an den vielen verschlossenen Türen vorbei, die Wendeltreppe hinunter, bis er wieder in die bewohnten Teile des Schlosses kommt. Er legt sich in das Zimmer der Prinzessin, auf den rosafarbenen Teppich vor ihrem Bett.

Spät am Abend kommen der König und die Königin aus dem Kino und sie wundern sich, dass die Prinzessin nicht in ihrem Zimmer ist. Sie suchen alle Flügel des Schlosses nach ihr ab, aber sie finden sie nirgends. Alle Diener und Zofen des Schlosses helfen mit – sogar das Hündchen der Prinzessin schnüffelt überall herum – und am nächsten Tag beteiligen sich auch die königliche Polizei, das Militär und das ganze Volk, aber alles Suchen bleibt vergeblich. Die Prinzessin ist und bleibt verschwunden. Man findet sie weder im Schloss, noch im Schlosspark noch im ganzen Königreich und auch Nachforschungen im Ausland bringen keine Ergebnisse. Und so bleiben der König und die Königin allein zurück und so lange sie leben, fragen sie sich immer, was aus der Prinzessin geworden ist, aber sie erfahren es nie.“

Der Bär klappte das Buch zu und fragte die Mädchen, ob sie noch eine Geschichte hören wollten. Aber weil es schon so spät war und sie müde geworden waren, schüttelten beide lächelnd die Köpfe und der Bär war damit zufrieden.

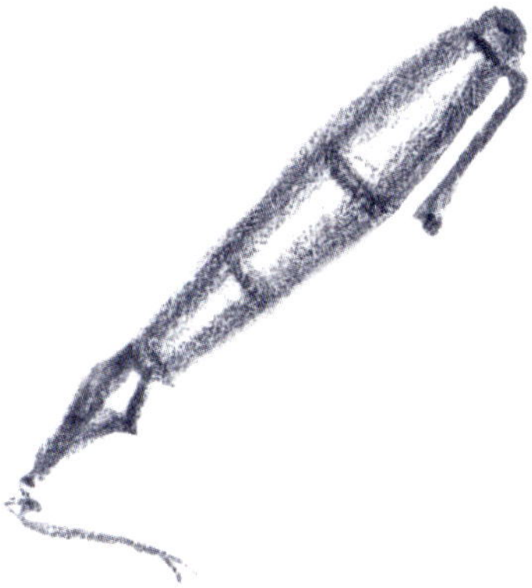

In dieser Geschichte finden Sie viele Motive, an denen Sie Ihre Illustrationstechnik üben können: ein altes Schloss und eine junge Prinzessin, einen großen Bären und ein kleines Mädchen, Altmodisches und Futuristisches, Innenansichten von alten und modernen Räumlichkeiten die dazugehörenden Möbelstücke und einen brennenden Ofen. Es kommen viele Bilderbücher in der Geschichte vor und darüber hinaus noch einiges, was Sie den Lesern der Geschichte entweder zeigen können oder auch nicht.

Sie können natürlich auch jede andere Textvorlage zum Üben und Verfeinern Ihrer Illustrationstechnik verwenden. Respektieren Sie dabei das Urheberrecht des jeweiligen Autors.

DAS ABC-BUCH – EIN SPEZIELLES KAPITEL

Eine der ältesten Motivreihen, die von Illustratoren realisiert wurde, ist das Alphabet. Mit ein bisschen Fantasie können Sie hierbei Text und Bild in einem gestalten. Ob daraus ein ABC-Buch wird oder ob Sie die Buchstaben für andere Zwecke einsetzen, z. B. als Anfangsbuchstaben für Namensschilder oder -kärtchen, das bleibt ganz Ihnen überlassen. Beim Gestalten können Sie zu jedem einzelnen Buchstaben die passenden Accessoires kombinieren, wie beispielsweise den Apfel, die Ameise, das Auto zum A und zum G das Gras, den Gärtner, die Gießkanne und die Farbe Grün.

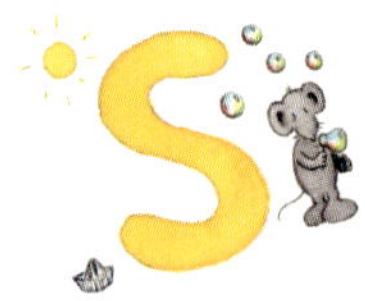

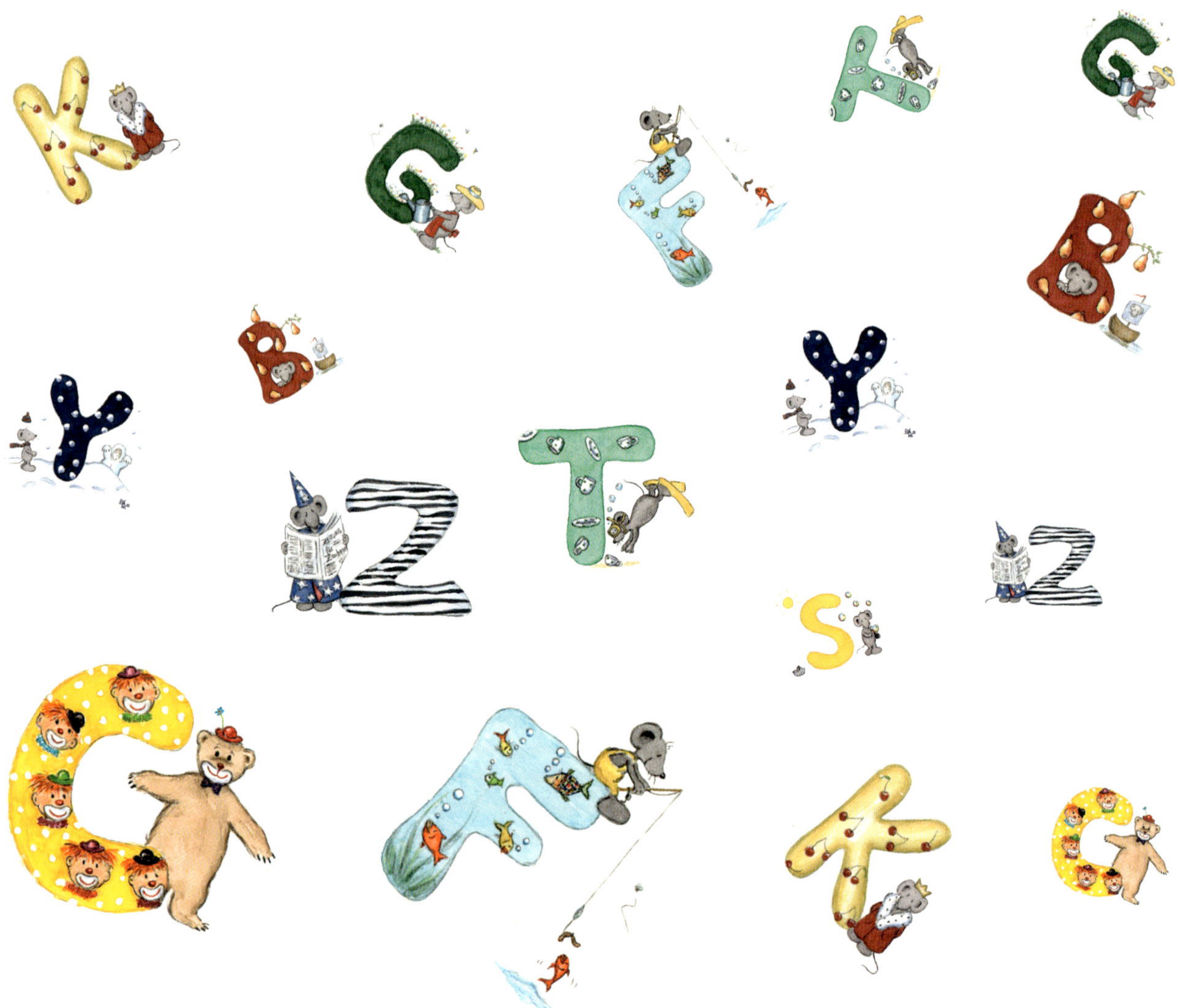

JETZT SIND SIE DRAN!

Gestalten Sie einige Buchstaben und arbeiten Sie passende Accessoires mit ein.

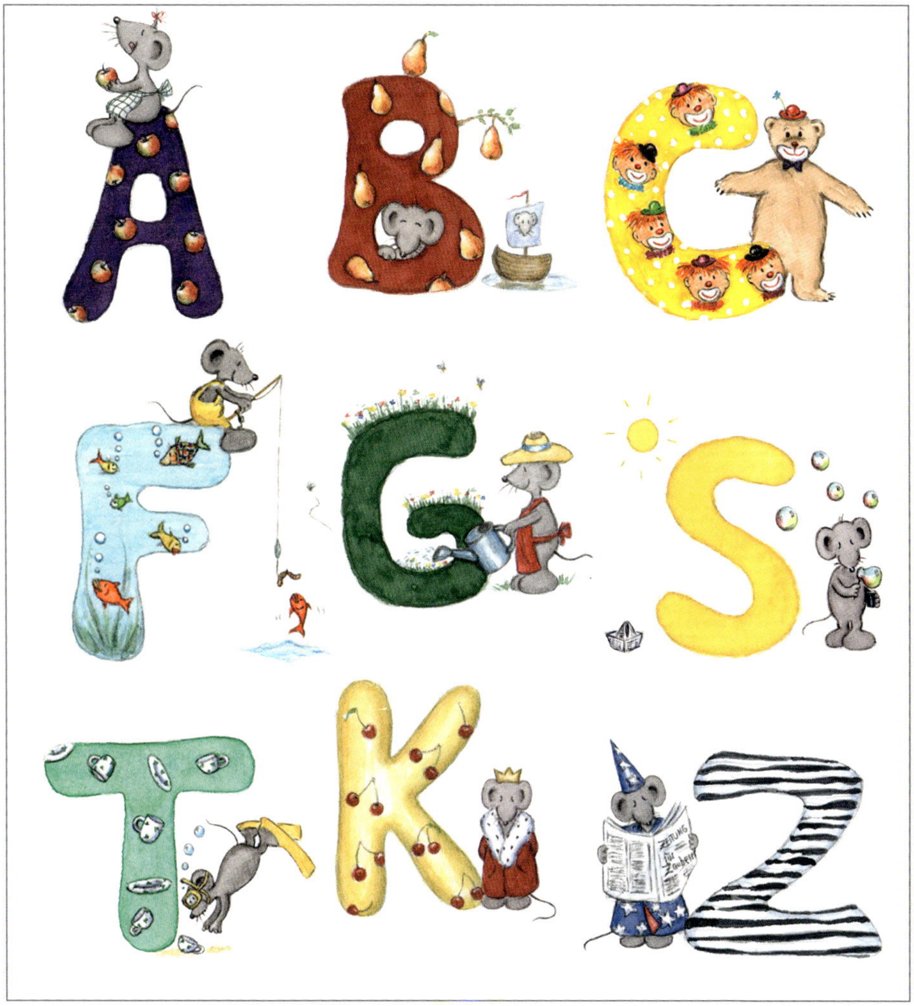

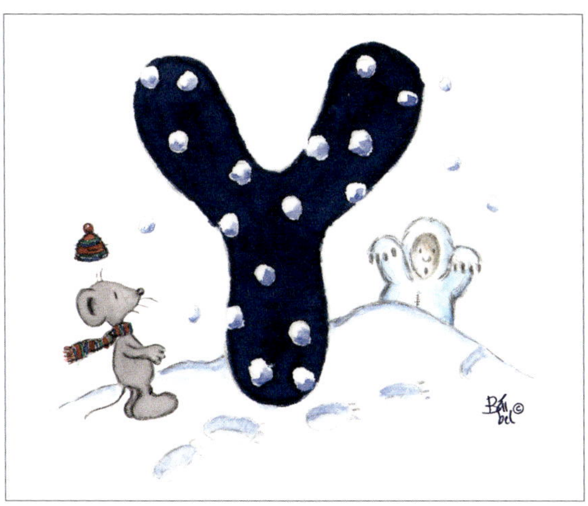

alle Illustrationen aus „Mäusebande-ABC“

Nun? Ist Ihnen zu Y ein passendes Motiv eingefallen? Zugegeben, manchmal ist es nicht einfach, sofort die richtigen Accessoires zu finden, und ein Yeti begegnet uns nicht jeden Tag. Aber es macht Spaß, Dinge zu kombinieren, die nicht unbedingt zusammenpassen, wie den Taucher, der in der trüben Tiefe nach Tassen oder Tellern taucht.

ILLUSTRATION IST ÜBERALL UND AUCH EINZELN SCHÖN!

1. Illustration – Nicht nur im Buch

Illustrationen finden sich nicht nur in Bilderbüchern, sondern sie verschönern ganz viele Bereiche des täglichen Lebens. Kalender oder Geschenkpapier, Postkarte oder Bürotasse, Fotoalbum oder T-Shirt: Ohne schöne oder lustige Illustrationen – bei Gebrauchsartikeln heißt das ja Design – wären all diese Dinge nur halb so attraktiv. Illustration findet sich also fast überall. Es würde allerdings den Rahmen dieses Buches sprengen, jeden Ort aufzuzählen, wo Illustration Platz finden kann. Deshalb in diesem Rahmen nur eine kleine Auswahl von Non-Book-Möglichkeiten. Aber wenn Sie erst einmal bewusst darauf achten, werden Sie viele Illustrationen entdecken, fast überall sind sie zu finden. Und natürlich können Sie sich und Ihre Familie oder Freunde auch mit eigenen Kreationen erfreuen, indem Sie Postkarten, Geschenkpapier oder eine lustige Tasse mit einer selbst gezeichneten oder gemalten Illustration gestalten. Es ist nicht schwer und die technischen Möglichkeiten der Umsetzung sind vielfältig.

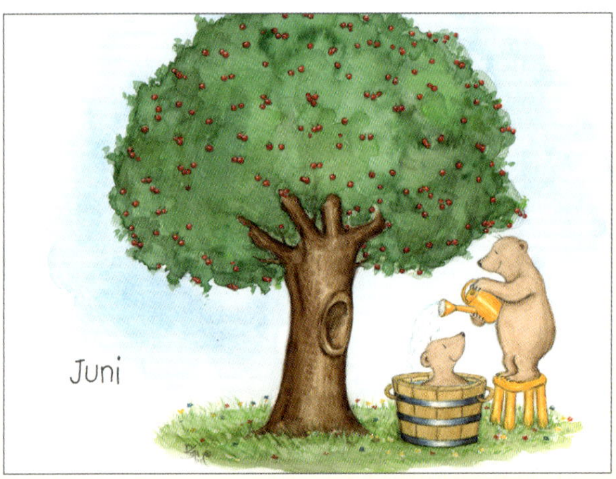

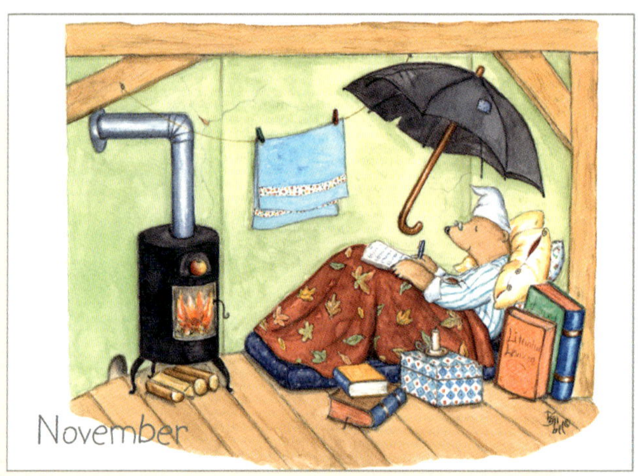

2. Im Kalender oder Planer

Wenn Sie einen Kalender konzipieren wollen, gibt es dafür mehrere Möglichkeiten:

JAHRESBILDERKALENDER

Jahresbilderkalender beziehen sich jeweils auf ein einzelnes Jahr. Bei diesen Kalendern ist es schön, mit den Bildmotiven den Jahreszeiten zu folgen und zu zeigen, was so alles geschieht draußen oder in der Familie. Sie können Naturkreisläufe gestalterisch nachempfinden, z. B. eine Landschaft im Jahresverlauf, einen Baum oder ein Feld im Wandel der Monate mit dem Nacheinander von Blättern, Blüten, Früchten, bunter Herbststimmung und dem Ausklang in Weiß im Winter. Sie können aber auch zeigen, welche Traditionen und Feste ein Jahr mit sich bringt, und zu welchen Zeiten welche Unternehmungen Spaß machen. Jahresbilderkalender können auf die jeweilige Jahreszeit einstimmen, die Vorfreude darauf wecken und Anregungen für Unternehmungen bieten, insbesondere, aber durchaus nicht nur für Kinder.

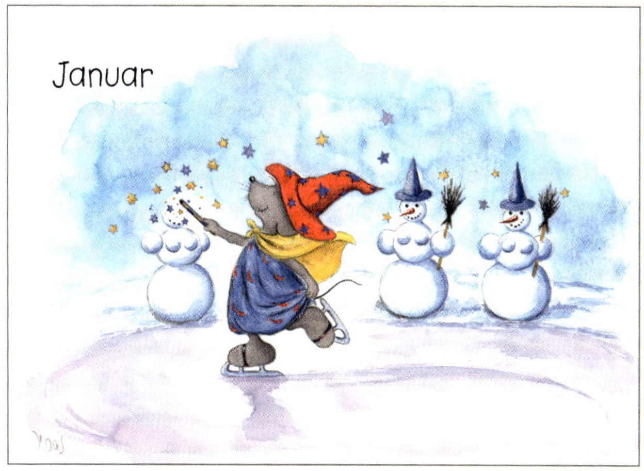

Der Wechsel der Jahreszeiten

Spaziergänge unter Blütenbäumen im Frühling, Rad fahren oder schwimmen im Sommer, Kastanien sammeln und basteln im Herbst, lesen und gemütliche Spiele im Haus oder auch Rodelpartien und Schlittschuh laufen für den Winter. Es macht Spaß, mit Pinsel und Stift einen Weihnachtsbaum aufzustellen und zu schmücken, mit Farben Kerzenschein und glänzende Kugeln auf das Papier zu zaubern. Lassen Sie es draußen vor dem Fenster dunkel werden und in diese Dunkelheit lassen Sie Schneeflocken fallen. Vielleicht stellen Sie auch in einer Ecke des Zimmers einen Ofen auf, in dem ein behagliches Feuerchen brennt, sodass man die Wärme fast fühlen kann. Gerade in Kalendern kann man sehr gut Stimmungen entstehen lassen. Der Wechsel der Jahreszeiten – insbesondere in den Städten kaum noch bemerkbar – ist vielen von uns von der Kindheit her noch sehr vertraut und es macht Freude, sich wieder in diese Stimmung hinein zu begeben, sei es durch das Ansehen oder durch das Zeichnen von Illustrationen.

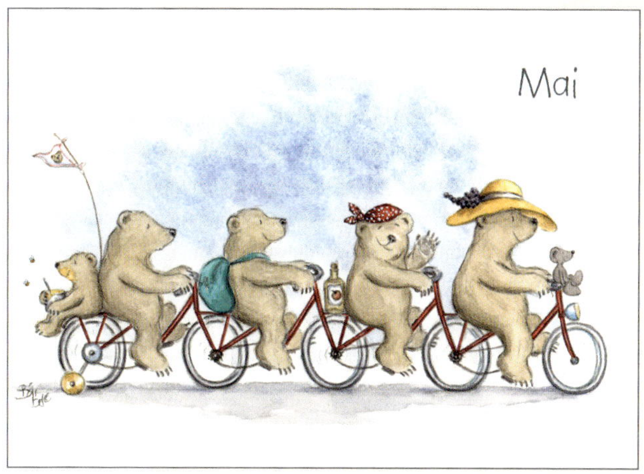

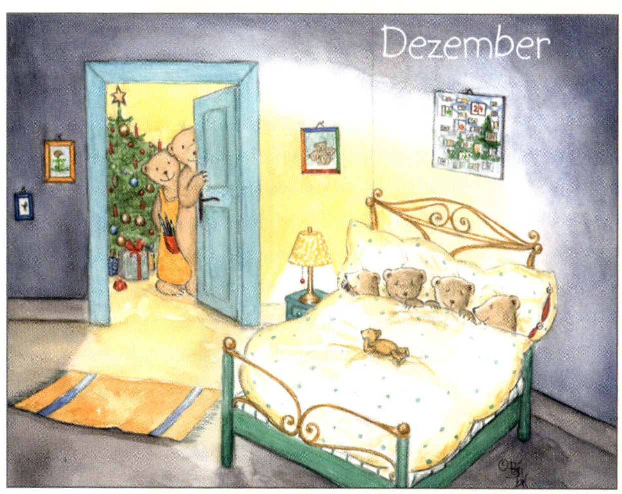

Hier finden Sie einige Kalender-Impressionen für verschiedene Jahreszeiten. Lassen Sie sich von den Vorschlägen inspirieren, und dann gestalten Sie Bilder nach Ihren eigenen Vorstellungen.

IMMERWÄHRENDER KALENDER

Die zweite Möglichkeit ist es, einen immerwährenden Kalender zu gestalten, der für mehrere Jahre Gültigkeit hat. In ihn können Geburtstagstermine eingetragen werden, die dann jedes Jahr wieder abrufbar sind. In immerwährenden Bilderkalendern sind wie bei den Kalendarien die Monatstage nicht auf Wochentage festgelegt.

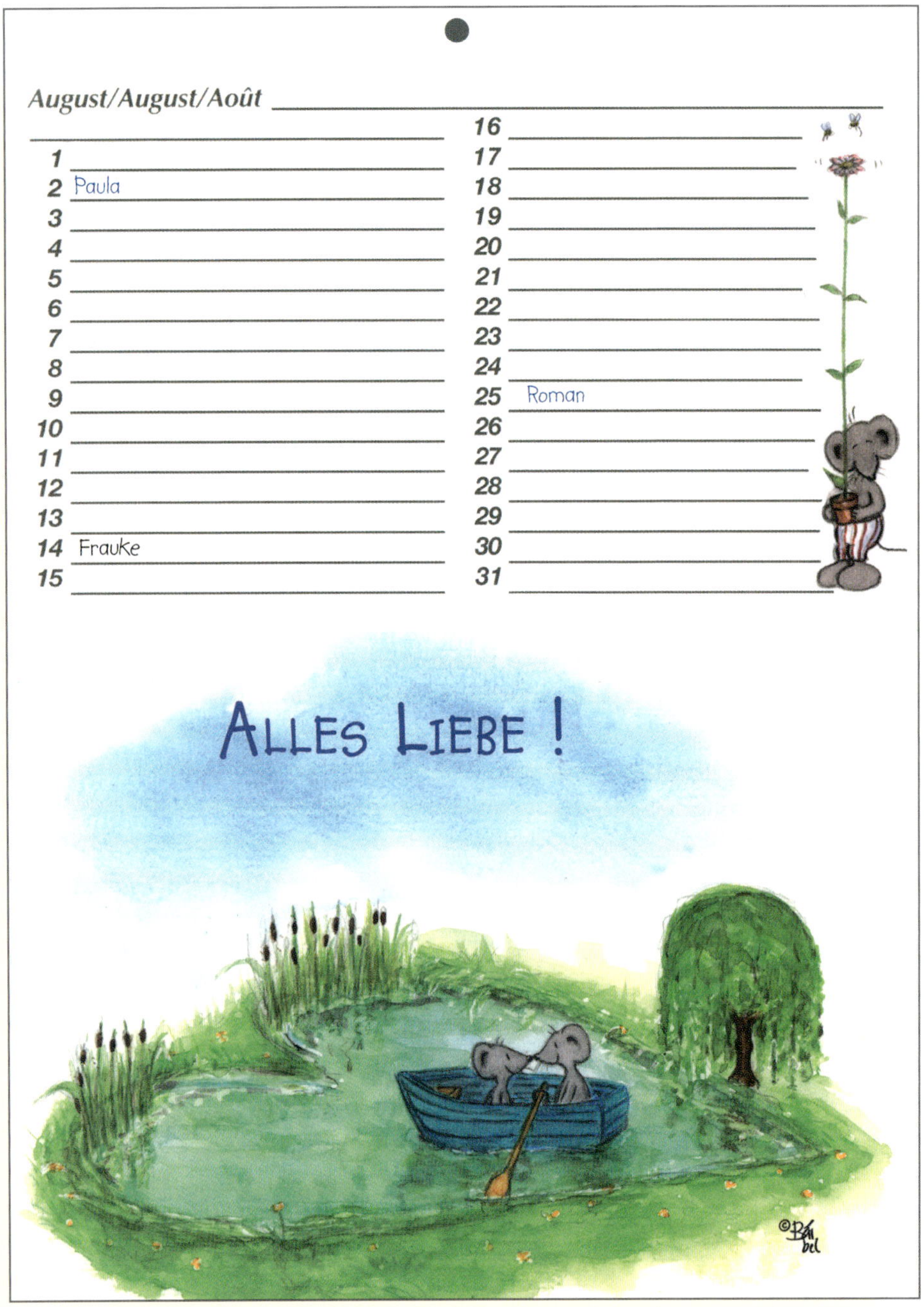

TIPP: Der Block für Ihren Kalender kann aus einem hochformatigen Mal- oder Zeichenblock mit festeren Blättern bestehen, auf die Sie die Bilder und Kalendarien zeichnen oder kleben oder aus einem vorgefertigten Kalenderdummy, die es als Blankokalender zum Selbstgestalten im Handel zu kaufen gibt.

Geburtstagskalender

Bei allen Formaten von Geburtstagkalendern stehen zeichnerisch eher der festliche Anlass im Vordergrund und nicht so sehr die Jahreszeiten. Aber wenn Sie beides miteinander verbinden können und wollen, dann steht dem natürlich nichts im Wege. Nur Sie bestimmen, wie Ihr Kalender aussieht. Und wenn Sie ganz ungewöhnliche Ideen haben, nur zu!

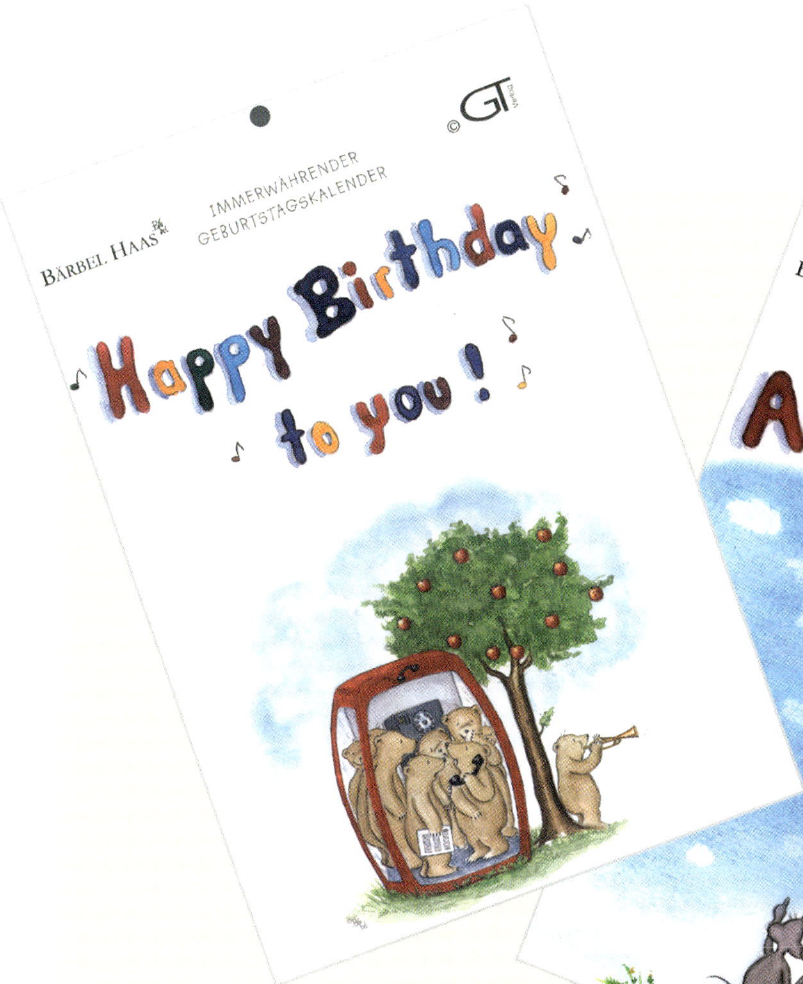

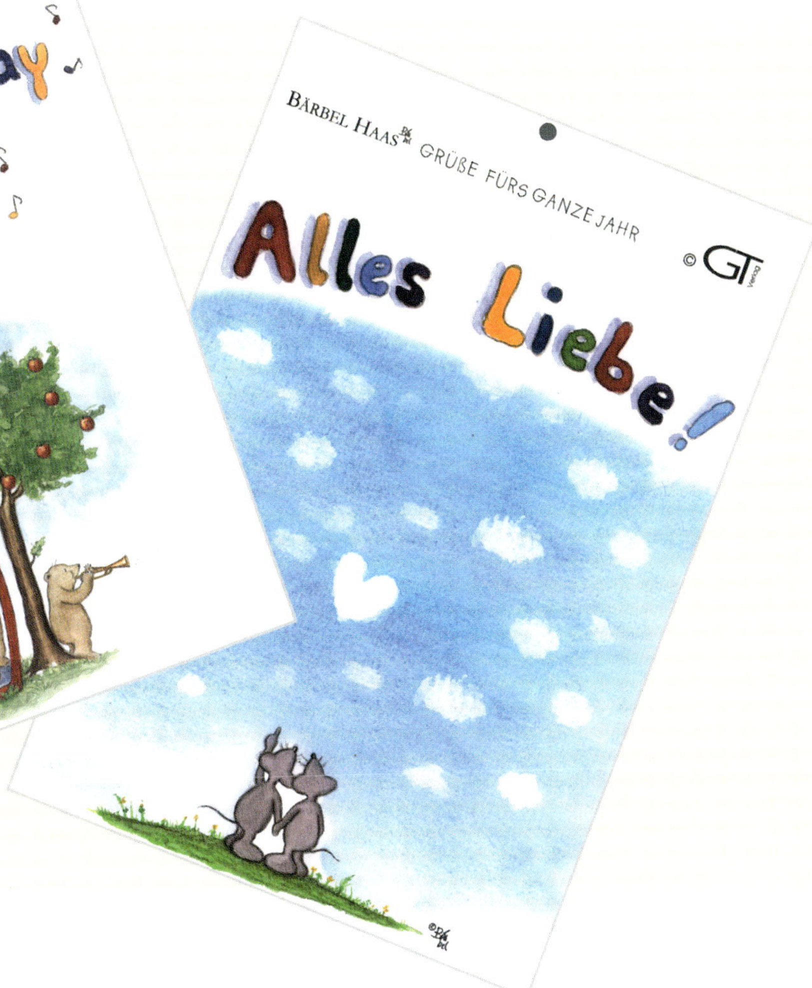

2. Auf Geschenkpapier

Auf Seite 76ff. haben wir uns mit dem Gestalten von Vorsatzillustrationen beschäftigt und dabei haben Sie – ganz nebenbei – ein erstes Geschenkpapier-Design gezeichnet, nämlich die kleinen weißen und blauen Wolken. Nach diesem Muster können Sie auch andere Entwürfe gestalten.

DEKORATIVE MUSTER FÜR JEDEN ANLASS

Beim Geschenkpapier werden im Allgemeinen keine großen Komplettbilder angelegt, sondern eher dekorative Muster von hübschen Motiven. Da Geschenkpapiere ja zu bestimmten Anlässen verwendet werden wie Geburtstag, Weihnachten, Hochzeit, Geburt eines Babys, können Sie sich vom Anlass selbst inspirieren lassen und passende Accessoires zu einem hübschen Muster zusammenstellen. Zum Beispiel könnten Sie anlässlich einer Geburt einen →Allover von quer gespannten Wäscheleinen, an denen zartfarbene Babybodys oder Höschen aufgehängt sind, zeichnen. Für einen Geburtstag passt ein Streumuster verschiedener Blumen, für eine Hochzeit ein Mix aus Herzen, für Weihnachten bunte Päckchen, Schneeflocken oder Sterne, vielleicht auch Weihnachtsmann-Mützen.

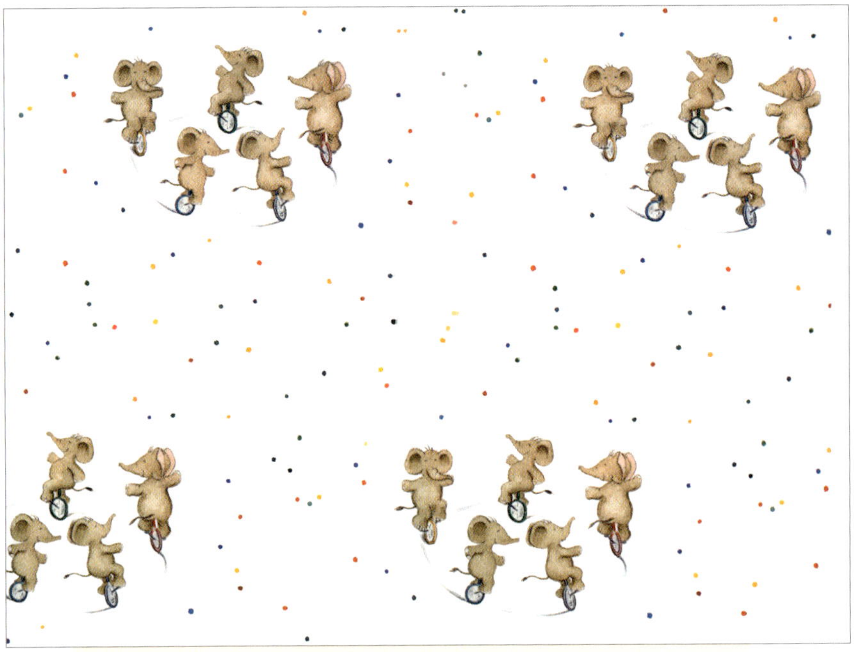

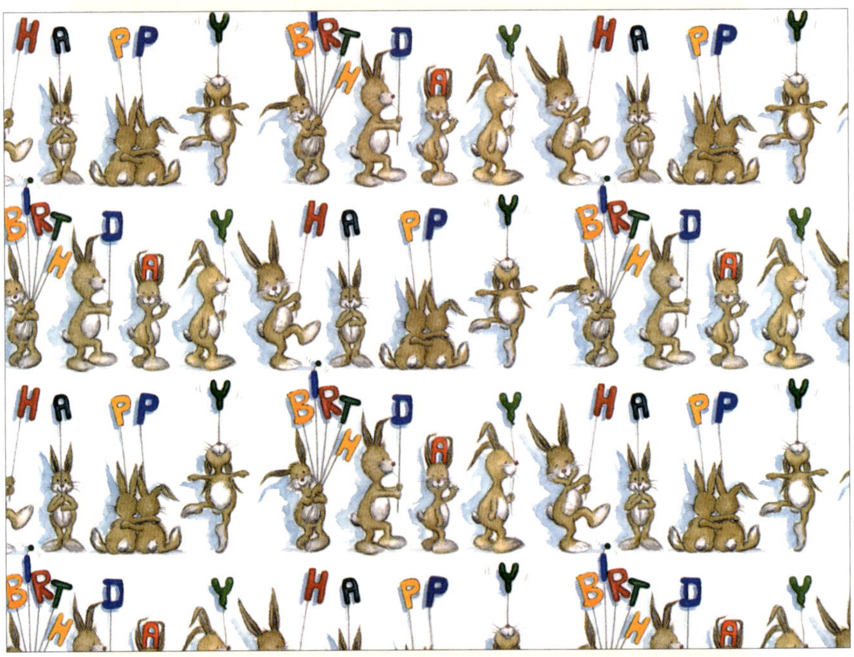

KLEINE BILDER AUF PACKPAPIER

Wenn Ihnen die Gestaltung eines ganzen Bogens zu aufwendig ist, so können Sie auch ein kleines Bild mit Stiften auf weißes oder braunes Packpapier zeichnen, sodass es genau oben auf dem Päckchen zu sehen ist. Packpapier ist überhaupt ein schöner und vielfältig einsetzbarer Malgrund. Farben wirken darauf sehr intensiv und Sie können auch mit wenigen Tönen, z. B. weißen, beigen oder blauen, gute Effekte erzielen. Außerdem ist Packpapier sehr preisgünstig und fast überall zu bekommen. Es gibt raue und glatte Sorten. Probieren Sie verschiedene Körnungen aus. Auf den gröberen Sorten wirkt Ihre Zeichnung rustikaler als auf den feineren. Sehr glattes Papier eignet sich nicht so gut. Verwenden Sie weiche Malstifte. Probieren Sie es aus und lassen Sie sich vom Ergebnis überraschen.

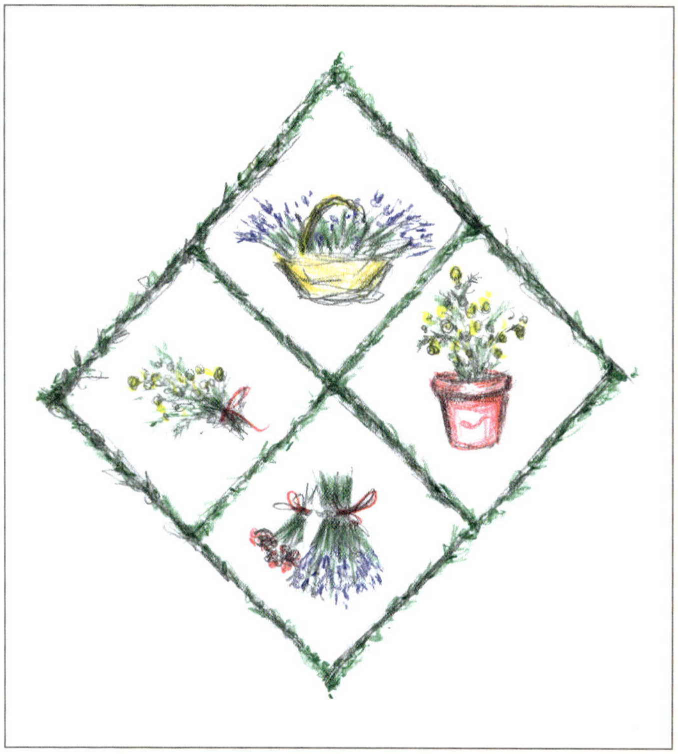

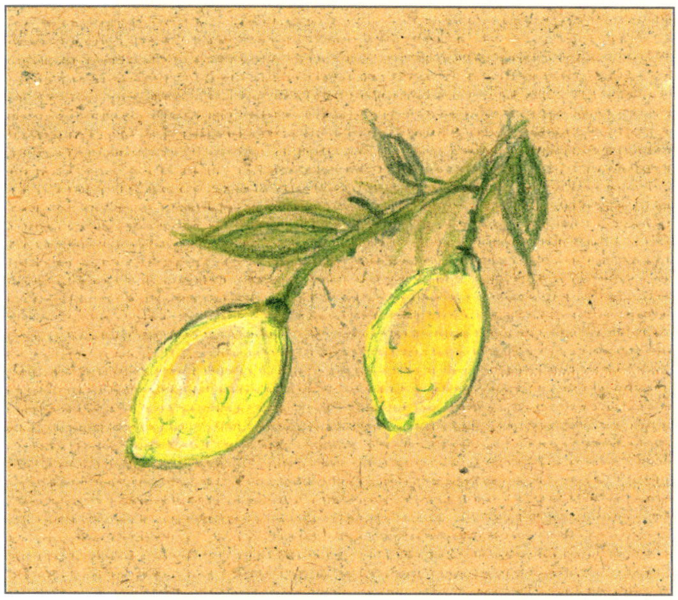

3. Auf Post- und Glückwunschkarten

Zeichnen Sie passend zu Ihrem Geschenkpapier oder auch unabhängig davon Ihre eigenen Post-, Gruß- oder Glückwunschkarten. Dafür gibt es viele gute Ideen. Sie finden sie, indem Sie vorgehen wie bei einer Textbebilderung.

VIELE ANLÄSSE UND NOCH MEHR IDEEN

Statt sich allerdings vom Text inspirieren zu lassen, denken Sie einfach an die Anlässe, für die Ihre Karten verwendet werden sollen. Versetzen Sie sich in die jeweilige Situation, dann fällt Ihnen sicher etwas ein. Wollen Sie mit Ihrer Karte den Empfänger oder die Empfängerin aufmuntern? Trösten? Gratulieren? Etwas Nettes sagen? Fragen, wie es geht? Um Entschuldigung für irgendetwas bitten? Oder sich einfach wieder mal melden? Es gibt viele Anlässe und noch mehr Ideen für die bildliche Umsetzung einer Nachricht. Und im Vergleich den heutzutage ja viel häufiger verschickten SMS- und MMS-Nachrichten, die nach dem Lesen meist gelöscht werden, hat die Karte den großen Vorteil, längeren Bestand zu haben. Sie kann den Empfänger auch noch nach Jahren erfreuen – sei es, weil sie gerahmt an der Wand hängt oder in einem Buch als Lesezeichen dient.

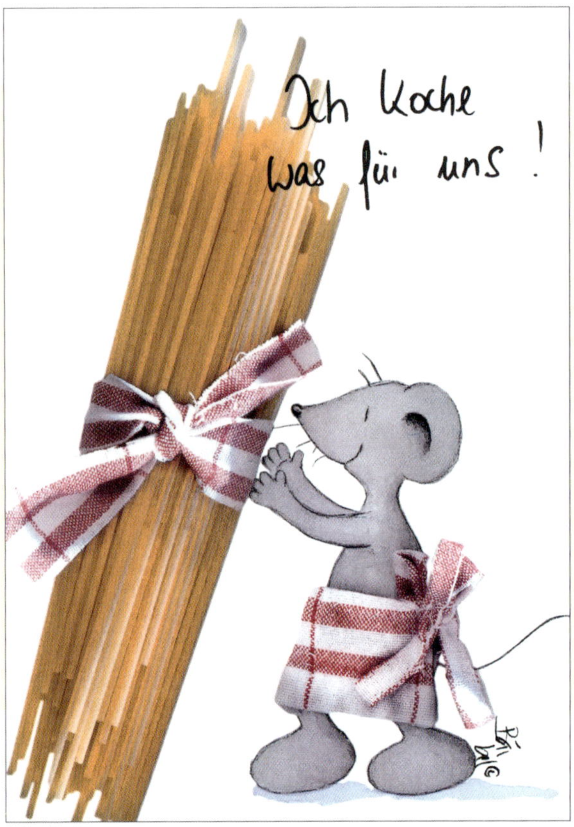

TIPP: Ihre Karte kann den Anlass ruhig humorvoll illustrieren, natürlich nur so lange es um nichts wirklich Ernstes geht. Das macht manche Botschaft leichter und kommt immer gut an. Für die feierlichen Anlässe des Lebens, wie z. B. Geburt oder Hochzeit, können dekorative und schöne, aufwendig verspielte Illustrationen passend sein. Hören Sie auf Ihr Gefühl, es hilft Ihnen meistens weiter. Erarbeiten Sie eigene Kartenvorschläge. Schauen Sie, wie schon in früheren Kapiteln empfohlen, in die Natur. Ranken, Blüten und Blumen sowie Früchte des Jahres sind immer dankbare Motive, die sich für schöne und dekorative Kartendesigns verwenden lassen. Wenn Sie sich erst eingearbeitet haben, kommen Ihnen garantiert weitere kreative Ideen.

ACHTUNG: Wenn Sie Doppelkarten gestalten möchten, legen Sie das ungefaltete Zeichenpapier auf, das am besten etwas stärker ist. Aquarellpapier kann sich hierfür gut eignen. Das Motiv muss auf die rechte Hälfte des Blattes gezeichnet werden, damit es bei der zusammengefalteten Karte vorne ist. Sie können bei der Kartengestaltung auch Collagen in Betracht ziehen. Der Mix von gezeichnetem Motiv und geklebten Accessoires ist schön und macht die Karte wertvoll. Ob Sie Blumen und Blätter verwenden oder Kaffeebohnen, Spaghetti, Teebeutel oder Stoffe, das bleibt wieder einmal ganz Ihrer Fantasie überlassen.

ÜBRIGENS: Collagenkarten oder -bilder kann man sehr schön als persönliches und dekoratives Geschenk verwenden, und zwar in einem sogenannten →Objektrahmen. Er ist tiefer als ein gewöhnlicher Bilderrahmen, sodass selbst dickere aufgeklebte Motivobjekte wie z. B. Spaghettibündel, Kaffeebohnen, Teebeutel oder drapierte Küchentücher noch unter dem Glas Platz finden. Objektrahmen sind nicht teuer und es gibt sie in Möbelhäusern zu kaufen.

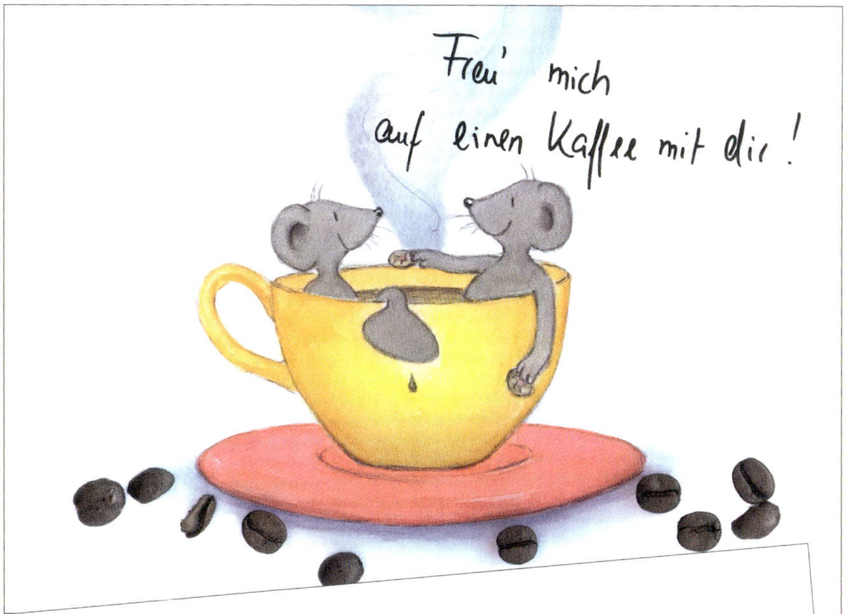

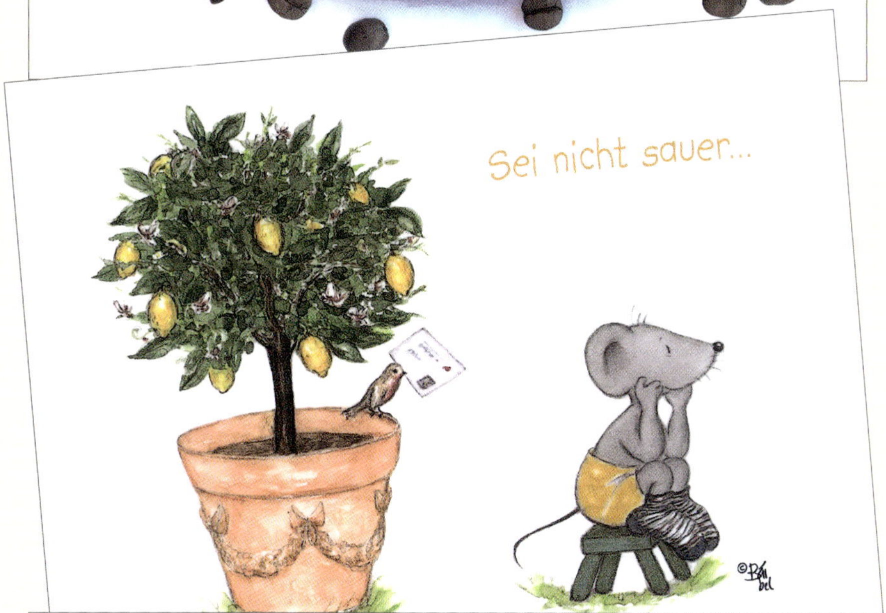

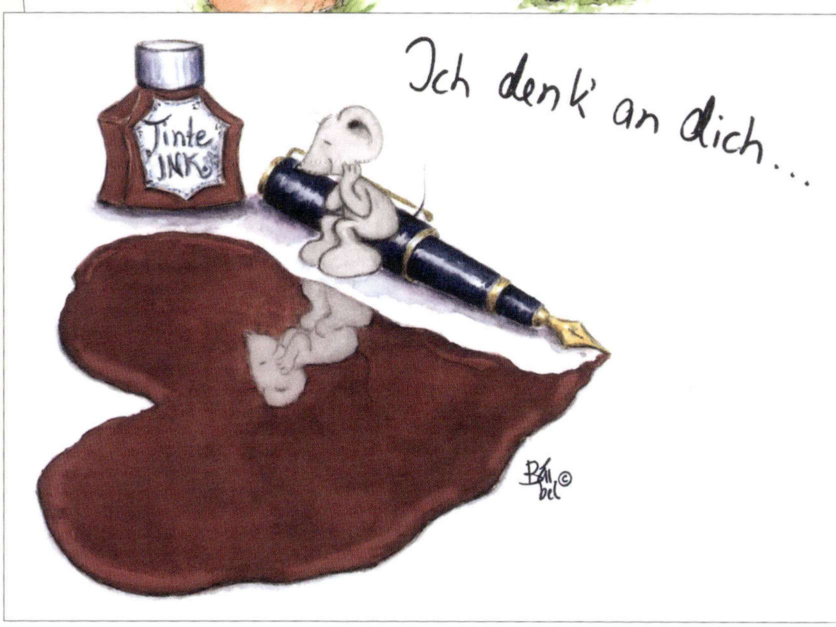

4. Auf Ordnern und Fotoalben

Wenn Sie mit Ihren Illustrationen Designs für Ordner und Fotoalben für den eigenen Gebrauch gestalten möchten, so nehmen Sie sich am besten einen Blanko-Ordner oder ein Album der gewünschten Größe und Art (DIN-A3 oder DIN-A4, normale oder Spiralbindung) vor und probieren mit Skizzen die Motivgröße aus.

Titelmotiv

Bei Fotoalben ist es natürlich schön, wenn das Titelmotiv schon auf den Inhalt hinweist, z. B. Familie oder Kinder, Baby, Hochzeit oder Urlaub. Für ein Familienalbum wäre z. B. ein Bild passend, das eine Familie zeigt, die vor dem Fotografen posiert. Für ein Urlaubsalbum käme eine Zeichnung mit einer Urlaubstätigkeit infrage wie Schwimmen, Surfen, Sonnenbaden oder einfach Faulenzen auf dem Balkon oder auf der Wiese. Auch Details können sehr attraktiv sein, wie z. B. ein Sonnenschirm mit einem Liegestuhl, eine Sonnenbrille auf einem Buch etc. Lassen Sie sich wieder einmal von Ihrer Fantasie inspirieren und stellen Sie sich vor, im Urlaub zu sein. Dann fallen Ihnen garantiert die richtigen Dinge ein.

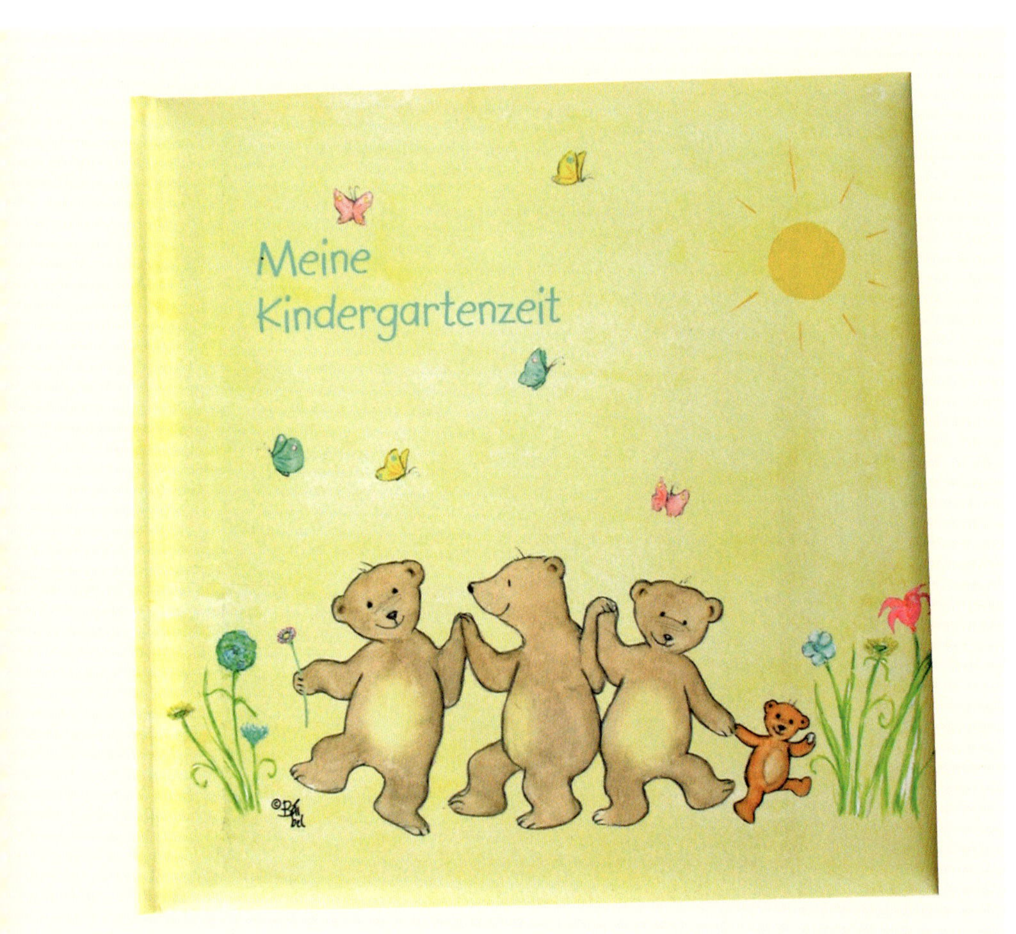

TIPP: Auch Collagen, also zusammenmontierte Motive, können für Alben und Ordner sehr attraktiv sein. Oder verbinden Sie Gezeichnetes mit aufgeklebten Materialien, z. B. Stoffen, Leder o. Ä. Achten Sie darauf, dass die Materialien, die Sie zur Gestaltung der Außendeckel von Ordnern oder Alben verwenden, im Gegensatz zu solchen für Postkarten eine gewisse Stabilität haben sollten, da sowohl Alben als auch Ordner Gebrauchsgegenstände sind, die sehr oft verwendet werden sollen. Federn, Blätter oder Blüten würden zu schnell kaputtgehen, was schade wäre. Leder oder Stoff dagegen ist recht strapazierfähig.

Die Umsetzung der Idee

Was die Realisierung angeht, so gibt es in Zeiten digitaler Bildbearbeitung genügend Möglichkeiten, Ihre Entwürfe am Computer auszuarbeiten und von entsprechenden Firmen produzieren zu lassen. Ich bin jedoch der Meinung, dass ein schönes, auf traditionelle Art von Hand hergestelltes Exemplar mindestens genauso viel Freude machen kann und zwar gleich doppelt: Zuerst beim Malen und Basteln und dann immer wieder, wenn man es verwendet oder wenn man es beispielsweise einem Freund oder einer Freundin schenkt. Wenn Sie sich fürs Selbermachen entscheiden, so können Sie die gezeichneten Motive im Original auf das Album oder den Ordner kleben, am besten mit einem speziellen Fotokleber.

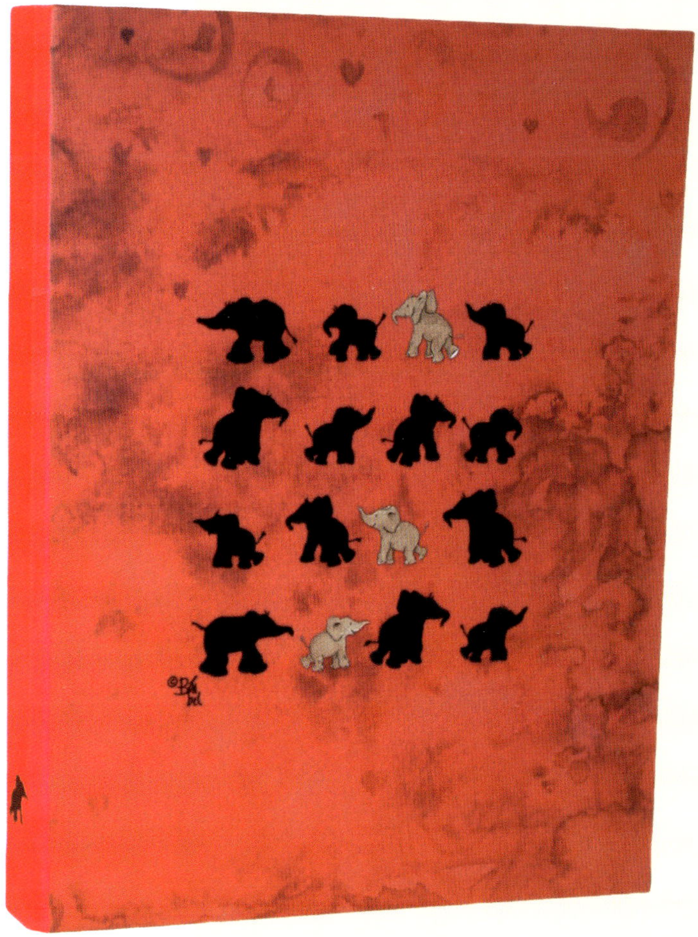

Verwendungsmöglichkeiten einer Illustration

Alternativ können Sie das Bild einscannen oder einscannen lassen und auf hochglänzendem Fotopapier ausdrucken. Diese Ausdrucke können dann entweder mit dem ausgeschnittenen Motiv oder als komplettes Blatt auf den Ordner oder das Album geklebt werden, am besten ebenfalls mit Fotokleber.

Für Ordner eignen sich Motive, die mit dem Beruf zu tun haben, mit Schule oder Studium, je nachdem, wofür der Ordner benutzt werden soll. Ob Sie witzige Illustrationen verwenden wollen oder lieber stilvolle und dekorative, das bleibt wieder einmal ganz Ihrer kreativen Fantasie überlassen. Die Vorgehensweise ist hier wie beim Fotoalbum.

ÜBRIGENS: Auch Schattenrisse können attraktive Motive für Ordner oder Alben sein und sie sind einfach anzufertigen. Zeichnen Sie eine typische äußere Kontur eines Tieres, eines Gegenstandes oder einer Pflanze und malen Sie diese statt mit Farbtönen mit schwarzer oder anderer einfarbiger Tusche oder Tinte, oder mit Aquarellfarbe ganz aus. Das ergibt einen ganz besonderen Effekt.

5. Auf Porzellan und Stoff

Suchen Sie ein schönes, sehr individuelles Geschenk, vielleicht für jemand, der schon alles hat? Ein Geschenk, das lange Freude machen und das denjenigen oder diejenige, die es bekommt, immer wieder an Sie erinnern soll? Dann schenken Sie doch etwas „Selbst Designtes“. Etwas wie z. B. eine Tasse oder ein T-Shirt mit einer von Ihnen entworfenen Illustration. Sie können dabei die Illustration ganz auf den zu Beschenkenden abstimmen, was Ihr Geschenk einmalig und besonders macht.

DIE INDIVIDUELLE TASSE

Eine Tasse zum Beispiel oder ein Becher kann ein Motiv tragen, das speziell für den Tasseninhaber gedacht ist. Wenn sie oder er beispielsweise zu viel arbeitet, können Sie das in Ihrer Zeichnung in humorvoller Weise wiedergeben, z. B. mit einem Schreibtisch, der sich unter Büchern oder Ordnern biegt. Liebt er oder sie eine Sportart ganz besonders, dann nehmen Sie das als Thema, oder das Lieblingstier etc. Die Möglichkeiten sind unbegrenzt, insbesondere wenn Sie den- oder diejenige gut kennen.

Produktion

Die Produktion des Bechers oder der Tasse können Sie in einer Werbeagentur oder einem Copyshop in Auftrag geben. Scannen Sie dazu Ihre Illustration ein und ziehen Sie die Daten auf einen Stick (Bildqualität/ Auflösung 350 dpi). Achten Sie wie immer auf das Format. Also darauf, dass das Motiv gut erkennbar und nicht zu breit angelegt ist. Auch die Höhe muss proportional stimmen. Sie können mit einer Kopie des Bildes an der Tasse eine „Anprobe machen“. Den Rest erledigt der Shop. Auch T-Shirts lassen sich auf die gleiche Weise gestalten.

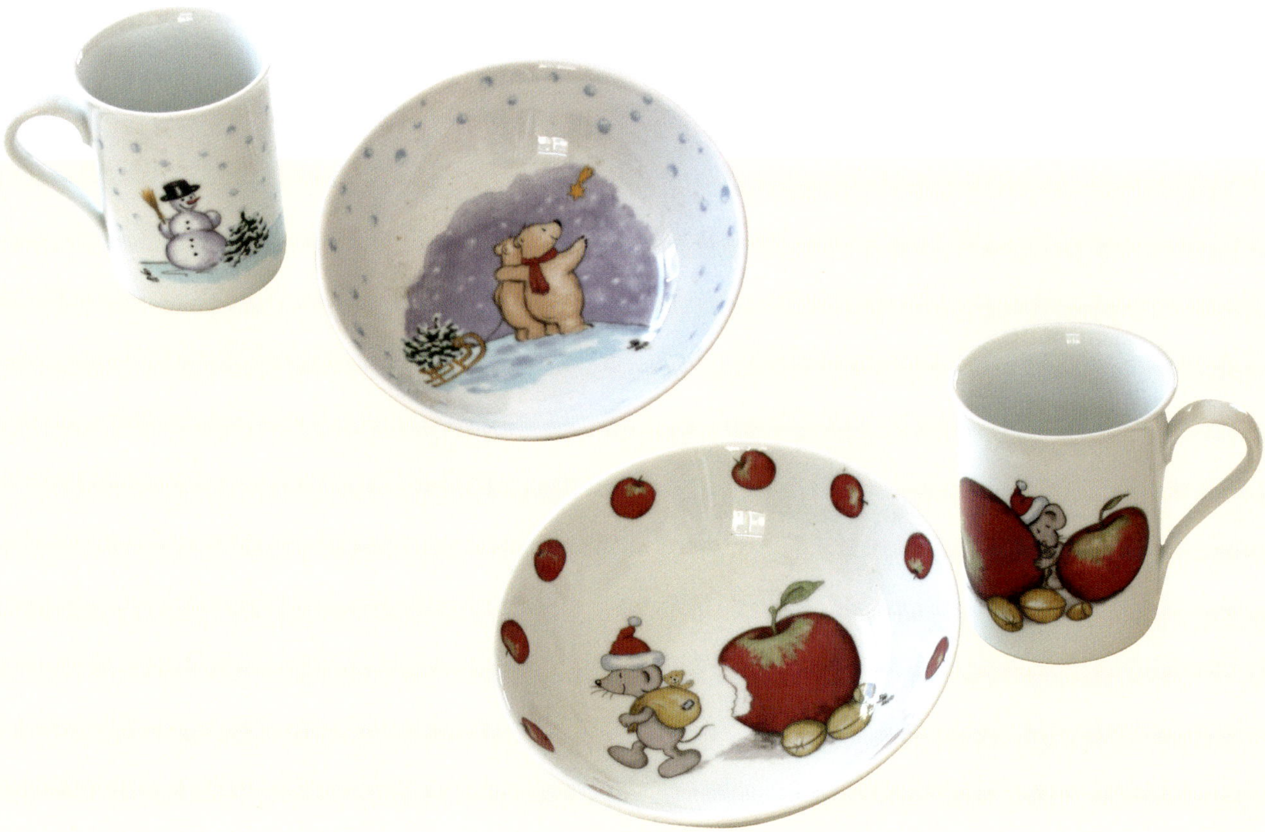

SHIRT UND KRAWATTE

Wenn Sie sich auf Seidenmalerei verstehen, können Sie Ihre Illustrationsmotive auch auf Stoffe, in diesem Fall Seide bringen, z. B. auf ein Tuch oder eine Krawatte. Dafür verwenden Sie statt der Aquarellfarben Seidenmalfarben und die passenden Konturenstifte. Das Motiv können Sie vorher auf Papier entwickeln und anschließend mit Bleistift zart auf die Seide übertragen, bevor Sie es farbig ausmalen.

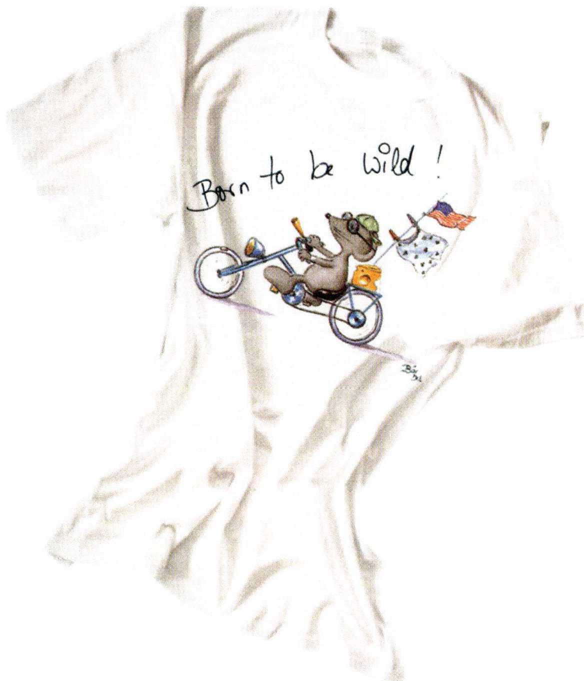

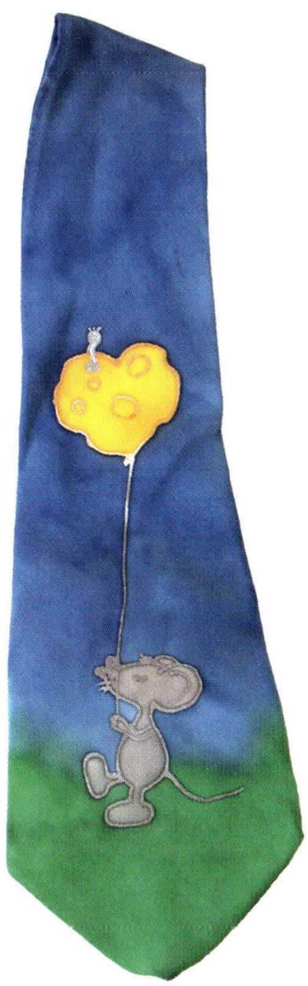

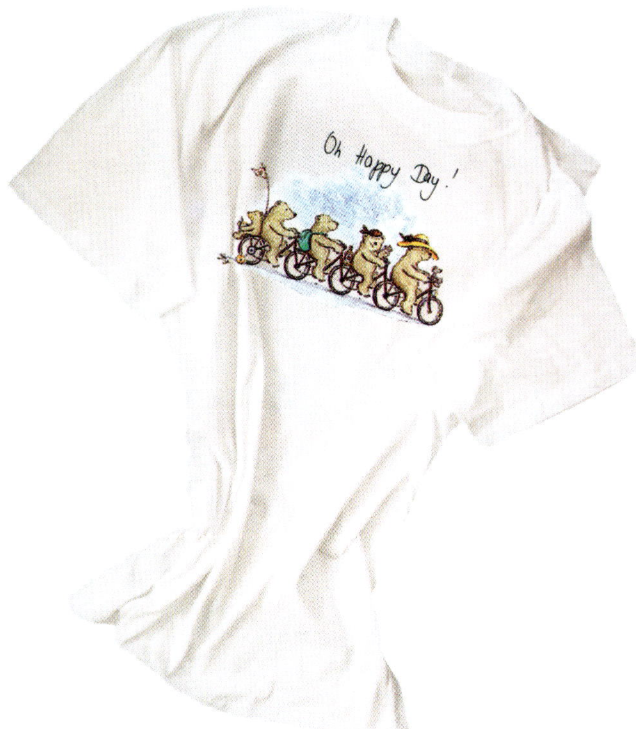

Sie sehen, es gibt sehr viele Möglichkeiten, Illustrationen zu verwenden. Egal, ob Ihre Illustrationen für den Eigengebrauch gedacht sind, z. B. um Familie und Freunden Freude zu bereiten und das eigene Leben liebenswerter, freundlicher, angenehmer, fröhlicher und bunter zu gestalten oder ob eine haupt- oder nebenberufliche Illustrations- oder Designtätigkeit angestrebt wird, wichtig ist Ihre Freude an der kreativen Arbeit und die ist **garantiert!**

VOM SCHREIBTISCH AUF DEN MARKT

Tipps für angehende Illustratoren

Falls Sie die Absicht haben nicht nur für sich selbst, sondern professionell Illustrationen anzufertigen, ist es sinnvoll, sich in der Szene umzusehen.
Es gibt mittlerweile Verbände, denen sich Illustratoren anschließen können (z. B. die I.O.-Illustratorenorganisation) und solche, in denen sie ihre Werke präsentieren können (z. B. das Filu-Archiv). Auch wenn dort oft Mitgliedsbeiträge zu zahlen sind, hat ein Beitritt den großen Vorteil, dass man nicht nur wichtige Informationen, sondern auch guten Rat bekommen und sich untereinander austauschen kann, wenn es um Honorarfragen, Vertragsgestaltung, Rechte usw. geht. Illustratoren bekommen auf diese Weise nicht nur eine Art Lobby, sondern auch ein Forum, auf dem sie ihre Werke präsentieren können, beispielsweise bei Messeauftritten sowie in regelmäßig erscheinenden Newslettern. Damit haben sie einen besseren Zugang zum Markt. Das Filu-Archiv stellt Arbeiten von seinen Mitgliedern (jeweils eine kleine Bilder-Auswahl des Künstlers, dazu Name und Anschrift zur erleichterten Kontaktaufnahme durch Interessenten, also Firmen oder Verlage) auf den wichtigen Messen aus, ebenso auf seiner Internetseite.
Da das Archiv bei Produktionsfirmen bekannt ist, suchen diese bei Bedarf dort gezielt nach Illustratoren. Es lohnt sich oft auch, die entsprechenden Fachzeitschriften (z. B. bjl, Bulletin Jugend & Literatur) zu lesen. So weiß man immer, was gerade läuft. Informiert zu sein, ist hier wie überall wichtig und ich empfehle denjenigen, die ernsthaft als Illustratoren arbeiten möchten, auch die entsprechenden Fach-Messen zu besuchen, also die Buchmessen in Frankfurt, Leipzig und Bologna, die Frankfurter „Paperworld", vielleicht auch den Pariser Salon „Maison et Objet", der zweimal jährlich stattfindet und Ambienteartikel und Papeteriewaren ausstellt. Letzterer ist allerdings ziemlich teuer. Aber Sie müssen ja auch ist nicht jede Messe besuchen, sonst bleibt Ihnen keine Zeit mehr zum Illustrieren. Außerdem sind nicht alle Messen für alle Illustratoren und Grafik-Tätige von gleichem Interesse. Es hängt davon ab, was genau und für welche Bereiche Sie arbeiten möchten. Recherchieren Sie, um herauszufinden, welche Messen und Organisationen für Sie interessant sein könnten.

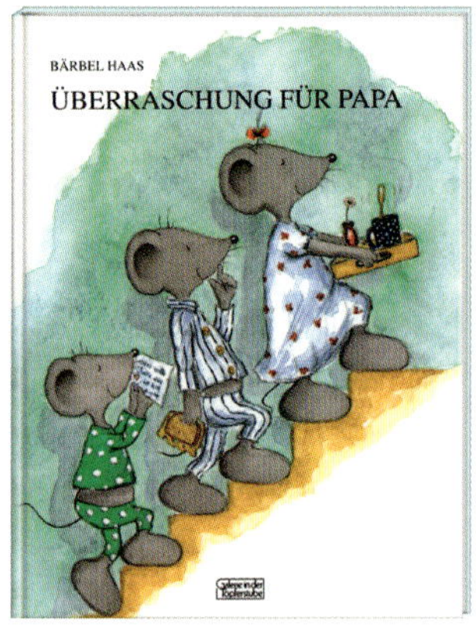

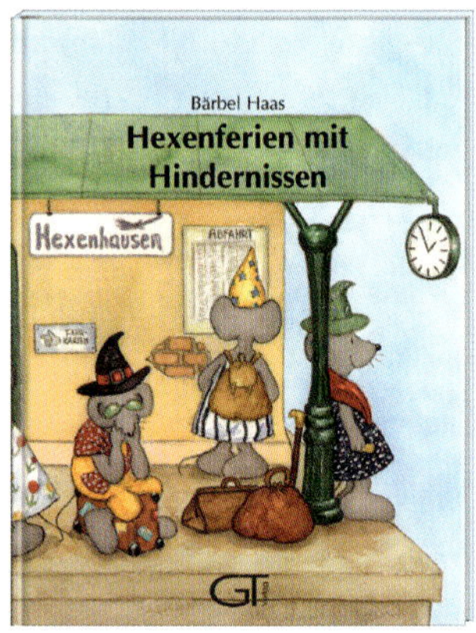

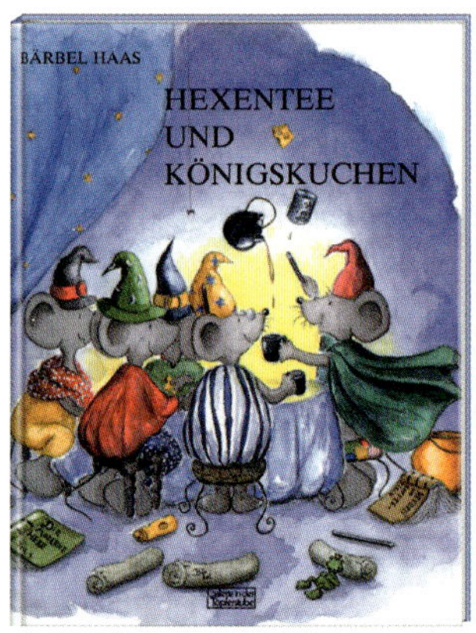

Sie können sich auch bei Buchverlagen in deren Illustratorenkarteien aufnehmen lassen. Fragen Sie vorher an, ob Bedarf besteht. Wenn Sie eine positive Antwort erhalten, verwenden Sie ein digitales Portfolio. Dann haben Sie vielleicht die Chance, dass man, wenn es ein geeignetes Manuskript gibt, auf Sie zukommen wird. Ähnlich ist das Vorgehen bei Literaturagenturen, die die Verbindung zwischen Autoren und Illustratoren einerseits und den Verlagen andererseits herstellen. Recherchieren Sie vorher jedoch unbedingt, welche Agentur welche Art von Büchern vermittelt. Für Sie sind →Literaturagenturen von Interesse, die Kinder- oder Bilderbücher im Programm haben. Lassen Sie sich nicht auf Agenturen oder Verlage ein, die Vorkosten von Ihnen verlangen. Sie möchten ja mit Ihrer Arbeit, wenn überhaupt, Geld verdienen und nicht ausgeben.

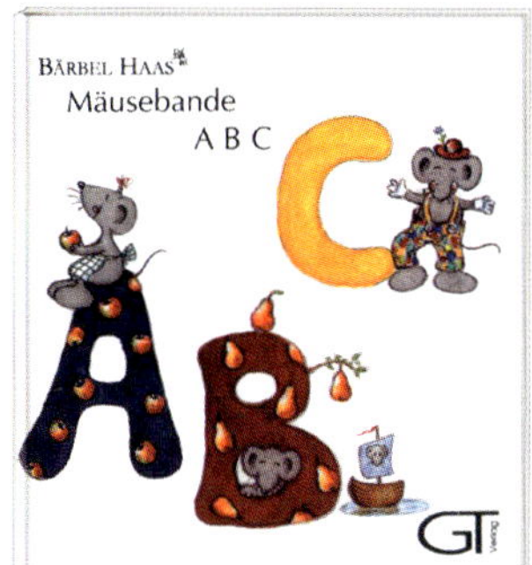

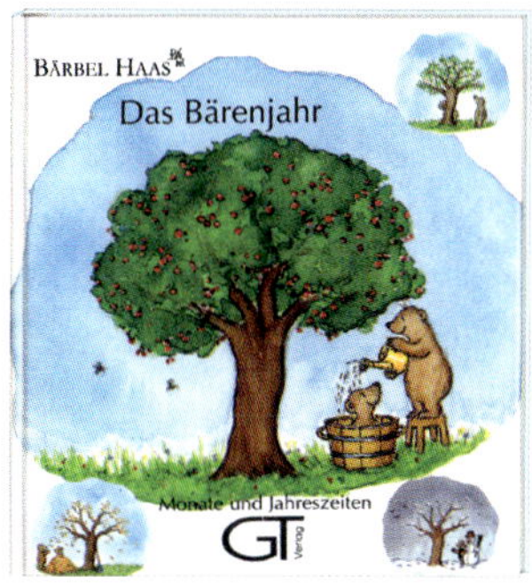

Noch einmal: Informiert zu sein ist wichtig. Und natürlich – neben der absolut notwendigen Selbstkritik – auch Selbstbewusstsein: Haben Sie keine Scheu, Ihre Arbeiten zu zeigen oder anzubieten. Denken Sie daran: Ohne Illustrationen wäre das Leben viel farbloser und langweiliger. Auch wenn es natürlich noch die Fotografie gibt: Ohne Illustrationen bestünden viele Kalender nur aus weißen Blättern, Bilderbücher nur aus weißen, mit schwarzem Text bedruckten Seiten, ganz zu schweigen von den vielen Dingen, die uns nicht mehr mit ihren bunten Zeichnungen den Alltag verschönerten. Seien Sie jedoch sehr selbstkritisch und prüfen Sie Ihre Arbeiten genau, bevor Sie sich auf die Suche nach einem Verleger machen! Es wird im Illustrations- und Designbereich – wie überall anders auch – eine hohe Qualität gefordert. Reichen Sie deshalb nur Arbeiten ein, die wirklich gut und ausgereift sind und dies auch nur nach vorheriger Anfrage. Zeigen Sie Ihre Bilder vorher möglichst vielen Leuten. Mit dem Feedback bekommen Sie einen objektiveren Blick auf Ihr Werk. Man sollte die Bereitschaft der Verlage und Firmen, auch Quereinsteigern Chancen zu geben, nicht überstrapazieren.

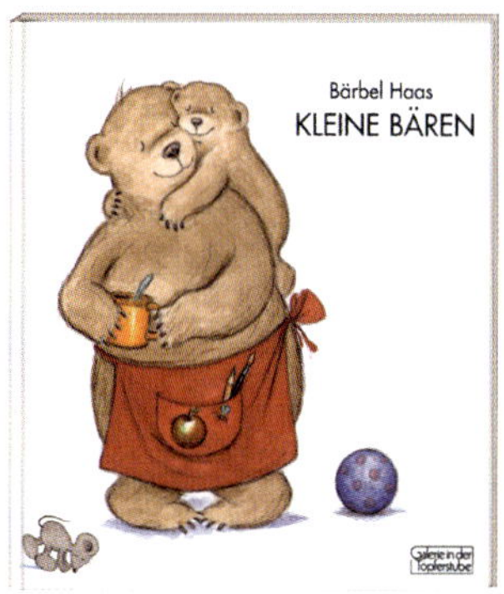

In diesem Sinne wünsche ich Ihnen viel Erfolg und viel Freude!

KLEINES ILLUSTRATIONS-BREVIER

Schritt für Schritt

Variationen

Hier zeige ich Ihnen in kurzer Form einige Motiv-Gestaltungsmöglichkeiten als Step-by-Step-Entwicklungen. Außerdem enthält das Brevier verschiedene Variationen zur Gestaltung von Motiven und Accessoires, die Ihnen beim Illustrieren immer wieder nützlich sind, da sie oft verwendet werden. Die von mir verwendeten Umsetzungen, Arrangements und Farbtöne sind nur Vorschläge und Anregungen, anstelle derer Sie auch Ihre eigenen Ideen umsetzen können. Holz beispielsweise kann – je nach Baumart – farblich variieren zwischen rötlichen, gelblichen, bräunlichen oder sogar schwarzen Tönen. Auch Gold weist unterschiedliche, z. B. rote oder gelbliche Tönungen auf. Abgesehen davon muss Illustration nicht die Realität abbilden, sondern kann der Fantasie entspringen. Es gibt also zahlreiche Möglichkeiten!

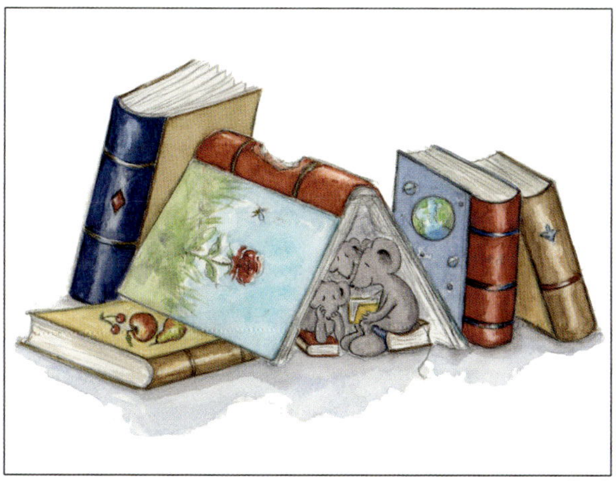

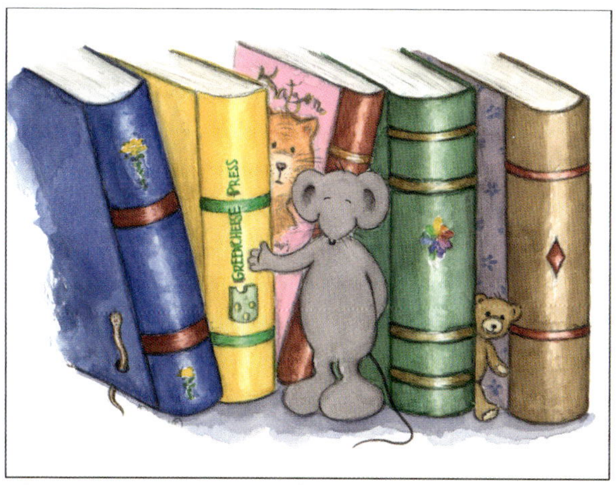

Blattwerk – Variationen

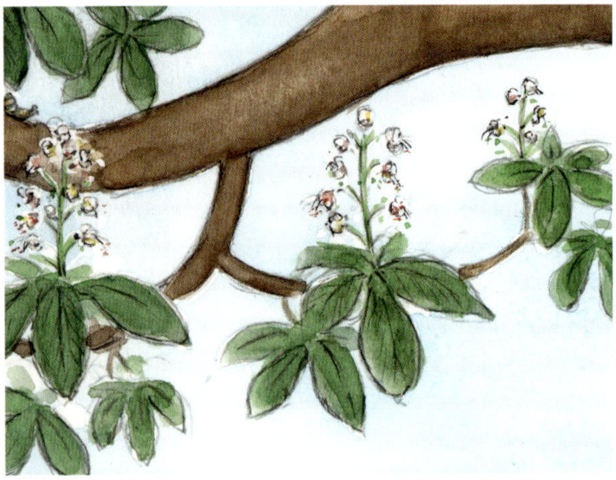

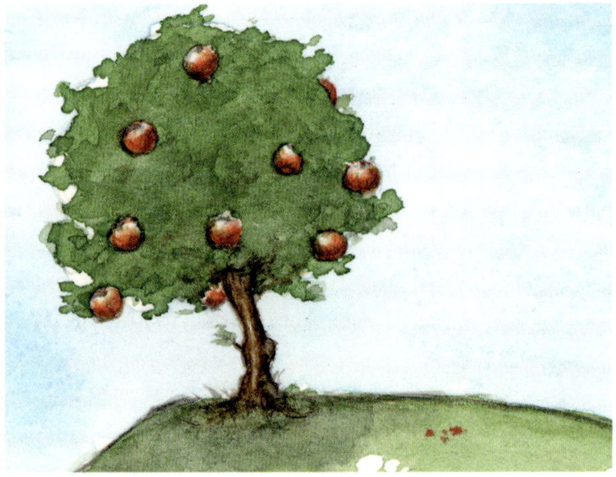

Wenn es darum geht, konkret bezeichnete Baumarten darzustellen, sollten Sie sich an der Realität, d. h. an der Natur orientieren, wie in diesem Beispiel an den Blättern und Blütenkerzen des Kastanienbaums.

Auf Gesamtbildern, in denen der Baum einen Motivteil und nicht das Zentralthema darstellt, ist es ausreichend, das Blattwerk als Gesamtheit in mehreren Grüntönen mit der typischen unregelmäßig geformten, stilisierten Baumkrone zu illustrieren und ggf. durch Früchte zu ergänzen.

Wiese – Variationen

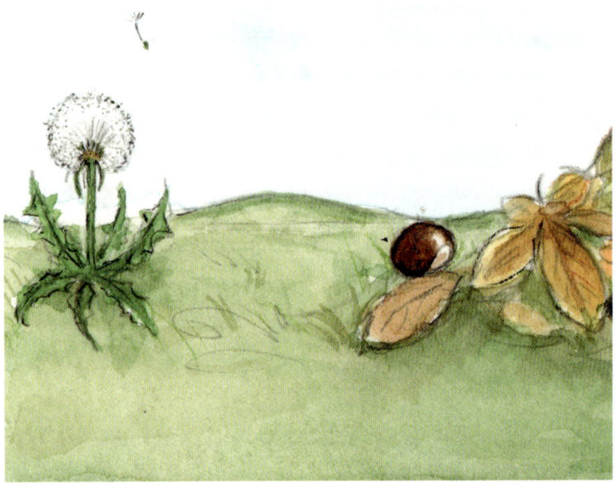

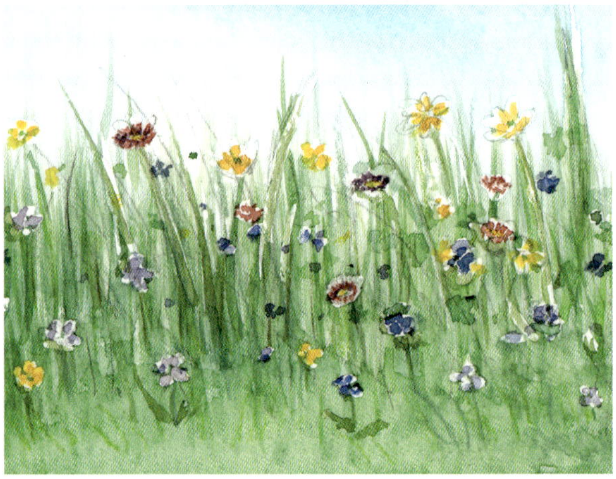

Wiesen oder Gras können entweder flächig angelegt werden oder in ausgearbeiteten Details. Es hängt davon ab, ob Sie dem Betrachter einen Blick aus der Ferne zeigen möchten oder aus der Nähe, wobei dann einzelne Grashalme oder Blumen deutlich zu erkennen sind. Der Blick aus der Distanz zeigt gröbere Strukturen wie Bodenunebenheiten, Hügel, Vertiefungen, Gras oder Moosflächen sowie Sträucher. Blumen sind hier nur noch als weiße oder bunte Punkte zu erkennen, die Sie beim Anlegen der Wiesenflächen mit Maskierfilm aussparen. Denken Sie dabei an die Perspektive.

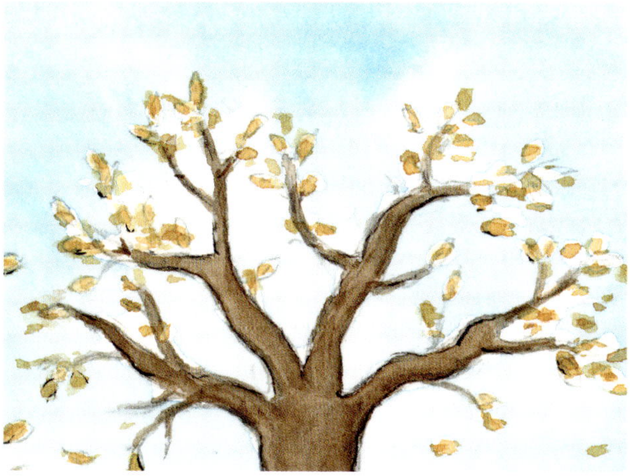

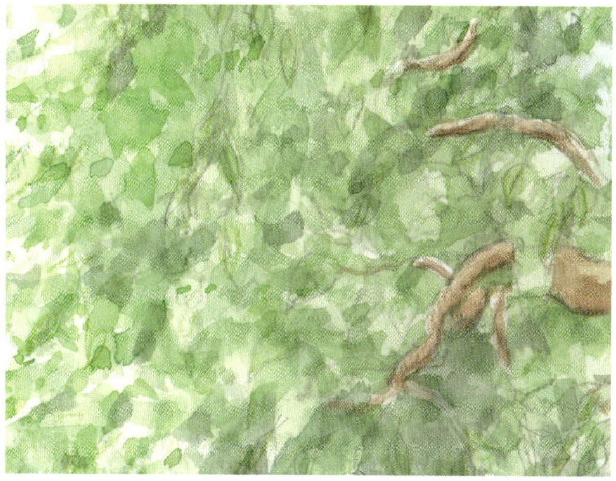

Geht es darum, eine Jahreszeit mittels eines Baumes darzustellen, ist es sinnvoll, das jeweils Typische, z. B. das hier vereinzelt noch an den Ästen verbliebene oder gerade sich lösende und davonfliegende Laub in den herbstlichen, gelb-rötlichen Farbtönen abzubilden.

Geht es um ein Geschehen, bei dem das Laub nur den Hintergrund eines Motivs oder eines Geschehens bildet, kann auf genaue Darstellung verzichtet und das Blattwerk locker getupft werden.

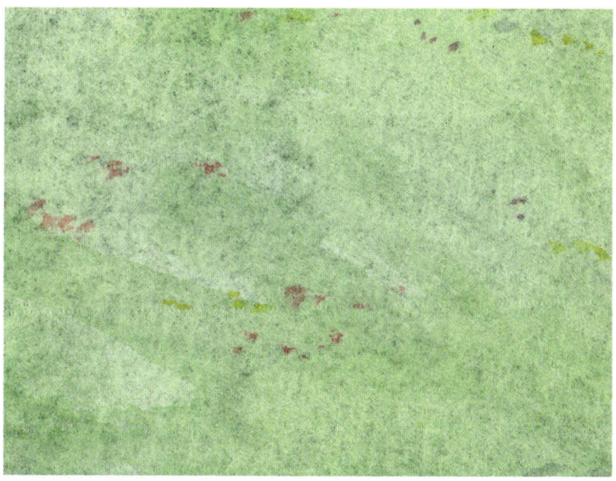

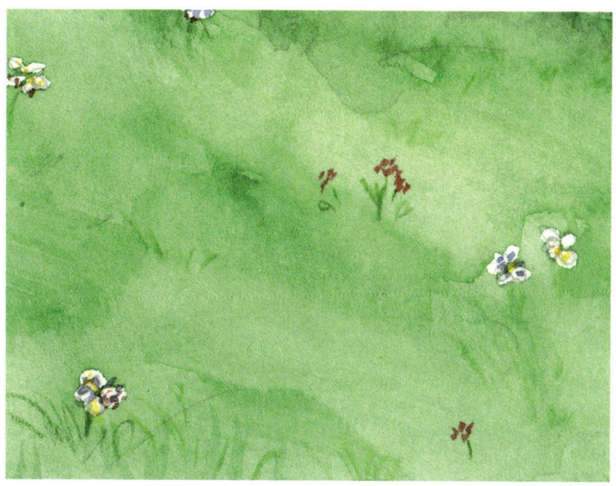

Blumen aus der Entfernung sind nicht rund, sondern wirken durch die perspektivische Verkürzung oval. Als Wiesenfarben kommen sämtliche Grüntöne, aber auch Blau oder Hellviolett in Frage. Beim Blick aus der Nähe können Sie die Besonderheiten einzelner Gräser oder Wiesenblumen zeigen, vielleicht auch Ihr Bild mit Accessoires anreichern, z. B. mit einem Käfer, den Sie zwischen den Gräsern herumkrabbeln lassen oder mit einem Schmetterling.

Buch – Schritt für Schritt

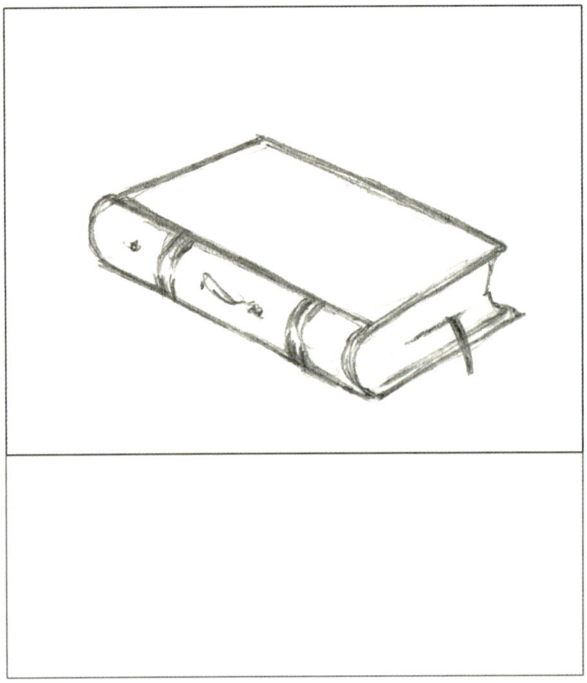

Bleistiftskizze anlegen.

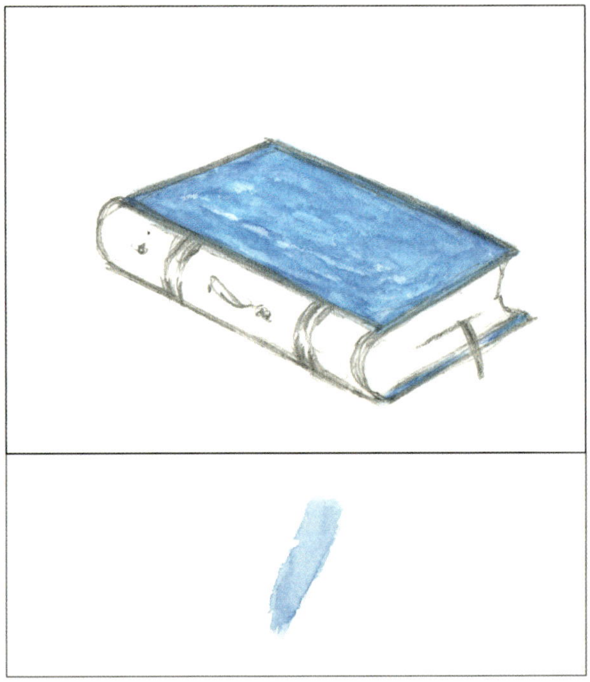

Den oberen Buchdeckel in gemischten Hellblau-Tönen kolorieren. Nicht komplett deckend arbeiten, denn dadurch wird eine raue Leder-oder Umschlagpapier-Oberfläche imitiert. Den an der Unterseite hervorschauenden Rand des umseitigen Deckels in der gleichen Farbe anlegen.

Bücher – Variationen

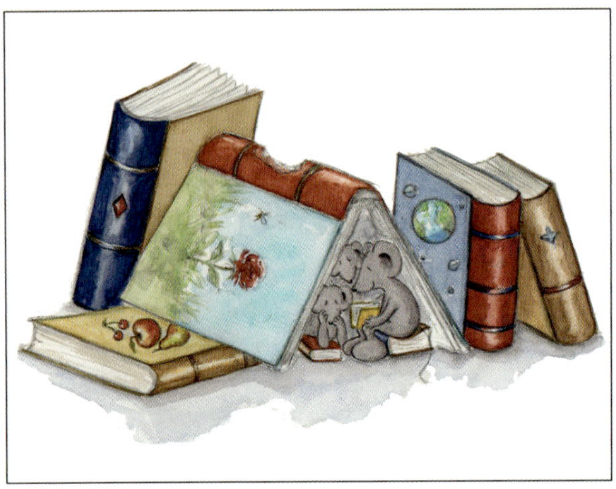

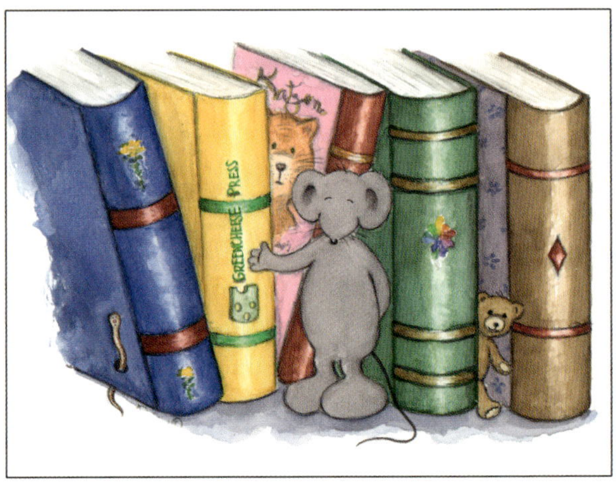

Bücher gibt es in so vielen Ausführungen, dass hier nur eine kleine Auswahl gezeigt werden kann. Paperback-Ausgaben werden nicht berücksichtigt, weil sie optisch nicht so ansprechend sind wie die fest gebundenen Bücher, die meist bibliophiler, d. h. aufwendiger und schöner ausgestattet und damit für die Illustration interessanter sind. Einige typische Merkmale können Sie immer wieder verwenden: z. B. Rücken und Buchdeckel farblich unterschiedlich gestalten. Verzierungen am Rücken anbringen wie beispielsweise Querstreifen in Gold.

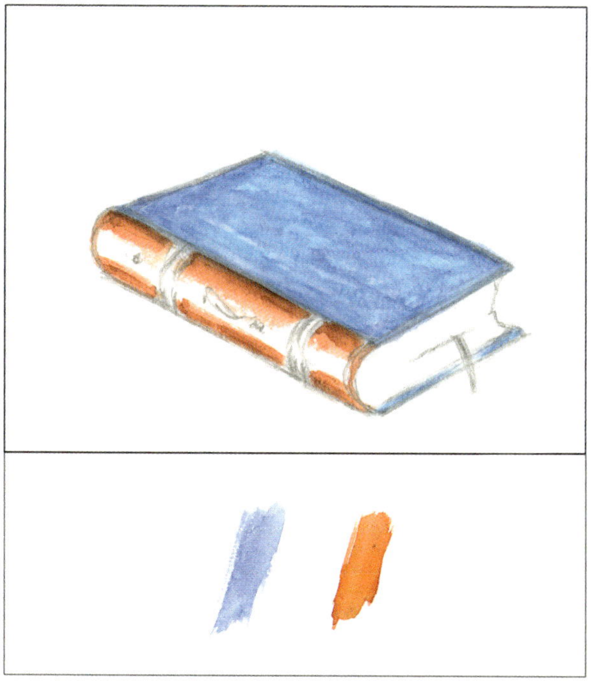

Das Blau des Deckels mit Violett-Blau überlasieren. Für den Buchrücken ein rötliches Braun anmischen und von den Längsseiten her auftragen, sodass in der Mitte ein weißer Streifen stehen bleibt. Dieser bildet später den Lichtreflex.

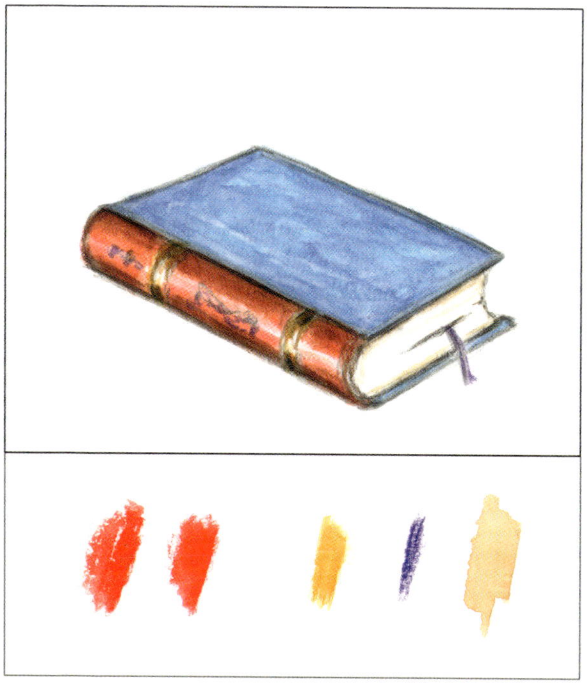

Mit einem kräftigeren Rot den Buchrücken modellieren, dabei den weißen Streifen schmäler werden lassen. Mit Ocker- und Brauntönen die Zierstreifen des Rückens anlegen, auch hier die Mitte als weißen Reflex stehen lassen. Mit Farbstift den Zierschnörkel auf den Rücken malen und ebenso das Lesezeichen-Bändchen kolorieren.

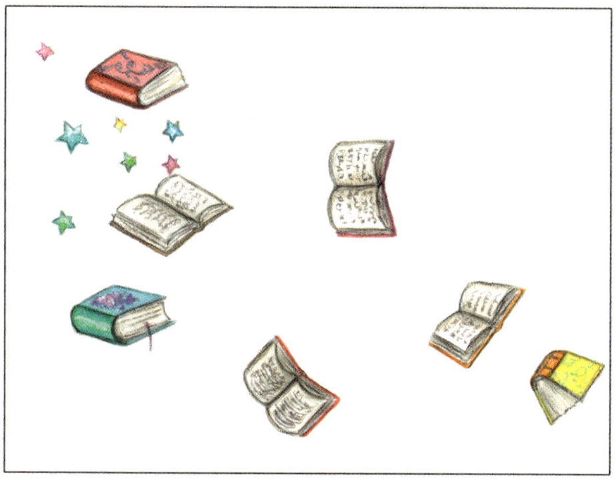

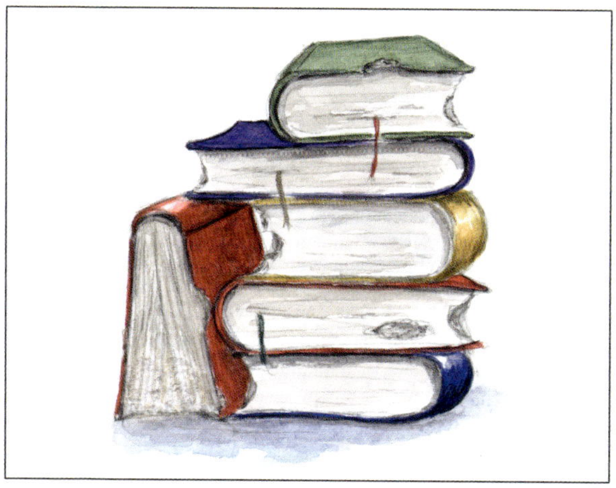

Auch das farbige Lesezeichen-Bändchen, das sich heute noch in besonders schönen Ausgaben findet, ist ein netter Blickfang, wenn es bunt aus dem in Altweiß kolorierten Schnitt des Seitenblocks heraushängt. Achten Sie beim Drapieren Ihrer Bücher auf die perspektivische Verkürzung. Die in den Bildhintergrund gewendete Buchseite erscheint dem Betrachter schmaler. Stapeln Sie ruhig ein wenig unordentlich, das wirkt lebendiger, als wenn alle Bücher zur gleichen Seite ausgerichtet sind.

Feuer – Schritt für Schritt

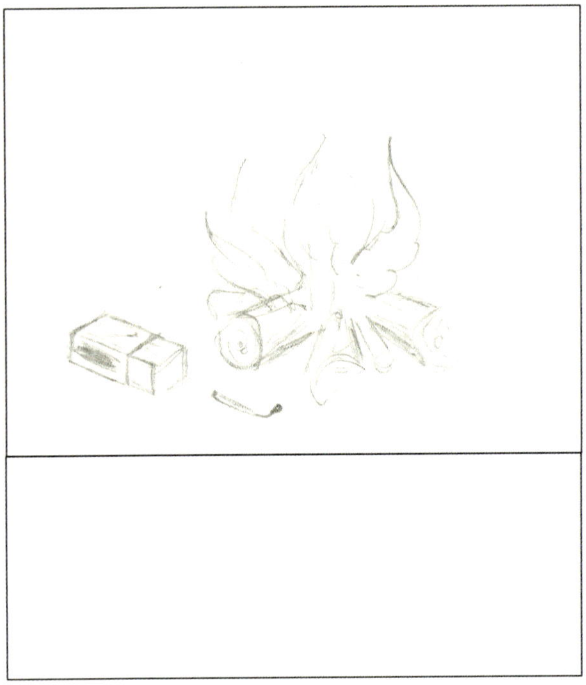

Bleistiftskizze anlegen.

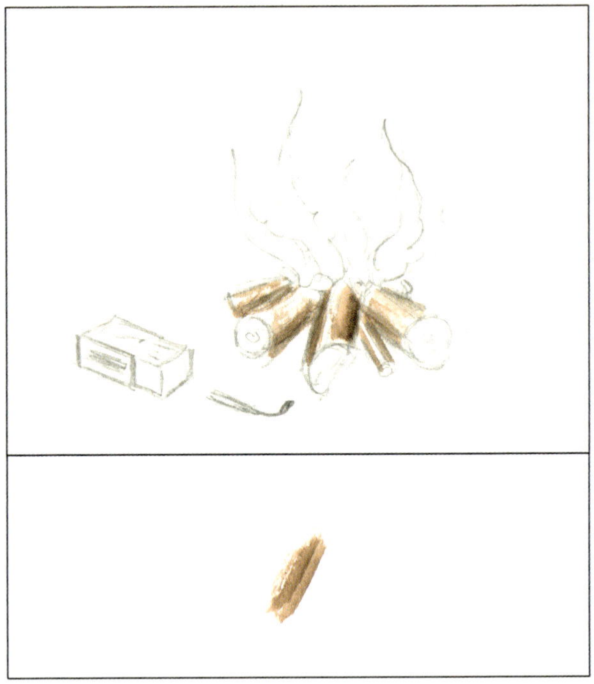

Kolorieren Sie die Außenseiten der Holzscheite in Brauntönen. Arbeiten Sie dabei wieder von der Seite zur Mitte und lassen Sie dort einen weißen Längsstreifen stehen für den Lichtreflex.

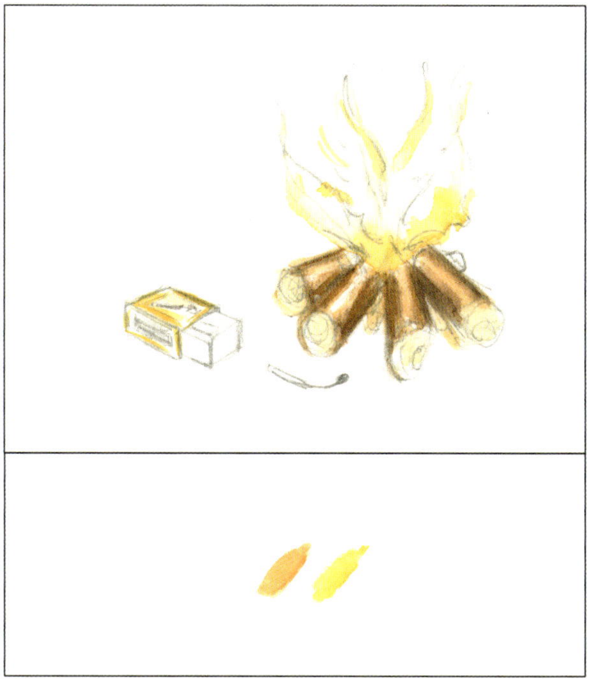

Lasieren Sie mit Ocker über das Braun der Scheite, das gibt dem Holz einen wärmeren Ton. Legen Sie die äußeren Flammenseiten mit einer Ocker-Gelb-Mischung an. Folgen Sie mit dem Pinsel den züngelnden Bewegungen. Kolorieren Sie die Schnittkanten der Scheite in einem hellen Gelb. Legen Sie die Streichholzschachtel in Ockertönen an.

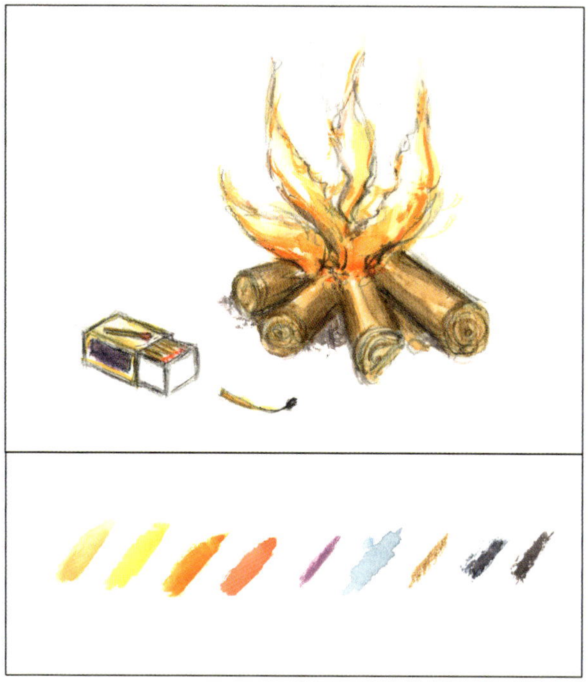

Vertiefen Sie den Farbton der Flammen. Legen Sie rötliche Töne in den unteren Feuerbereich und in die Flammenspitzen. Lassen Sie in der Mitte einige weiße (weiß glühende) Stellen frei. Ziehen Sie die Außenkonturen der Flammen und der Holzscheite mit feinem Neutraltinte-Strich nach. Legen Sie blau-schwarze Schatten und ein bisschen Ruß unter die Scheite. Zeichnen Sie mit Farbstift die ringförmige Maserung der Scheit-Vorderseiten ein. Kolorieren Sie die Streichholzschachtel sowie das abgebrannte Streichholz zu Ende. Wenn Sie möchten, lassen Sie einen geschwungenen Bogen aus klarem Wasser über der Feuerstelle aufsteigen und lassen Sie ein wenig Hellblau hineinlaufen. So entsteht eine Rauchsäule.

Gold – Schritt für Schritt

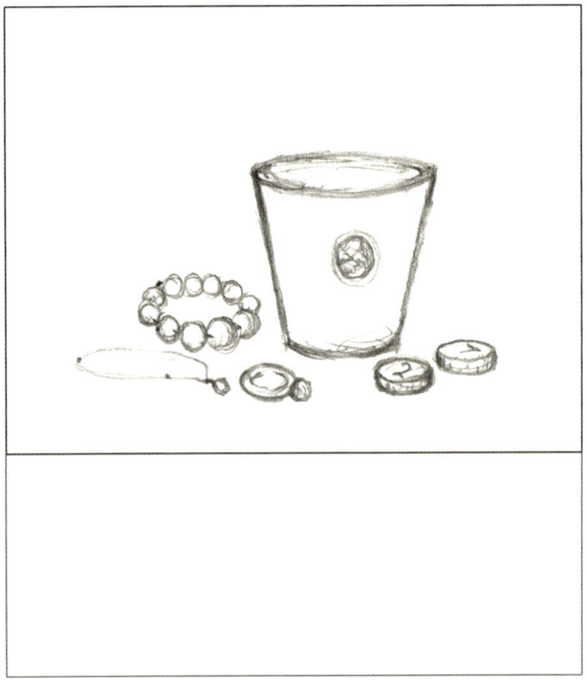

Bleistiftskizze anlegen.

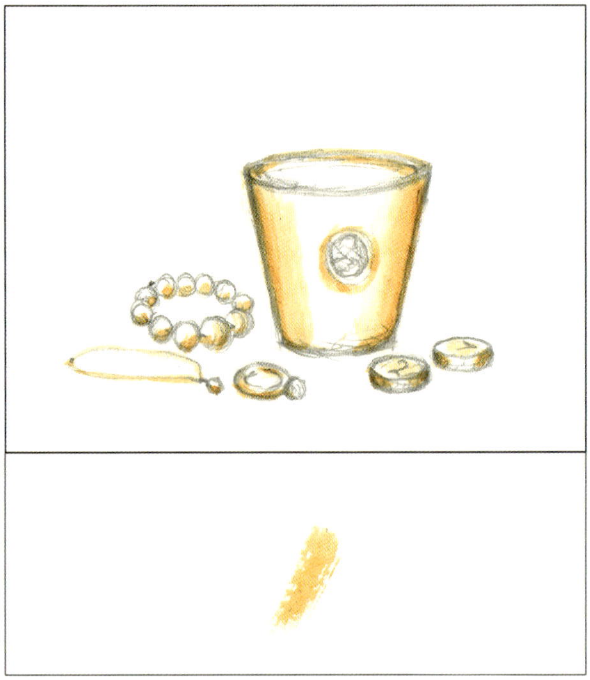

Die Gegenstände in einem hellen Ockerton von den Außenrändern zur Mitte hin heller werdend kolorieren. Dabei den Konturen folgen, je nach Gegenstand rund oder gerade. Der Mittelbereich bleibt jeweils weiß für den Lichtreflex.

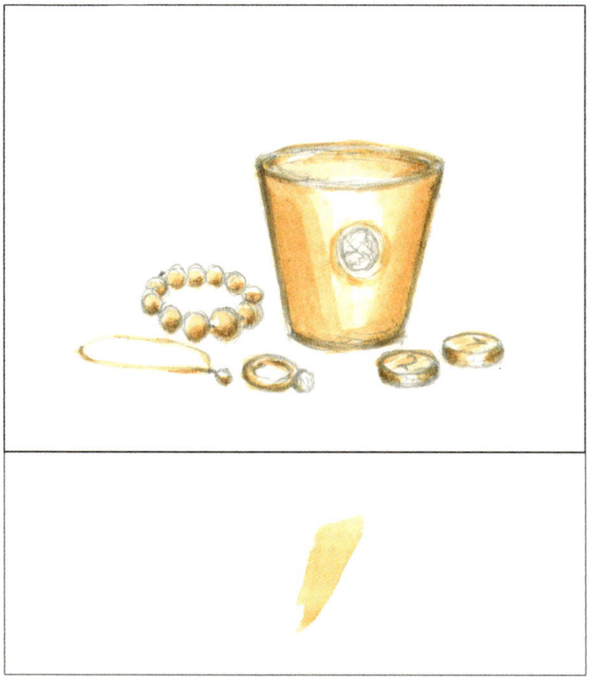

Mit dunklerem Ocker die Seiten weiter vertiefen und damit den Kontrast erhöhen.

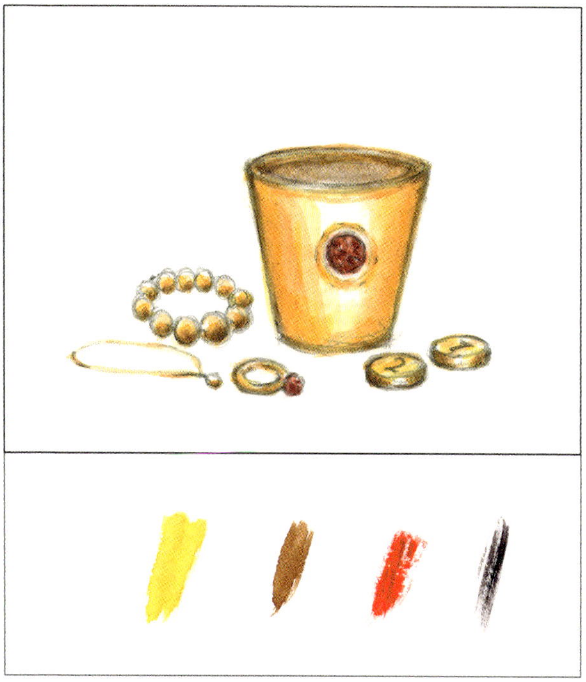

Die seitlichen Schatten mit Braun abdunkeln und vertiefen. Mit einer leichten Ockerlasur den Übergang zwischen den dunklen Seiten und der weißen Mitte sanft verwischen. Die roten Edelsteine an Becher und Ring anlegen. Alles mit Farbstiften zart nacharbeiten und akzentuieren.

Haut und Haare – Schritt für Schritt

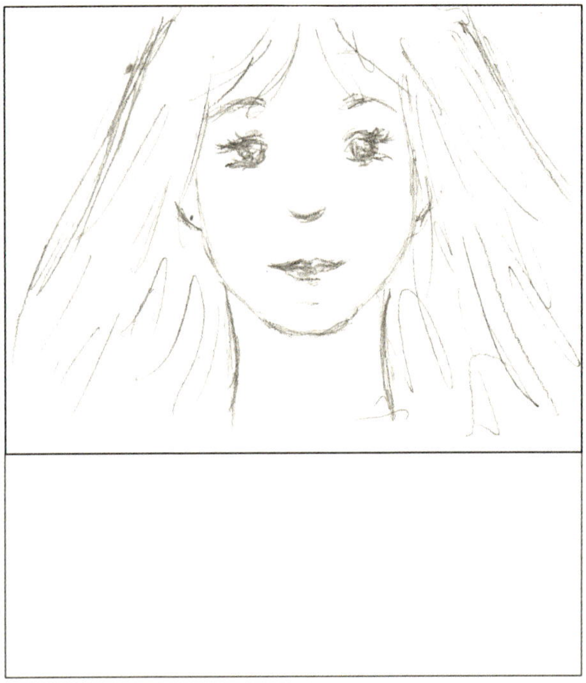

Bleistiftskizze anlegen.

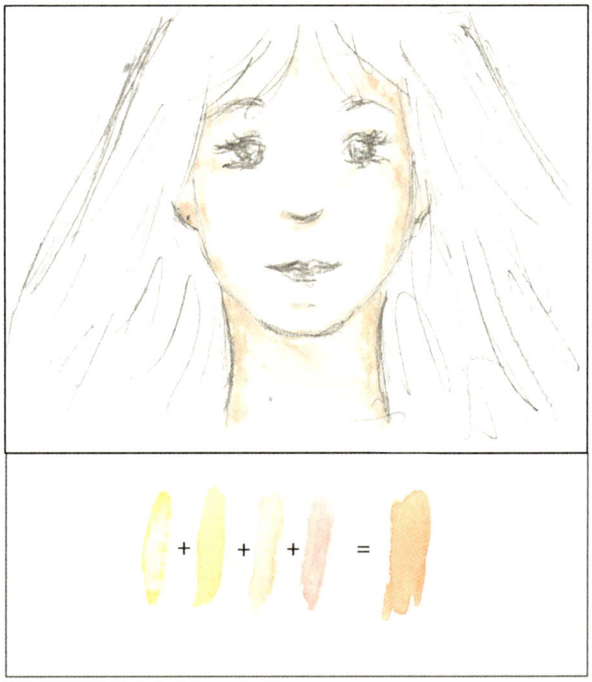

Das Gesicht in einer Mischung von Weiß-Gelb-, Rosa-, Zartbraun- und Ockertönen sehr zart lasiert anlegen, wobei in mehreren Lagen die Konturen modelliert werden. Außenseiten der Wangen und der Hals werden dunkler als die Gesichtsmitte.

Jugendliche – Variationen

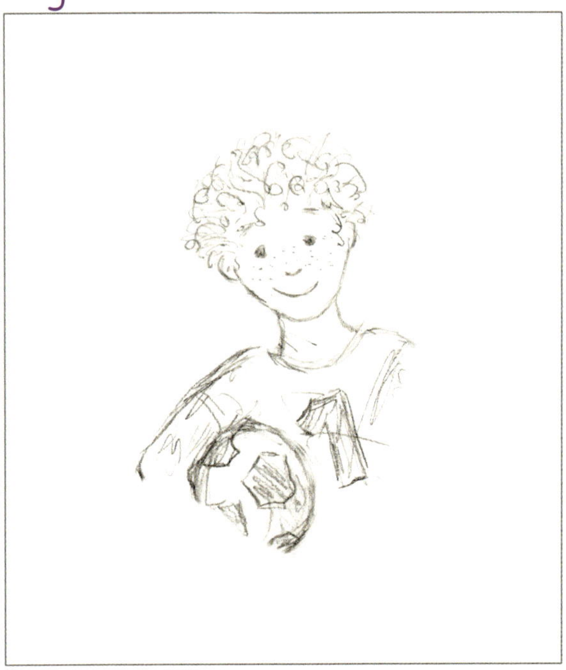

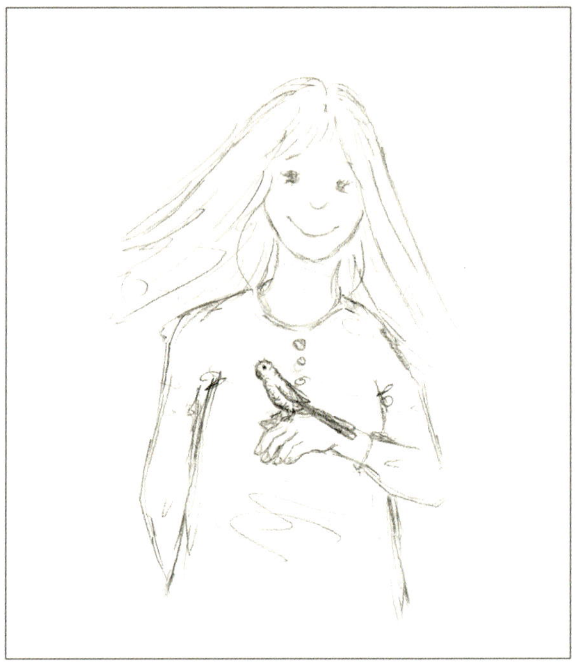

Bei allen vier Jugendlichen sind die Gesichtszüge stark vereinfacht. Illustration ist keine Porträtmalerei. Es kommt eher darauf an, den Typ zu zeigen, um den es geht: z. B. Lausbub, fröhliches junges Mädchen, …

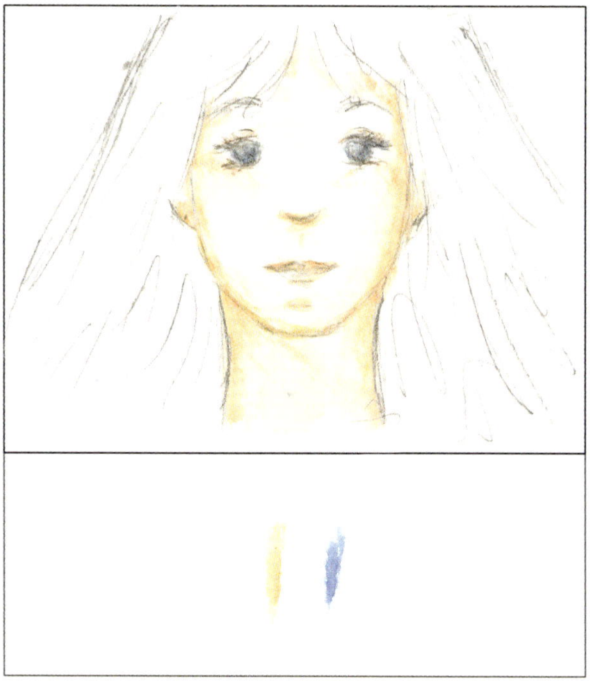

Mit einem zarten bräunlich-weißen Ockerton die Kontraste herausarbeiten. Die Augen werden in einem Blau-Grauton angelegt.

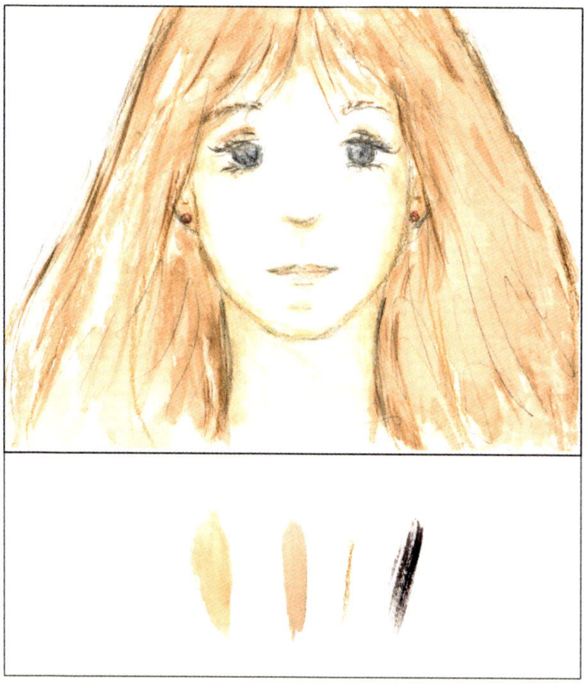

Den Mund sehr leicht in einem zarten Bräunlich-Rosa nachzeichnen. Haarsträhnen in einer Mischung von hellen Brauntönen lasierend anlegen. Augenbrauen im gleichen Ton stricheln. Augen, Gesicht und Haar mit Farbstiften zart nacharbeiten und akzentuieren.

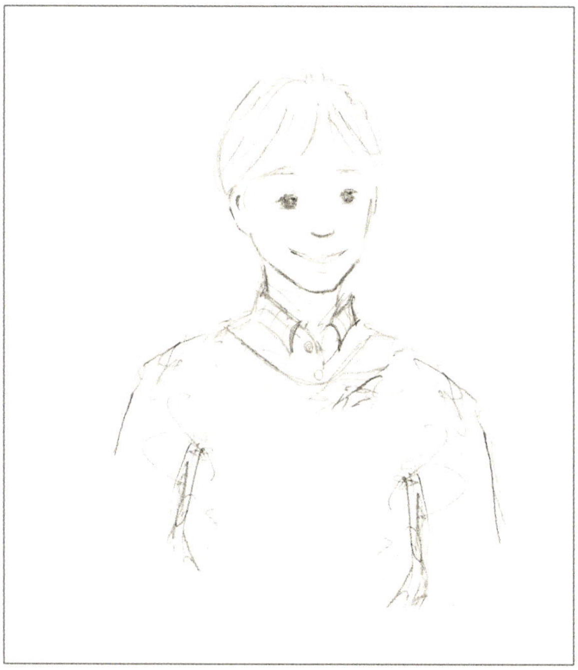

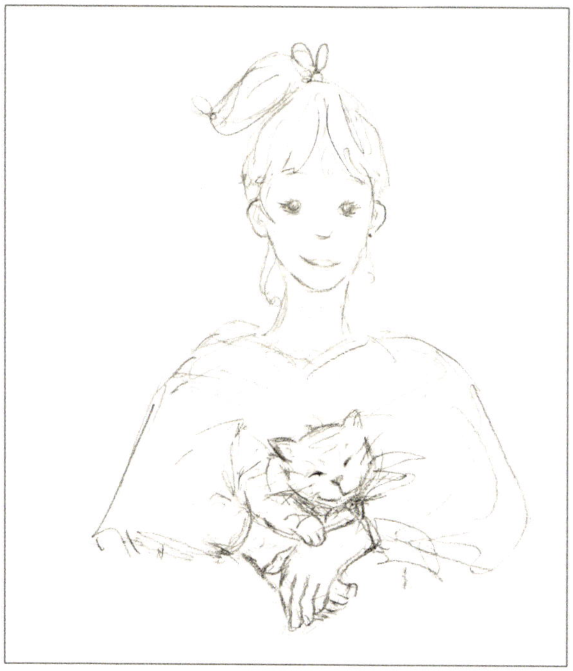

... großer Bruder oder junge Dame. Begleitende Accessoires wie Spielzeug, Haustiere etc. können helfen, den Typ deutlicher zu gestalten.

Licht und Schatten – Schritt für Schritt

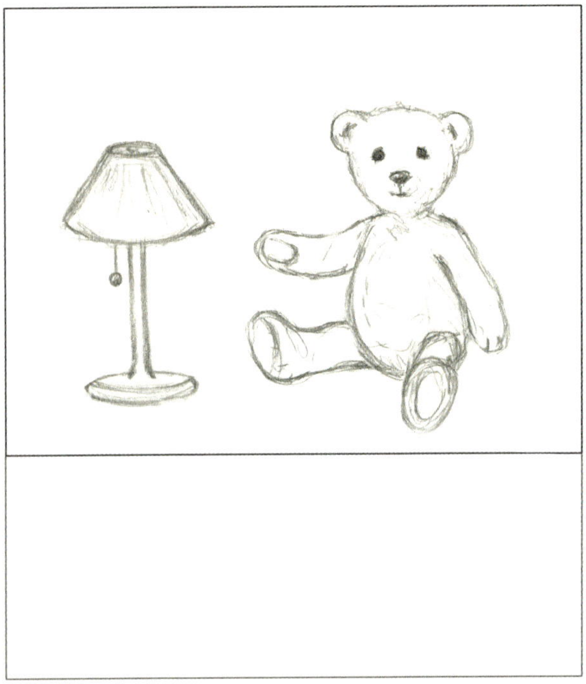

Bleistiftskizze anlegen.

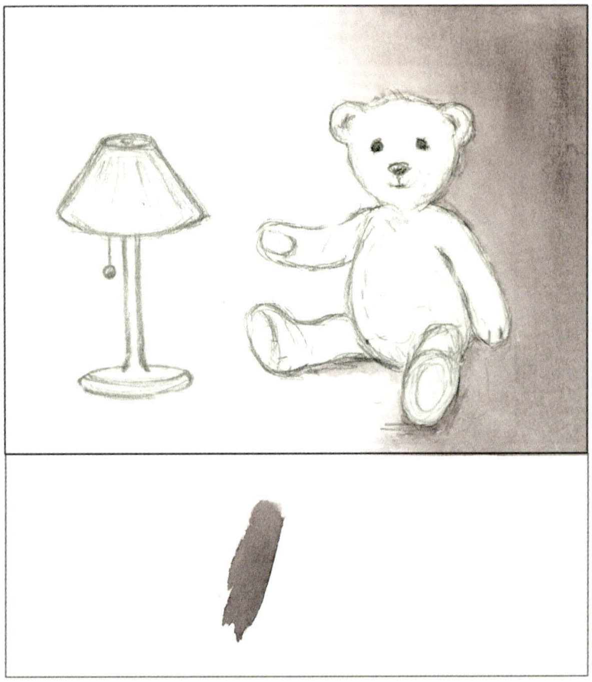

Von der dem Licht abgewandten Seite her mit Neutraltinte einen Schattenverlauf anlegen, der von der dunkelsten oberen rechten Ecke nach links unten hin heller wird.

Licht und Schatten – Variationen

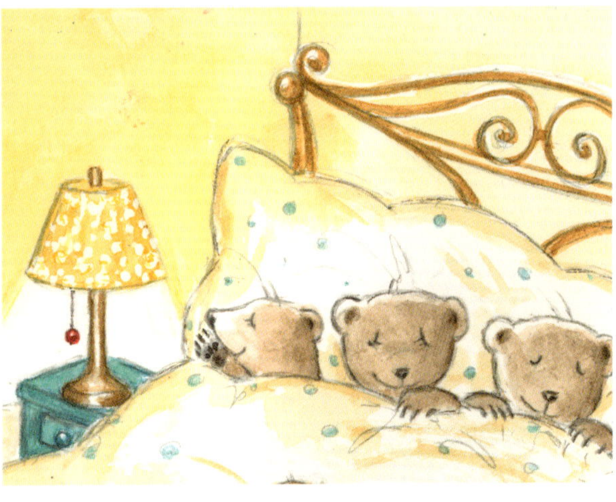

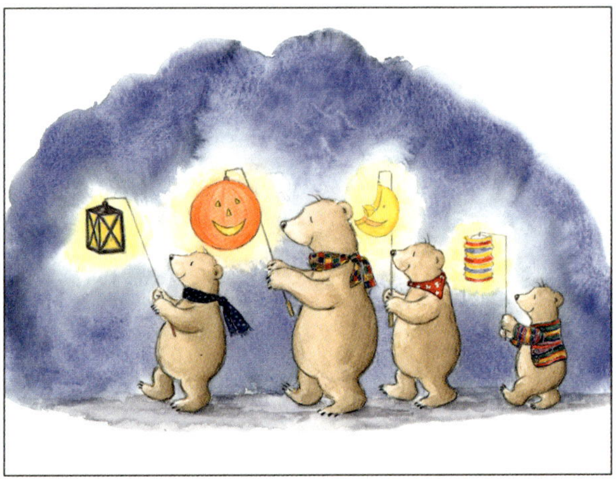

Beim Illustrieren von Licht immer darauf achten, aus welcher Richtung es kommt. Ob es sich um natürliche Lichtquellen wie den Mond, eine Kerze oder um ein Feuer handelt oder um elektrische Beleuchtung macht insofern einen Unterschied, als dass die Farbe bzw. die Wärme oder Kälte des Lichts und somit sein gestalterischer Einfluss auf die Umge-

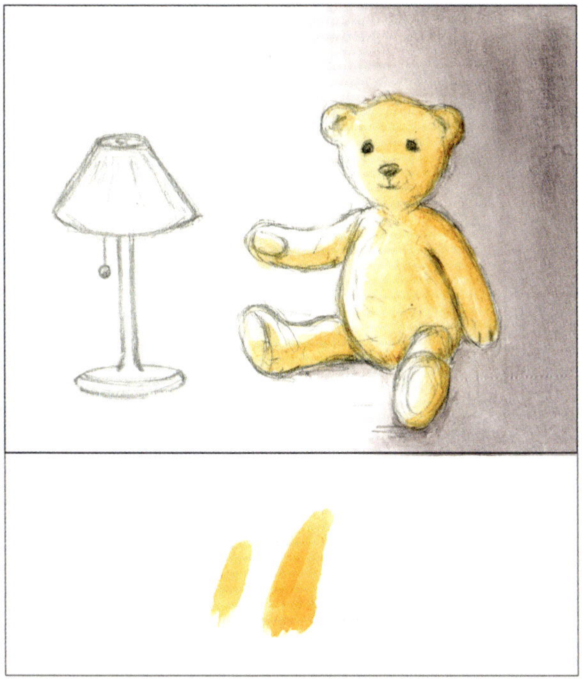

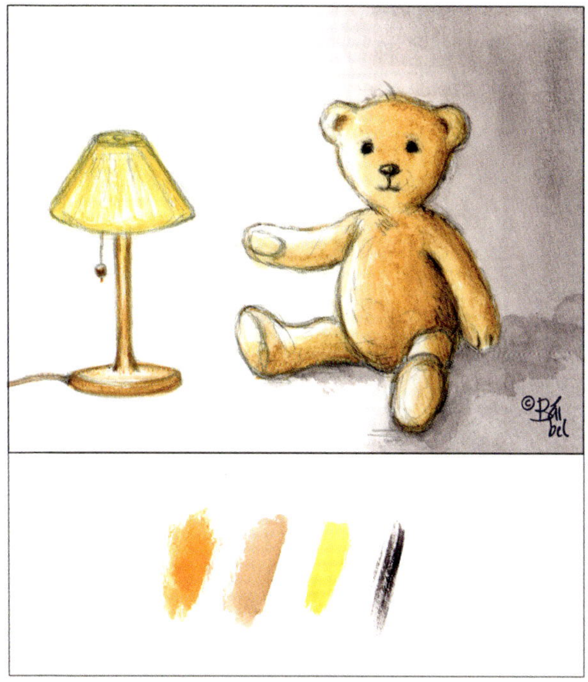

Den Bären von der dem Licht abgewandten Seite her in einem warmen Ockerton kolorieren, diesen nach links hin ins Helle verlaufen lassen. Der der Lampe zugewandte äußere Streifen des Bären bleibt ganz weiß.

Mit dunklen Ocker- und Brauntönen die rechte Bärenseite weiter abschattieren und modellieren. Mit Neutraltinte Augen, Nase und Mund des Bären zeichnen und die Konturen verstärken. Schatten des Bären unter den Beinen und hinter dem Rücken anlegen. Die Stehlampe in Ocker und Gelb kolorieren. Nicht deckend arbeiten, sondern gelb-weiß von oben nach unten stricheln, das ergibt mehr Lichtwirkung. Auf die Lichtreflexe in der Mitte des Stabs und auf der Oberfläche des Lampenfußes achten.

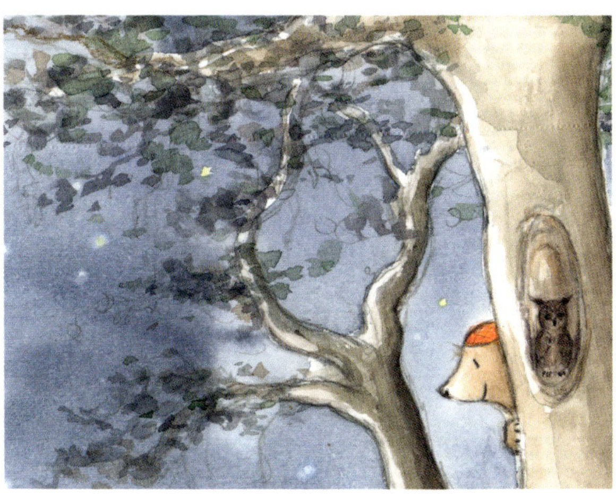

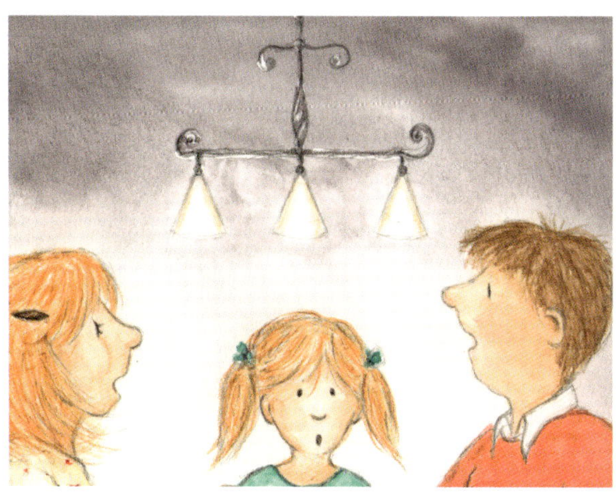

bung variiert, vom bläulich-kühlen Schein des Mondlichts über den weißen Schein einer Glühbirne bis zum rötlichgelben Schimmer einer Kerze oder eines Feuers. Durch das Herausarbeiten der Licht- und Schattenseiten Ihrer Motive können Sie viel für die atmosphärische Dichte Ihrer Illustration tun.

Wolken – Schritt für Schritt

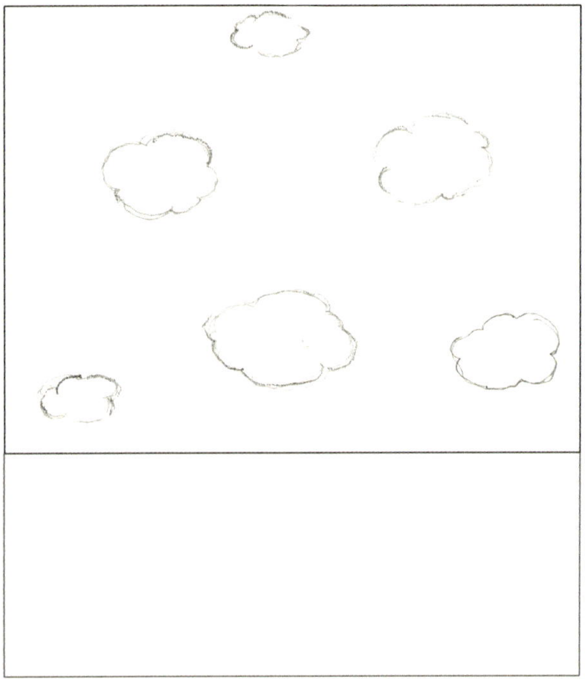

Bleistiftskizze anlegen.

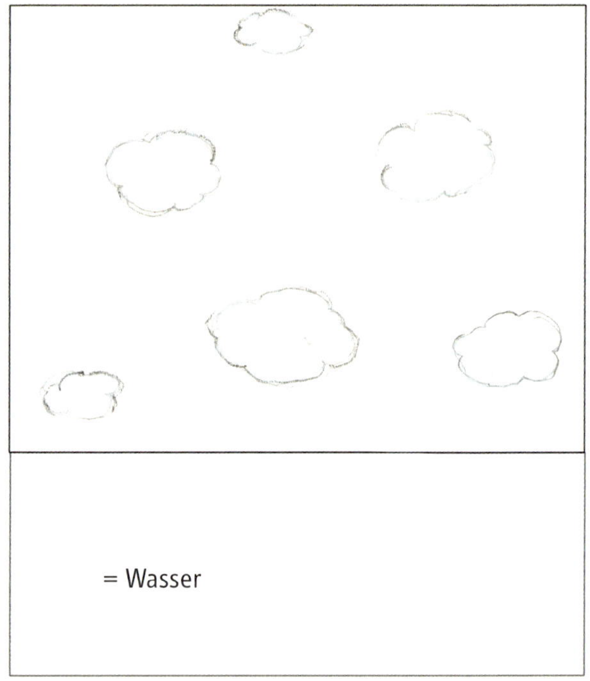

Die Innenseiten der Wolkenformen mit einem spitzen Pinsel mit Wasser umranden. In der Mitte einen kleinen Bereich frei lassen.

Himmel – Variationen

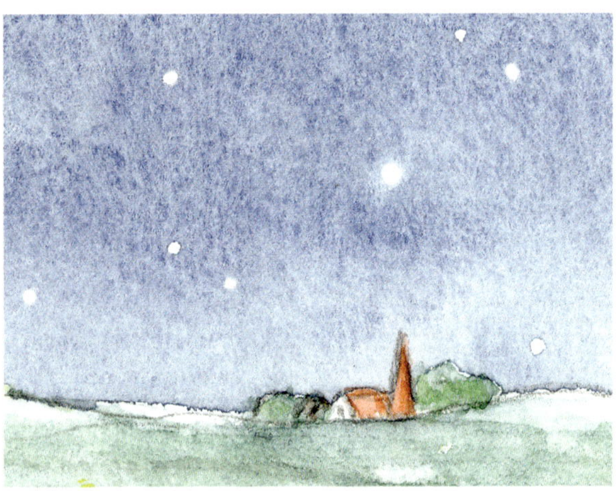

Die Gestaltung eines Himmels lässt fast alle Möglichkeiten offen. Je nach Wetter, Tages- oder Jahreszeit kommen Blau-, Türkis- Rot- und Rosa-, Gelb-, Violett- und Schwarztöne infrage, die lasierend oder deckend, einzeln oder kombiniert in

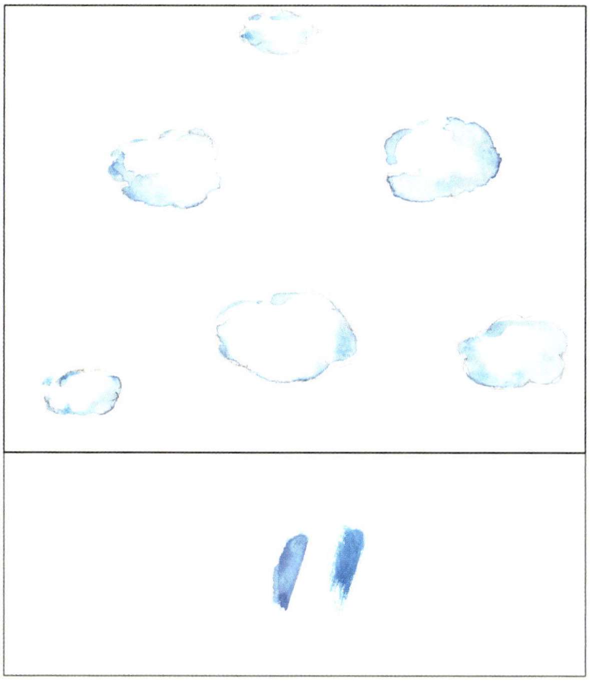

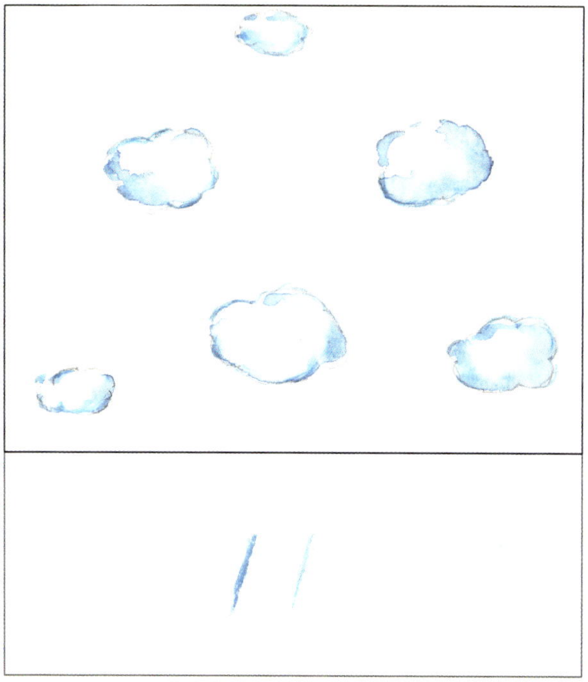

In die mit Wasser angefeuchteten Flächen von den Außenrändern her hellblaue Farbe hineinlaufen lassen, sodass die Farbe, zur Mitte hin heller werdend, sich von allein verteilt. Gut trocknen lassen.

Kolorierte Wolken vorsichtig nachbearbeiten und intensivieren, sofern erforderlich. Zum Schluss mit Farbstift zart konturieren.

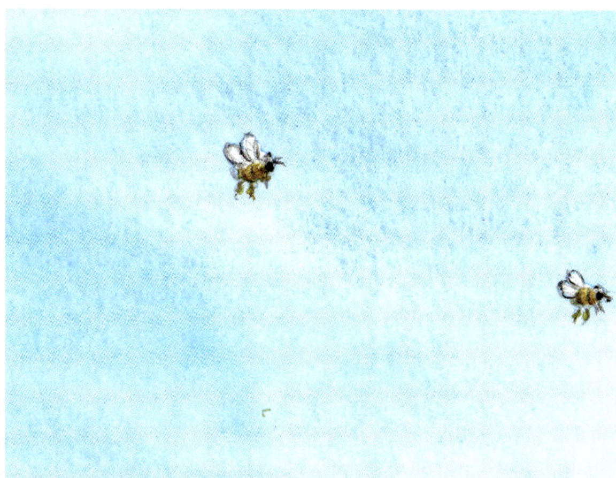

wolkiger oder verlaufender Form aufgetragen werden können, meist in Nass-in-Nass-Technik. Lassen Sie sich von der Natur inspirieren und haben Sie keine Angst vor Experimenten!

Obst – Schritt für Schritt

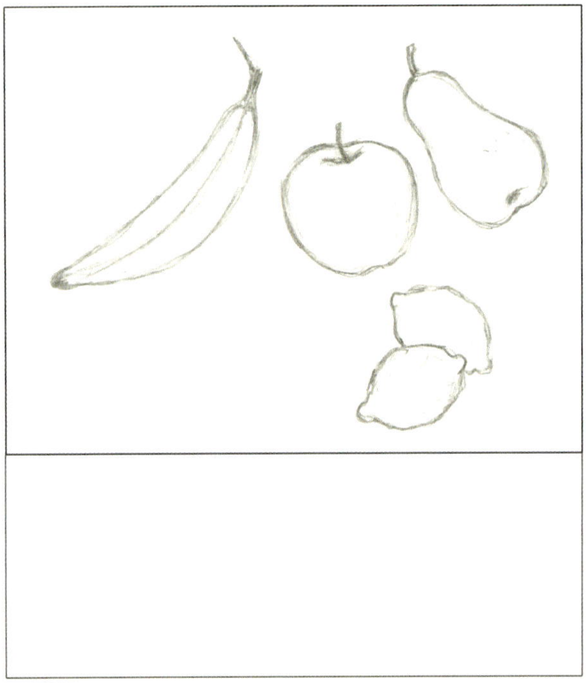

Bleistiftskizze anlegen.

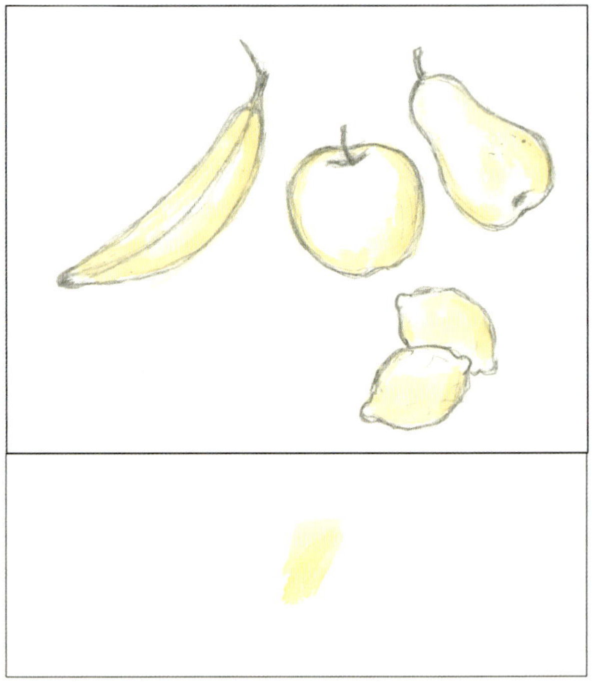

Alle Früchte seitlich mit einer hellen weiß-gelben Lasur anlegen, die Mitte bleibt jeweils weiß für spätere Glanzpunkte.

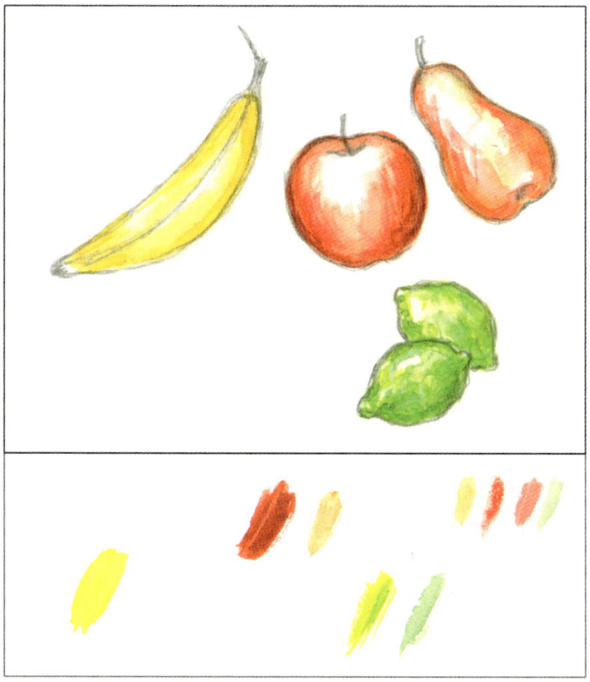

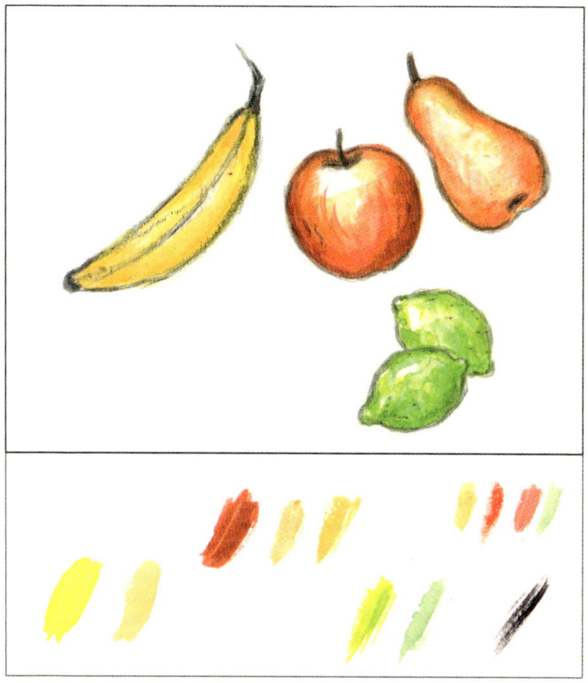

Die Früchte werden nun auf der Basis der ersten gemeinsamen Gelbtönung differenziert. Die Banane in kräftig gelber Färbung kolorieren, weiße Längsstreifen stehen lassen. Den Apfel, den Außenrundungen folgend, mit kräftigen Rottönen von außen nach innen modellieren. Dabei die Mitte für den Glanzpunkt weiß lassen. Die Birne in einer Rosa-Ockertönung kolorieren, ebenfalls von außen nach innen und die Mitte der Länge nach frei lassen. Die Limetten mit hellgrünen und gelben Tupfen gestalten, sodass die höckerige „Orangen"- bzw. Zitronenhaut gut zur Geltung kommt.

Alle Früchte noch einmal mit einer dunkleren Variation ihres Farbtons ausmodellieren und abschattieren. Übergänge zwischen den farbigen und weißen Flächen sanft verwischen. Mit Farbstiften Schatten vertiefen und Konturen überarbeiten. Bei Banane und Apfel die Stiele einzeichnen bzw. verstärken.

Holz – Schritt für Schritt

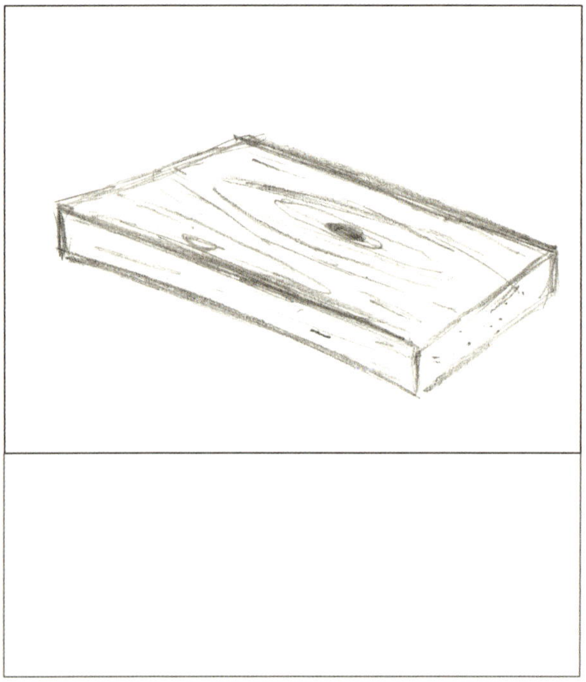

Bleistiftskizze anlegen.

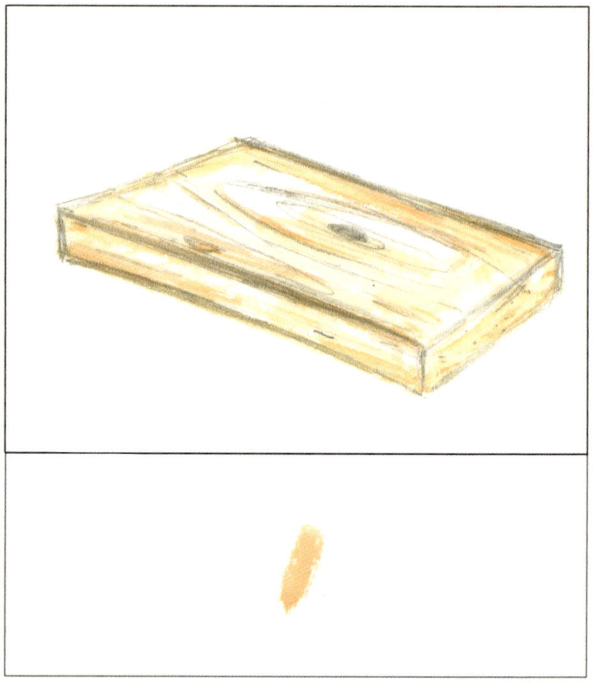

Mit dem nicht zu feuchten Pinsel in einem hellen Gelb-Ockerton locker den Holzstrukturen folgen, dazwischen helle Stellen frei lassen.

Perlen – Schritt für Schritt

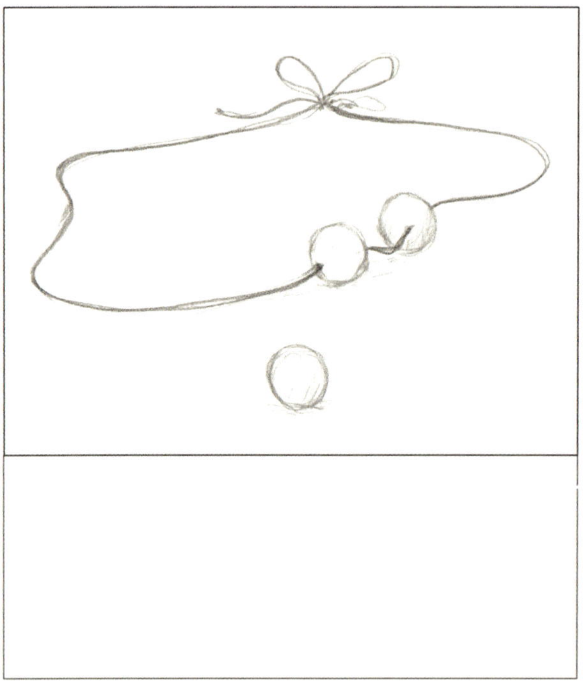

Bleistiftskizze anlegen.

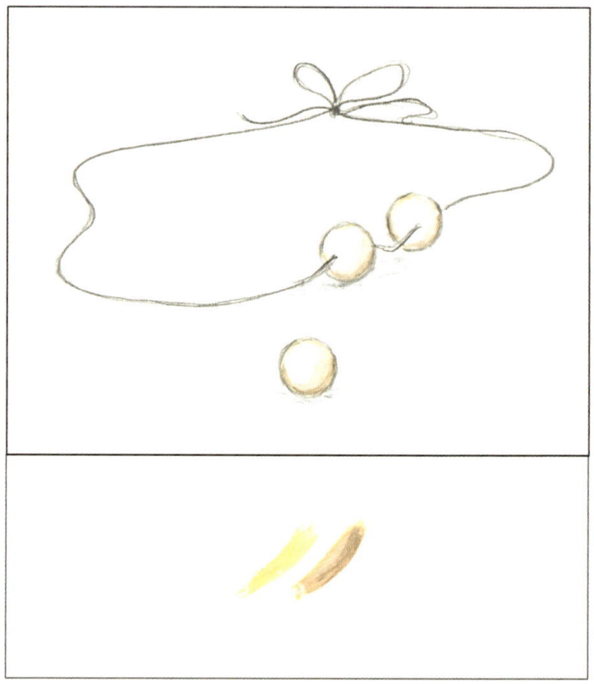

Perlen innen in einem zarten weiß-gelblichen Ton mit einem kleinen Anteil Grau umranden. Die Mitte bleibt weiß für den Glanzpunkt bzw. Lüster, wie das bei Perlen heißt.

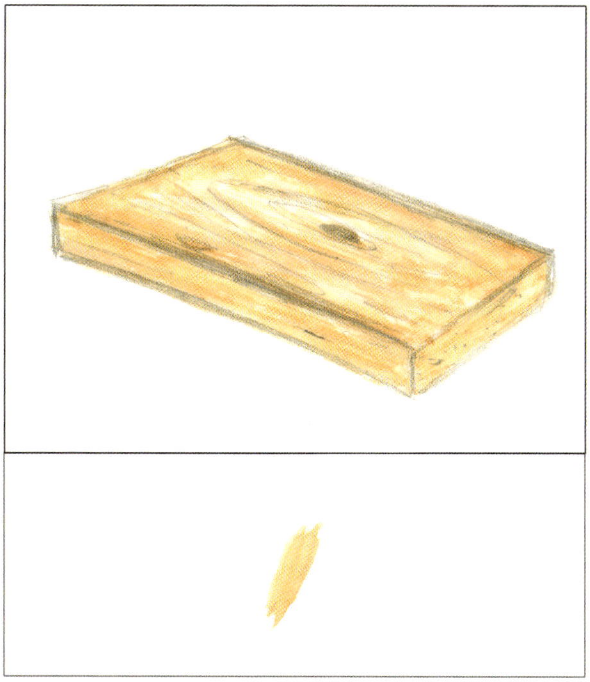

Einen rötlicheren Ockerton anmischen. Die Maserung wieder nachzeichnen, anschließend das gesamte Brett leicht überlasieren.

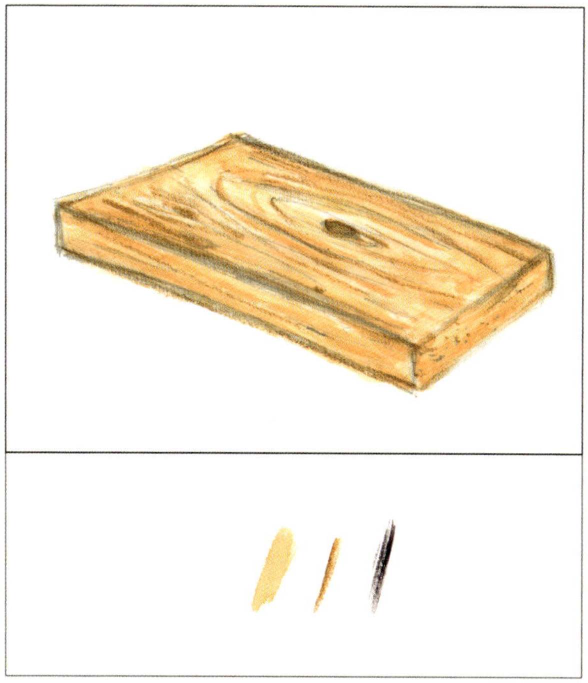

Die Maserung mit Farbstiften im passenden Ton nachzeichnen und verdeutlichen. Astlöcher dunkel anlegen. Alles leicht konturieren.

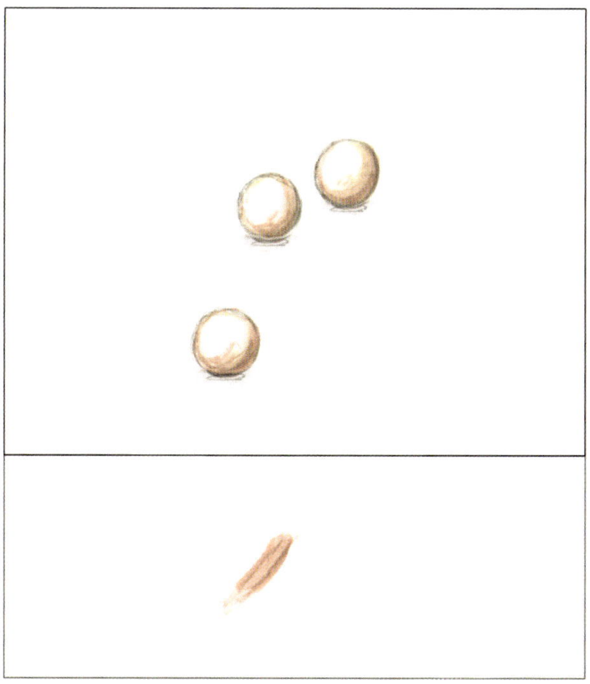

Mit einer Altrosa-Mischung das Weiß-Gelb übermalen und die äußeren Formen der Perlen nachmodellieren.

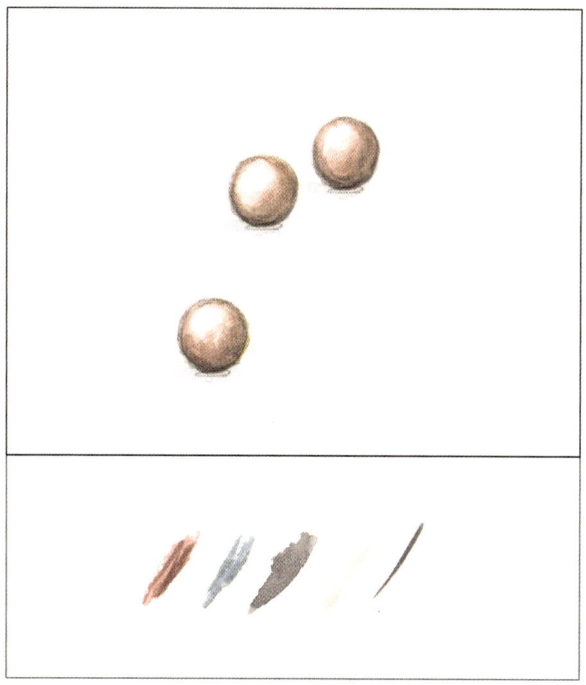

Mit Rot, Hellblau und Neutraltinte einen kräftigeren Rosaton geben. Den Farbverlauf zur weißen Mitte hin verwischen. Die Konturen mit Neutraltinte nachzeichnen.

Seifenblasen – Schritt für Schritt

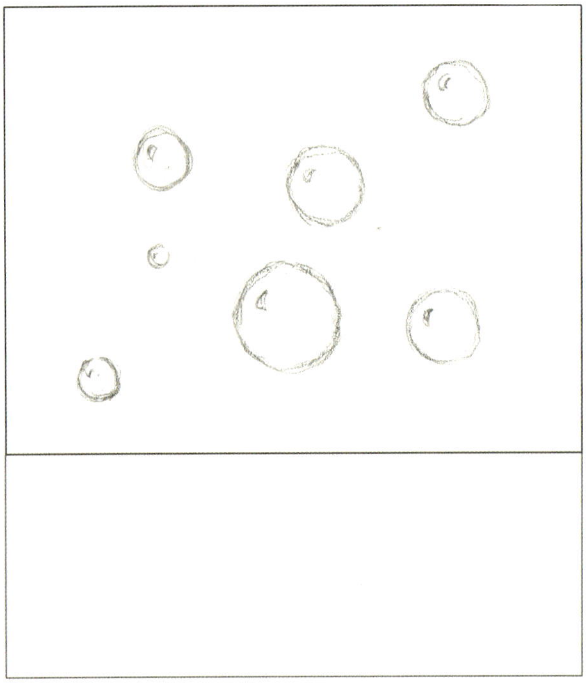

Bleistiftskizze anlegen.

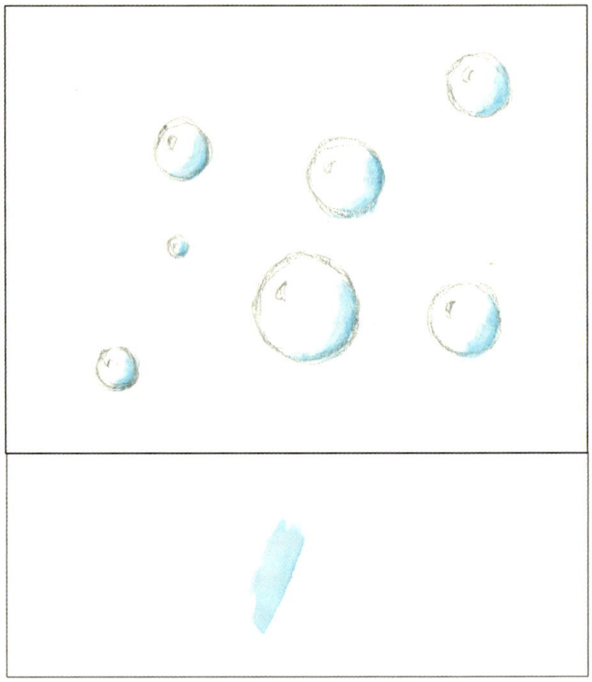

Die Seifenblasen (vor Ihrem geistigen Auge) in vier Viertel aufteilen, z. B. wie das Zifferblatt einer Uhr in vier Viertelstunden. Um bei dem Beispiel mit der Uhr zu bleiben, kolorieren Sie nun das Viertel von 3 bis 6 Uhr an seiner Außenseite mit Türkis oder Hellblau. Das Innere der Blasen bleibt weiß – wegen des Glanzpunktes.

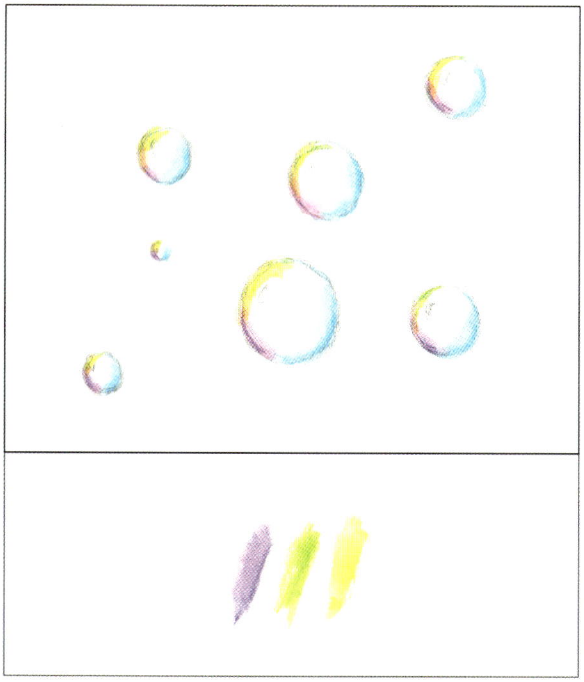

Setzen Sie die Kolorierung in der gleichen Weise „rund um die Uhr“ mit Violett, Gelb und Hellgrün fort, bis die ganze Seifenblase an ihrer Innenseite mit Regenbogenfarben umrandet ist.

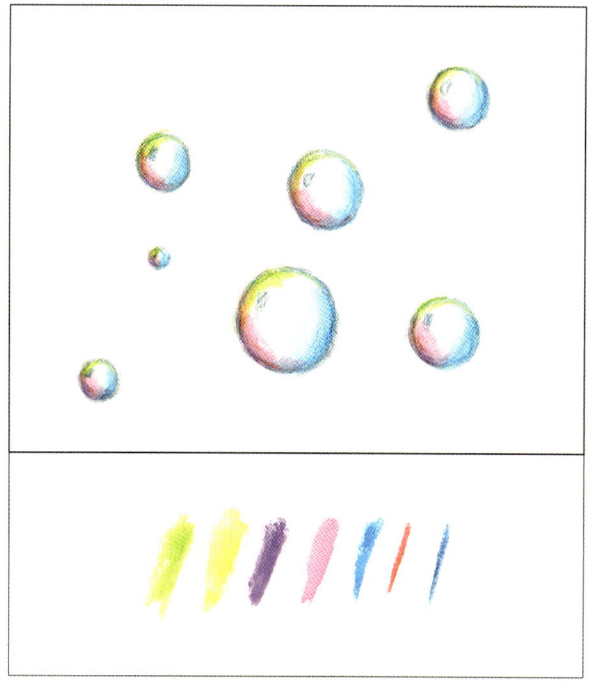

Lassen Sie die Farben nach innen ins Weiße verlaufen, indem Sie die Farben zur Mitte hin leichter auftragen. Verstärken Sie die Außenkonturen mit konzentrierter Mischung und feinerem Pinsel sowie mit Farbstiften der gleichen Farbtöne. Violett kann mit Blau-Rot verstärkt werden. Übergänge zart verwischen. Zeichnen Sie zum Schluss die Lichtreflex-Fensterchen an der Oberseite jeder Seifenblase ein.

Regen und Sonne –Variationen

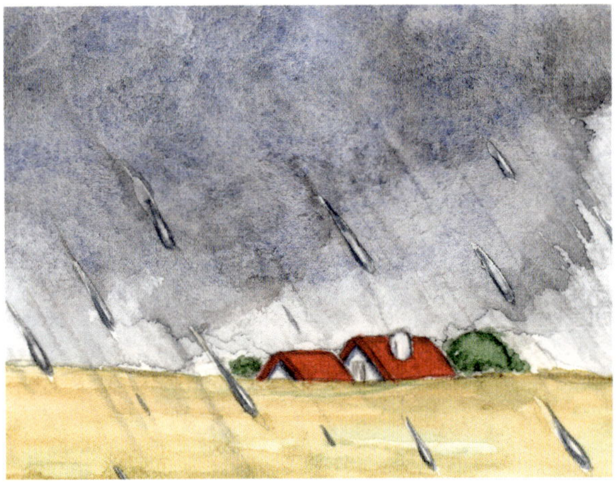

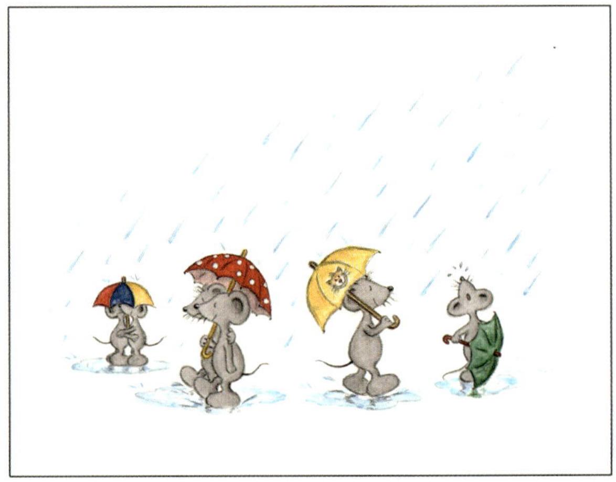

Die Gestaltung von Regen ist auf vielerlei Arten möglich. Ob Sie einzelne glänzende Tropfen modellieren, Schleier in Blau-Grautönen aus dunklen Himmeln stürzen lassen oder schimmernde Pfützen als Überbleibsel eines Wolkenbruchs auf den Boden legen, bleibt Ihrer Fantasie überlassen. Lassen Sie sich von einem Regentag inspirieren.

Schnee – Variationen

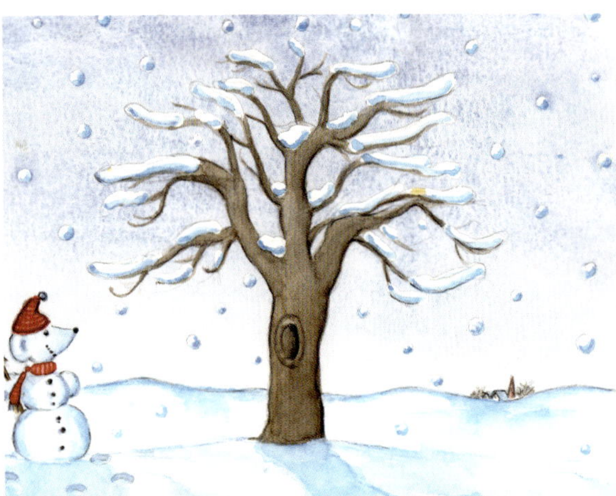

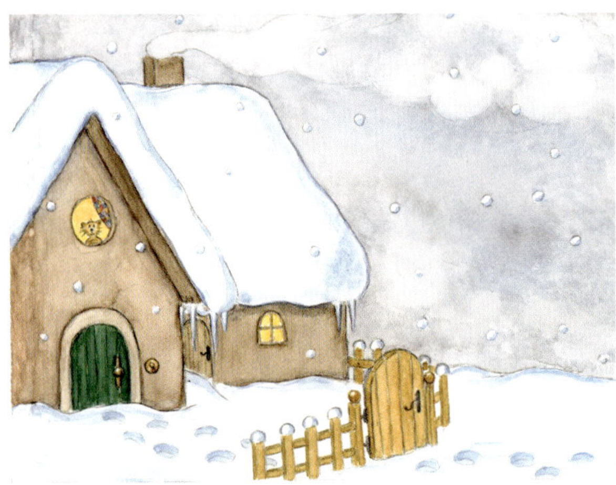

Bei Schneebildern überwiegen naturgemäß die Blautöne und zwar in allen Schattierungen von Türkis über Hell- und Dunkelblau. Gemischt mit ganz wenig Neutraltinte oder Rot wird Violett daraus. Jede Schneestimmung ist anders. Es ist nicht wichtig, ob die Flocken noch fallen oder ob sie schon alles mit einer weichen, flauschigen Schicht überzogen

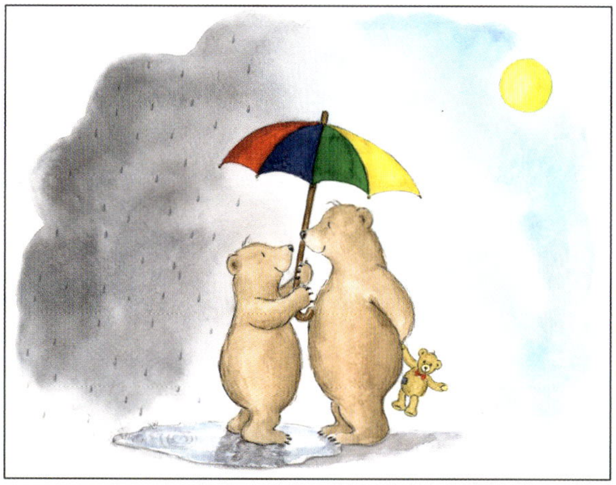

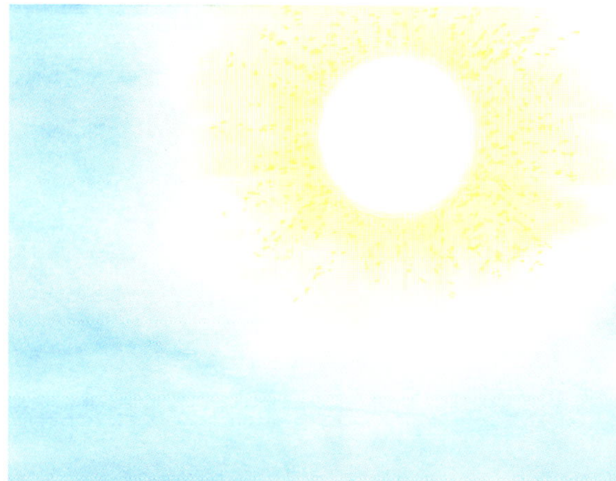

Sonne kann, muss aber nicht im Bild dargestellt werden. Auch wenn sie nicht zu sehen ist, sondern ihre Anwesenheit nur durch Schatten oder leuchtend blauen Himmel zeigt, kann eine Illustration durchaus sonnig wirken.

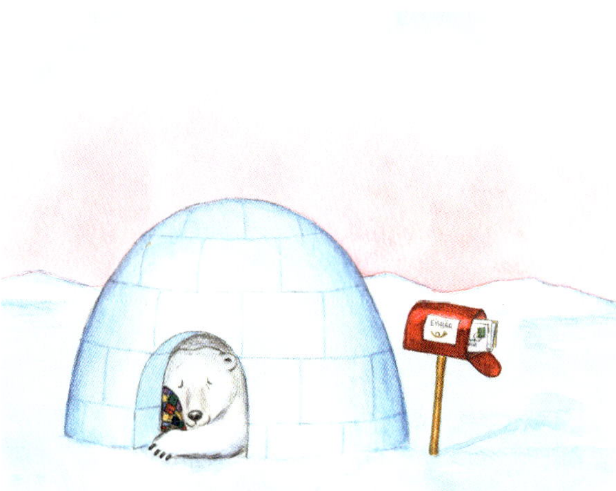

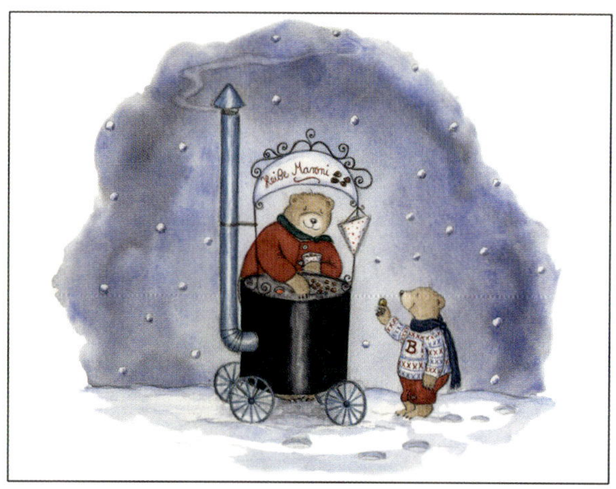

haben, die scharfen oder eckigen Konturen keine Chance lässt. Dies zeigt sich auf Dächern, Bäumen, Zäunen und natürlich auf dem Erdboden. Achten Sie bei Fuß- oder Schlittenspuren im Schnee auf die Schatten. Ob Sie dunkle oder leuchtende Schneetage malen, entscheiden Sie selbst.

Tanne im Schnee – Schritt für Schritt

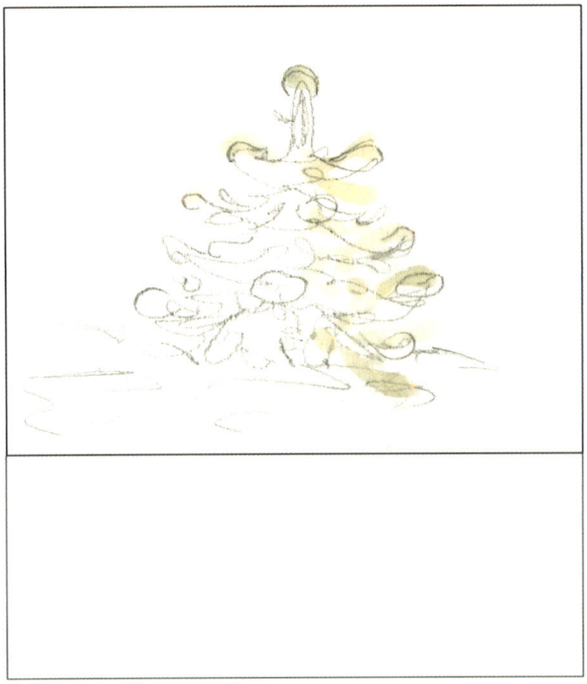

Bleistiftskizze anlegen, die Oberseiten der Tannenzweige in Form einer Schneeschicht mit Maskierfilm bedecken.

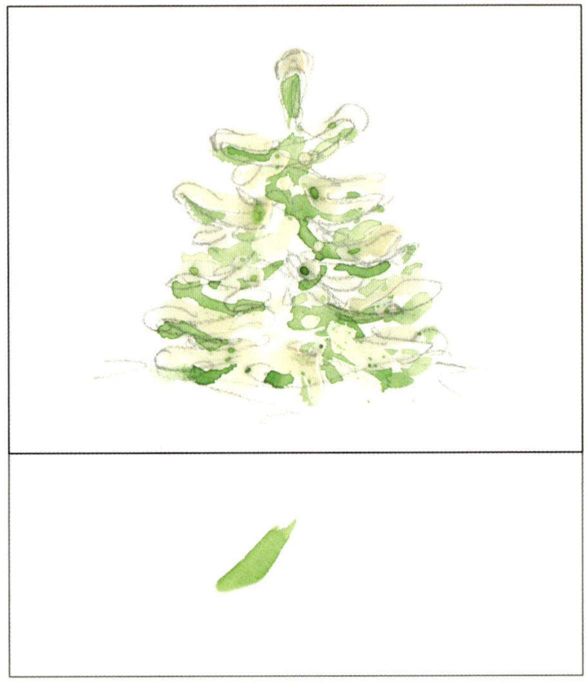

Mit verschiedenen hellen Grüntönen und großzügigen Pinseltupfern das Tannengrün anlegen. Nicht flächig oder lasierend arbeiten, sondern ruhig helle Bereiche stehen lassen. Folgen Sie mit dem Pinsel den typischen Zweigformen.

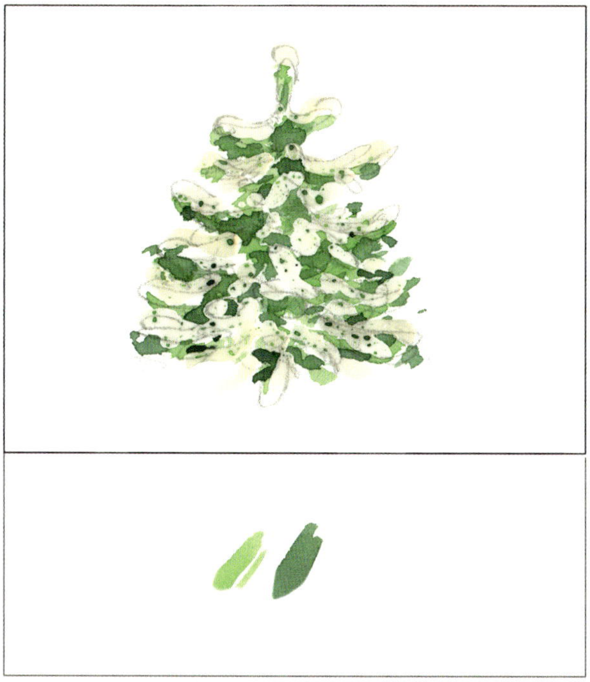

Die Zweige mit kräftigeren und dunkleren Blau-Grün-Tönen überarbeiten, sodass sich die hellen Stellen allmählich füllen und hellere und dunklere Stellen nebeneinander stehen. Das macht das Tannengrün lebhaft und gibt Tiefe und Kontrast.

Einzelne Tupfer von mit Neutraltinte vermischtem Grün einfügen. Trocknen lassen.

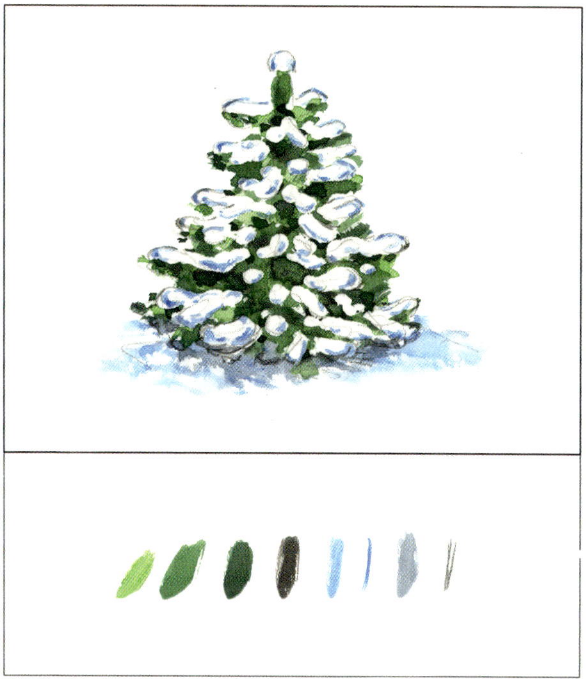

Den Maskierfilm entfernen. Die weißen Stellen auf den Zweigen nun mit hellen Blautönen abschattieren. Fahren Sie mit spitzem Pinsel um die Schneeschichten, dabei die Mitte jeweils frei lassend, so erhalten Sie den flauschigen Schneebelag. Auch unter der Tanne ein wenig Schnee anlegen. Zum Schluss Schatten auf den Boden unter der Tanne legen.

Meer – Schritt für Schritt

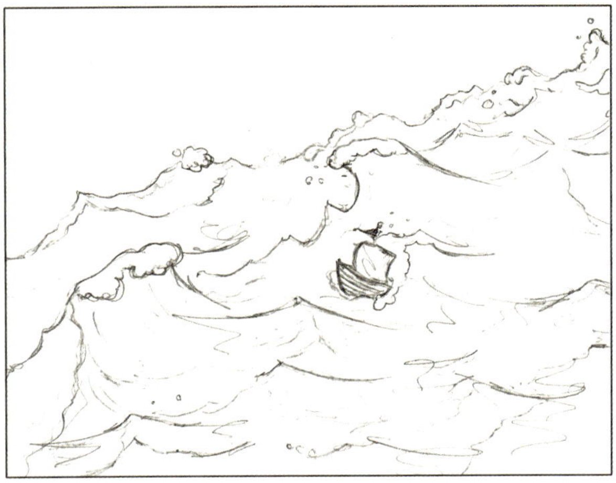

Bleistiftskizze anlegen.

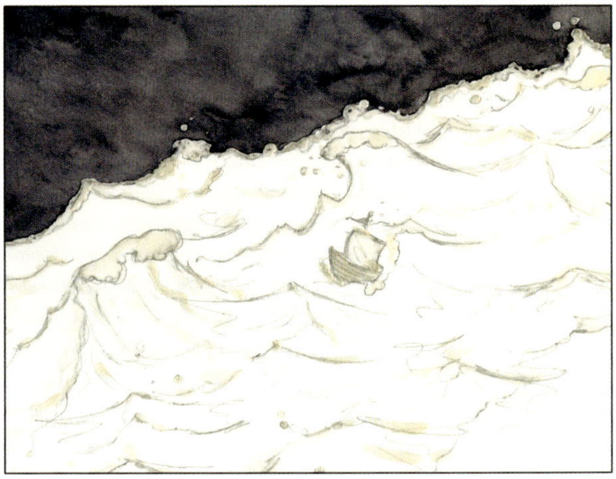

Horizontlinie und Schaumkronenspitzen mit Maskierfilm abdecken. Himmel in kräftigen Strukturen mit Neutraltinte und Indigo anlegen.

Meer – Variationen

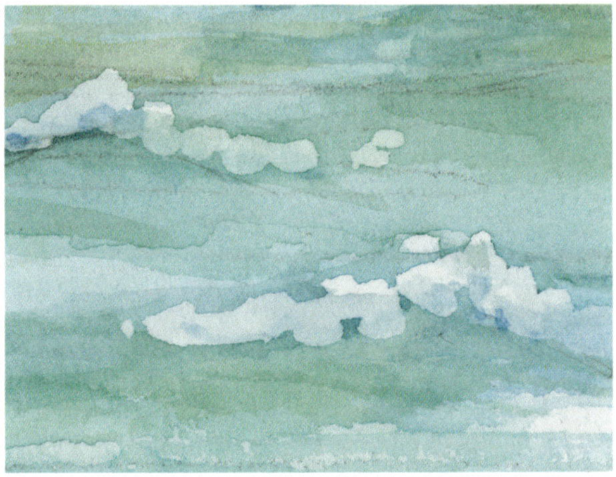

Wie der Himmel kann auch das Meer viele unterschiedliche Farben und Oberflächenstrukturen aufweisen. Abhängig von Wetter, Tages- und Jahreszeiten, gibt es mit Türkis, Blau, Schwarz, Grau, Weiß, Grün und Violett eine ganze Palette zur Gestaltung Ihres Meeres. Experimentieren Sie auch mit ungewöhnlichen Mischungen. Abhängig von den Wind-

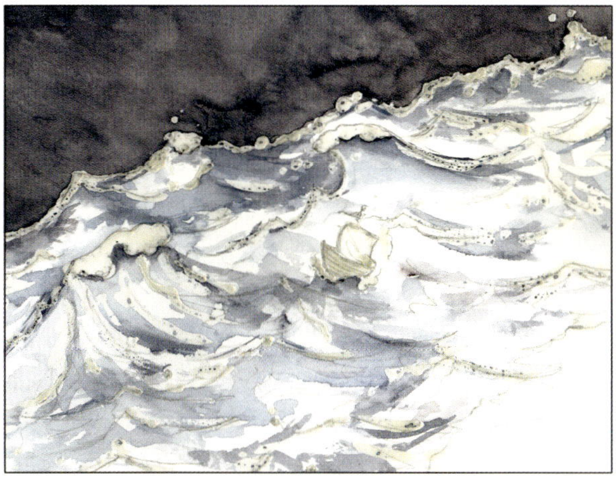

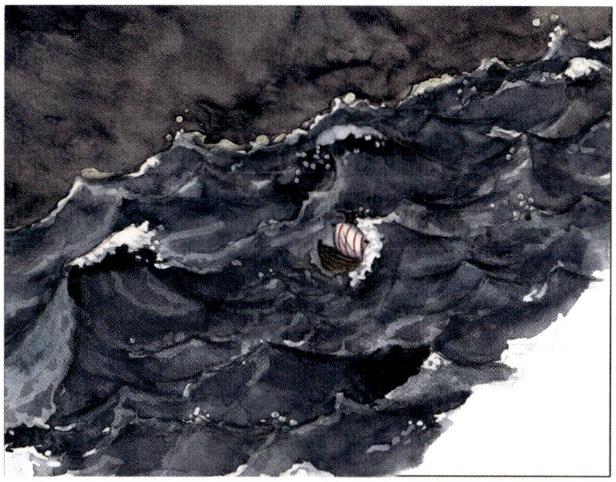

Mit variierenden Mischungen aus verschiedenen Blau- und Neutraltinte-Tönen die Wellen modellieren. Dabei den Verläufen der Wellentäler und Wellenkämme mit dem Pinsel folgen.

Wellenfläche dicht mit den schon verwendeten Farbtönen überlasieren, Konturen herausarbeiten. Maskierfilm entfernen und Schaumkronen mit Blau abschattieren. Schiff kolorieren.

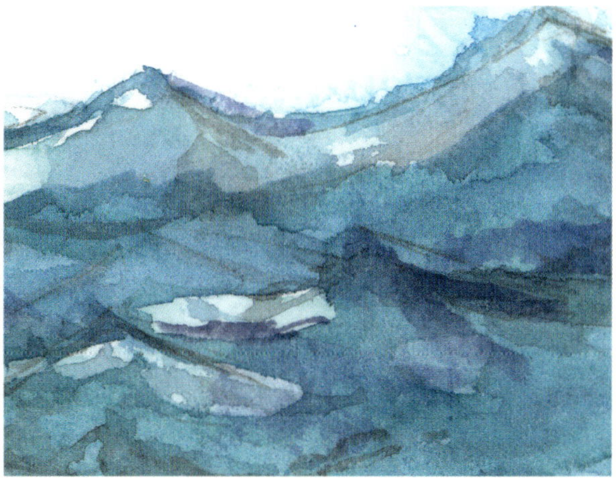

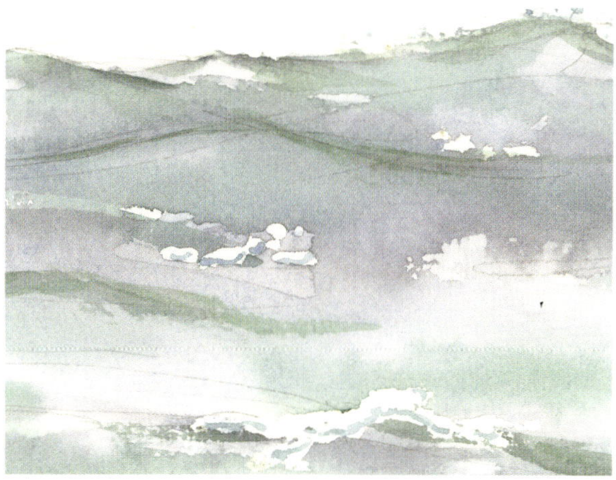

und Wetterverhältnissen, die in dem zugrunde liegenden Text vorherrschen, können Sie Ihr Meer flächig-lasiert und durchsichtig anlegen (sommerliche Windstille mit Karibikflair) oder schäumend aufgewühlt mit undurchsichtigem Farbauftrag und mit hohen, weiß gekrönten Wellenkämmen (Sturmtief mit „dicker Suppe“).

Sternenhimmel – Schritt für Schritt

Bleistiftskizze anlegen. Die Außenkanten des Blattes und die Sterne (diese punktförmig) mit Maskierfilm anlegen.

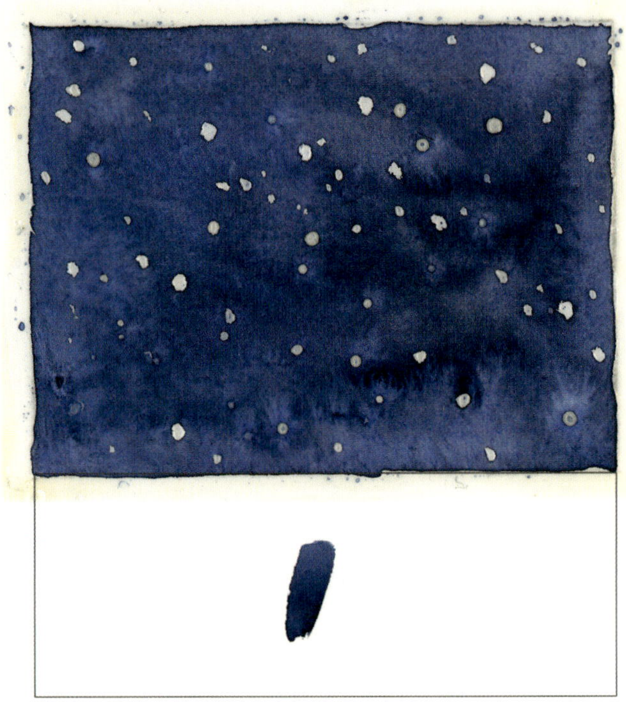

Das Blatt gut mit Wasser anfeuchten und dann eine kräftige, konzentrierte Mischung aus Neutraltinte und Blautönen (Aquamarin und Indigo) hineinlaufen lassen. Lassen Sie die Farben ruhig eigene Strukturen bilden, das macht einen lebhaften Himmel. Geben Sie so lange Farbe in den nassen Hintergrund, bis ein kräftiges Blau entstanden ist. Die Rubbelkrepp-Sterne heben sich nun kontrastreich dagegen ab. Wenn sie nicht schön rund ausgefallen sind, – das sieht man erst jetzt – kein Problem, das lässt sich noch korrigieren. Das Blatt gut durchtrocknen lassen.

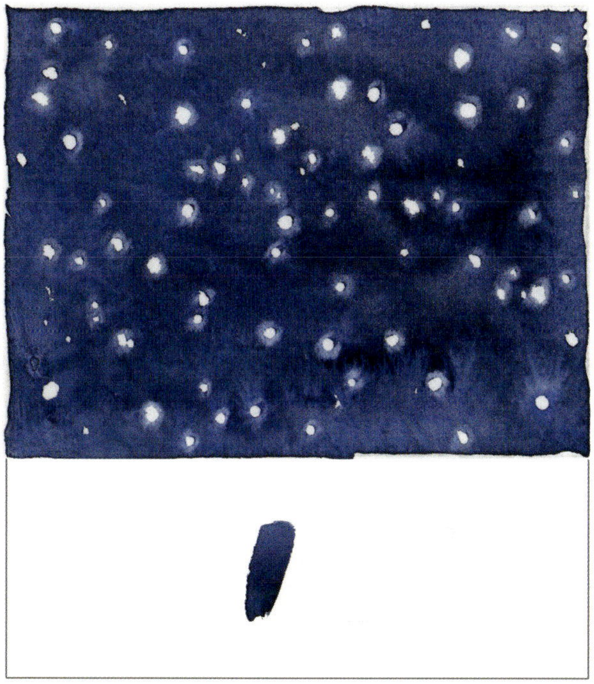

Mit kleinem Pinsel um die Rubbelkrepp-Punkte herum die Farbe ein wenig auswaschen und mit Papiertaschentuch abtupfen. Trocknen lassen. Dann den Rubbelkrepp entfernen.

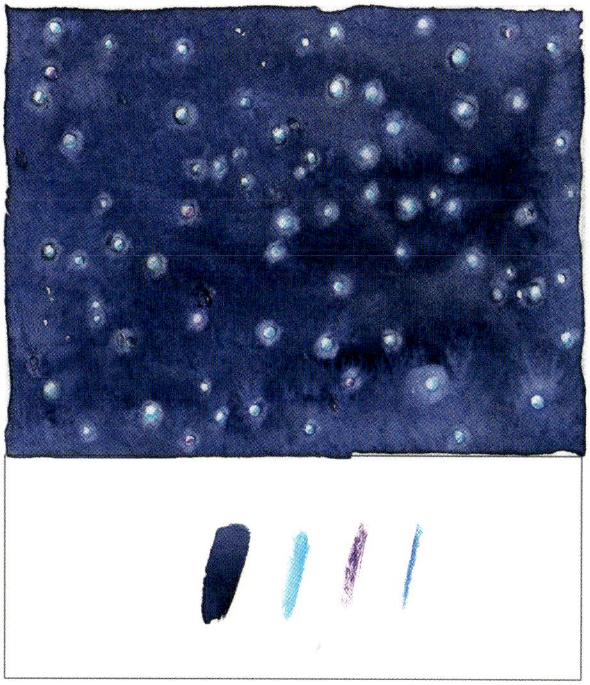

Die Sterne mit konzentrierter Himmelsblau-Mischung korrigieren und rund formen. Dafür einen spitzen Pinsel und nicht zu flüssige Farbe nehmen. Sie können auch mit einem H- oder HB-Bleistift nachhelfen. Mit einem kleinen Pinsel noch einmal mit kreisender Bewegung über jeden Stern waschen und abtupfen, nicht zu feucht allerdings. Nun die Sterne an einer Seite halbmondförmig abschattieren, mit Blau- und Violetttönen.

Die Schatten bei allen Sternen an der gleichen Seite anbringen.

FACHBEGRIFFE UND IHRE BEDEUTUNG

Allover-Motiv
(aus dem Englischen: allseitig, lückenlos, nahtlos): Gleichmäßig verteiltes Muster, das sowohl auf Textilstoffen, als auch auf Papier (als Geschenkpapier oder Buchvorsatz) Verwendung finden kann. Im engeren Sinne handelt es sich um einen Musterverlauf, der nahtlos zu beliebig großen Formaten aneinandergesetzt werden kann, ohne dass im Gesamtbild Gassen oder Lücken entstehen.

Authentizität
(aus dem Griechischen: echt, glaubwürdig): Die Eigenschaft einer Darstellung, den Betrachter von ihrer Realitätsnähe überzeugen zu können.

Belegexemplare
Exemplare von Artikeln, die der Hersteller dem an der Gestaltung maßgeblich beteiligten Künstler zu seiner eigenen Verwendung kostenlos zur Verfügung stellt.

Daumennagelskizze
Siehe →Thumbnail

Dummy
(aus dem Englischen: Attrappe, Schaufensterpuppe): Produktionsmuster. In unserem Fall ein zusammengeklebtes Musterbuch, das die Komposition von Schrift und Text verdeutlicht.

Dynamik
(aus dem Griechischen: Schwung, Triebkraft): Die Eigenschaft einer Darstellung, dem Betrachter den Eindruck von Bewegung zu vermitteln.

Fiktion
(aus dem Lateinischen: Erfindung): Sammelbegriff für die von einem Künstler erdachten, erfundenen Inhalte in Form von Figuren, Handlungsabläufen etc., die in Realitätsnähe angesiedelt sein können.

Fineliner
Fein zeichnender Tintenstift, den es sowohl mit wasserfester, als auch mit wasserlöslicher Tinte sowie in verschiedensten Stärken gibt.

Freelancer
(aus dem Englischen: freier Mitarbeiter): Selbstständig arbeitender Künstler, der Illustrationen (oder Texte) anfertigt und diese Herstellern oder Verlagen anbietet.

Grafitpapier
(aus dem Griechischen: schreiben): Mit Grafit beschichtetes dünnes Papier, das sich gut zum Übertragen von Skizzen auf Aquarellpapier eignet.

Grafitstift
Siehe Grafitpapier: Stift mit einer aus Grafit (schwarzes Mineral aus Kohlenstoff) bestehenden Mine.

Illustration
(aus dem Lateinischen: erleuchten, erklären): Erläuternde Bildbeigabe zu einem Text. Im optimalen Fall ergänzen sich beide so, dass Doppelungen vermieden werden.

Initiale
(aus dem Lateinischen: Beginn): Schmückender Anfangsbuchstabe eines Textes, der aus einer Illustration besteht.

Innentitel
Die rechte Buchseite, die auf den →Schmutztitel folgt. Auf ihr wird der Titelschriftzug noch einmal in größerer Schrift wiederholt. Der Innentitel von Bilderbüchern ist oft mit einer Illustration ausgestattet.

Lasur
(aus dem Arabischen: Blaustein): Dünner Farbauftrag, der den Untergrund durchscheinen lässt.

Lichtquellen
Hier die in einer Illustration vorkommenden leuchtenden oder Licht verbreitenden Gegenstände (Gestirne, Lampen, Kerzen etc.), die durch den gestalterischen Einfluss auf ihre Umgebung eine wesentliche Rolle bei der Konzeption spielen.

Literaturagent(ur)
Vermittler zwischen Autor und Illustrator einerseits und Verlag andererseits, der es übernimmt, für Manuskripte und Buchillustrationen die jeweils passenden Verlage zu suchen. Literaturagenten kümmern sich auch um Verträge und erhalten für ihre Arbeit einen prozentualen Anteil an dem Autoren-/Illustratorenhonorar.

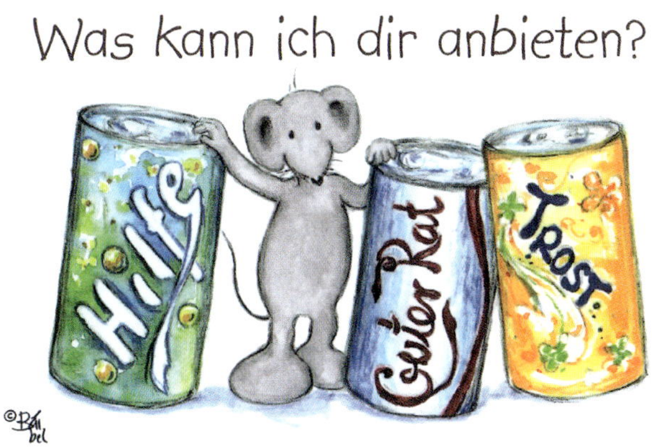

Lizenz
(aus dem Lateinischen: Erlaubnis): Genehmigungserteilung eines Künstlers und/oder Urhebers und Inhabers von Rechten geistigen Eigentums an einen →Verwerter, dieses Eigentum gegen entsprechende monetäre Honorierung/Beteiligung zu nutzen.

Diese Genehmigung wird in einem Lizenzvertrag geregelt, in dem Pflichten und Rechte sowie der Zeitraum für die Genehmigungserteilung genau festgelegt sind.

Maskierfilm
Hilfsmaterial in der Aquarellmalerei und Illustration. Gummiartige, weiße Flüssigkeit, die nach dem Auftrocknen durch einfaches Abrubbeln mit der Fingerkuppe ohne Rückstände entfernt werden kann. Maskierfilm, auch Rubbelkrepp genannt, dient zur Abdeckung von Flächen, die während eines Aquarellvorganges – z. B. bei →Nass-in-Nass-Technik – weiß bleiben sollen, um anschließend in anderen Farben koloriert zu werden oder frei zu bleiben. Maskierfilm gibt es als Flüssigkeit im Fläschchen (mit dem Pinsel aufzutragen) oder in Stiftform. Ich persönlich habe mit der Flüssigkeit zum Auftragen beste Erfahrungen gemacht, da sie mit Pinseln unterschiedlicher Stärke sehr flexibel einsetzbar und sehr lange haltbar ist, ohne einzutrocknen.

Monochrom/monochromatisch
(aus dem Griechischen: eine Farbe, einfarbig): Illustration in nur einer Farbe, die durch Abstufungen ihres Farbtons wirkt. Einfarbige Illustrationen in helleren und dunkleren Grautönen werden als Grisaille (französisch: gris; grau) bezeichnet.

Nass-in-Nass-Technik
Eine Technik in der Aquarellmalerei, bei der mit flüssiger Farbe in den nassen Untergrund gemalt wird, sodass Verläufe entstehen, die zwar nicht vollständig kontrollierbar sind, die dafür aber bei einiger Übung besonders schön und ausdrucksstark wirken.

Neutraltinte
Dunkler Aquarellfarbton zwischen Dunkelgrau und Schwarz, der sich vielfältig einsetzen lässt.

Objektrahmen
Rahmen mit besonderer Tiefe. Eignet sich gut zur Rahmung von Objekten oder Collagebildern, die aufgrund ihrer Stärke nicht in normale Rahmen passen oder deren Glas direkt auf dem Hintergrund aufliegt.

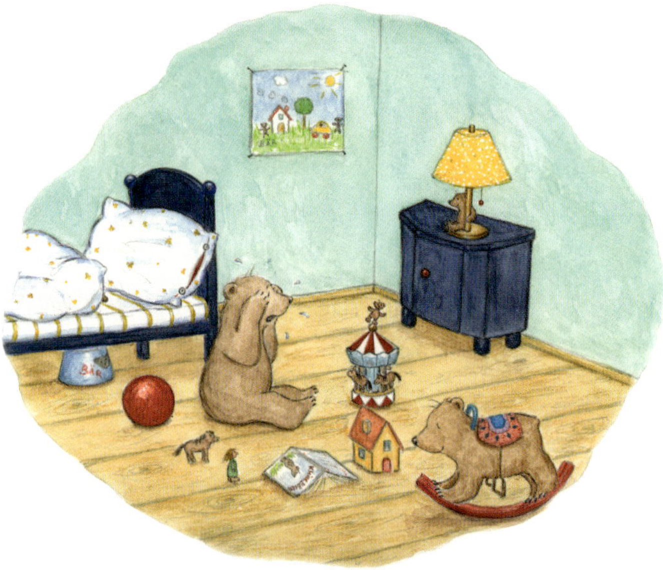

Perspektive
(aus dem Lateinischen: durchblicken): Blickwinkel und Standpunkt, von dem aus eine Geschichte erzählt oder eine Situation gezeigt wird. So wie es im fiktiven Text einen Erzähler gibt, aus dessen Blickwinkel die Geschichte erzählt wird, gibt es auch in der Illustration einen Standpunkt, aus dem sich das Bild entwickelt. Extremperspektiven können Stilmittel sein, z. B. der Blick von ganz oben (Droodle-Cartoon, von denen der bekannteste der „Mexikaner auf dem Fahrrad von oben betrachtet" ist und bei dem der Gezeigte nicht mehr zu erkennen ist) oder der Blick von ganz unten, der die Proportionen verzerrt darstellt.

Proportionen
(aus dem Lateinischen: das entsprechende Verhältnis, Größenverhältnis): In der Illustration kann das gewählte Größenverhältnis als Stilmittel dienen. Durch eine verhältnismäßig zu große oder zu kleine Darstellung von Dingen oder Figuren in ihrem normal großen Umfeld entsteht eine Gewichtung, die im Text nicht explizit ausgedrückt werden muss.

Protagonist
(aus dem Griechischen: der, der die erste Rolle spielt, Hauptdarsteller): Die Figur, die in einer Geschichte den Hauptcharakter darstellt.

Rubbelkrepp
Siehe →Maskierfilm

Schmutztitel
Die dem Vorsatz folgende erste rechte Seite, auf der der Titelschriftzug in verkleinerter Form wiederholt wird. Der Schmutztitel enthält meistens keine Illustration.

Skizze
(aus dem Italienischen: spritzen, Spritzer): Flüchtig entworfene Zeichnung, die als erste Konzeptgrundlage für ein Gemälde oder eine Zeichnung dienen kann. Meistens werden Skizzen mit Blei- oder → Grafitstift ausgeführt, da so noch Korrekturen und Optimierungen möglich sind, bevor der Künstler die endgültige Ausarbeitung in Öl, Aquarell, Tusche etc. vornimmt.

Storyboard
(aus dem Englischen: Ablaufplan): Aus dem Film kommendes System eines Übersichtsplans zur Organisation von Szenenfolgen durch kleine Bilder. Entwickelt wurde dieses System für den Animations- oder Zeichentrickfilm, bei dem viele einzelne Zeichnungen in die richtige Reihenfolge gebracht werden müssen.

Thumbnail
(aus dem Englischen: Daumennagel): Kleine Abbildung oder Skizze, die als Übersicht dient oder als erster spontaner Entwurf eines geplanten Werkes.

Titelseite (oder U1-Seite)
Hier die Seite mit der Auf- oder Überschrift, die den Inhalt eines Schriftwerkes bezeichnet. Das Titelbild eines Bilderbuches muss zusätzlich zum Schriftzug optische Informationen über den Inhalt des Buches vermitteln und das möglichst so, dass die Neugier für die Geschichte geweckt wird, ohne dabei zu viel zu verraten.

Verlag
Geschäftsunternehmen zur Herstellung und zum Vertrieb von Büchern, übernimmt sämtliche im Zusammenhang damit stehenden Kosten und zahlt ein prozentuales Honorar an den Autor/Illustrator. Im Gegenzug erhält der Verleger Rechte an dem Werk, z. B. auch zur Übersetzung und für Lizenzausgaben.

Verwerter

Geschäftsunternehmen aus verschiedenen Branchen, die von Künstlern kreierte Inhalte wie Texte, Illustrationen, Musikstücke etc. gegen die Zahlung von Lizenzgebühren oder durch den Ankauf von Motiven für ihre Produktionen verwenden.

Vignette

(aus dem Französischen: Weinrebe): Kleine Abbildung mit Dekorationsfunktion, z. B. am Anfang oder am Ende eines Kapitels, aber auch als Titelillustration möglich.

Vorsatzpapier

Das vorne und hinten zwischen Buchdeckeln und Buchblock eingeklebte Papier, das als Erstes sichtbar wird, wenn der Deckel des Buches aufgeklappt wird (dient zur Stabilisierung des Buches, daher aus stärkerem Papier). Bei bibliophilen Ausgaben manchmal auch aus gemustertem Papier. Bei manchen Büchern sind auf dem Vorsatzpapier Informationen über den Verlag etc. abgedruckt. Taschenbücher haben im Allgemeinen keinen Vorsatz. Bei Bilderbüchern besteht der Vorsatz häufig schon aus der ersten Illustration.

Vorsatzillustration

→ Allover oder doppelseitig übergreifendes Motiv, das thematisch zum Inhalt des Buches passt und auf diesen hinweist.

Urheberrecht

Das alleinige und ausschließliche Recht eines Urhebers von geistigem Eigentum an seinen Werken und an allen daraus erzielten Gewinnen.

U4-Seite (Buchrückseite)

Diese Seite ist die letzte eines jeden Buches und befindet sich auf dem rückwärtigen Außendeckel, wird also sichtbar, wenn man das geschlossene Buch umdreht. Die U4-Seite kann mit einer Illustration versehen sein und es findet sich auf ihr der sogenannte Klappentext. Dieser gibt eine zusammengefasste Kurzinformation über den Inhalt des Buches. Der Klappentext soll, wie auch der → Titel, die U1-Seite, Interesse für das Buch wecken, dabei aber nicht zu viel über den Inhalt oder die Auflösung verraten. Die U4-Illustration kann aus einer → Vignette bestehen oder z. B. auch aus dem nach links auslaufenden Motiv der Vorderseitenillustration.

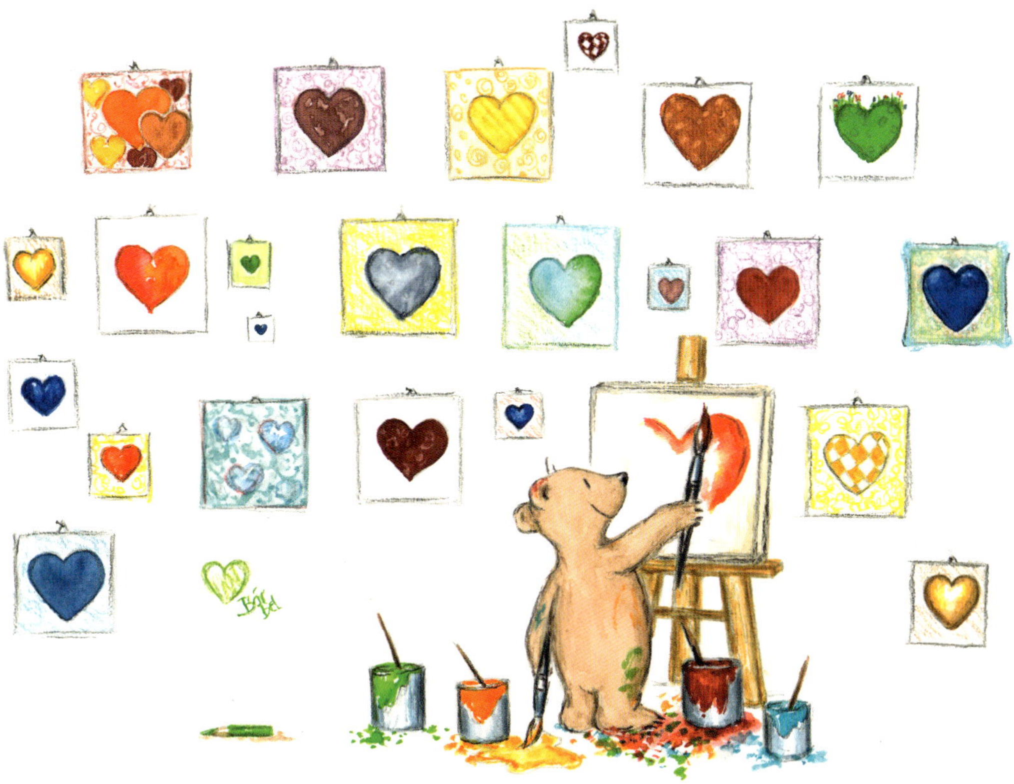

LITERATURVERZEICHNIS

BAUER, Jutta: Opas Engel. Hamburg: Carlsen Verlag 2001

BLYTON, Enid: Die Burg der Abenteuer. TRESILIAN, Stuart: Illustrationen. Berlin: Erika Klopp Verlag 1950

BRUNHOFF, Jean de: Familie Babar. Zürich: Diogenes 1979

CARLE, Eric: Die kleine Raupe Nimmersatt. Hildesheim: Gerstenberg 1985

DAMM, Barbara: Der Kirschkern, GINSBACH, Julia: Illustrationen. Würzburg: Galerie in der Töpferstube, 1997

DISCHE, Irene, ENZENSBERGER, Hans Magnus, SOWA, Michael (Illustrationen): Esterhazy. Aarau: Sauerländer 1993

DODERER, Klaus/MÜLLER, Helmut (Hrsg.): Das Bilderbuch. Geschichte und Entwicklung des Bilderbuchs in Deutschland von den Anfängen bis zur Gegenwart. Weinheim/Basel: Beltz Verlag 1973 (vergriffen)

ERLBRUCH, Wolf: Leonard. Wuppertal: Peter Hammer Verlag 1991

ERLBRUCH, Wolf: Die große Frage. Wuppertal: Peter Hammer Verlag 2004. Franz. Originalausgabe: La grande question. Paris: Édition Être 2003

HAAS, Bärbel: Mäusebande ABC. Würzburg: GT-Verlag 2001

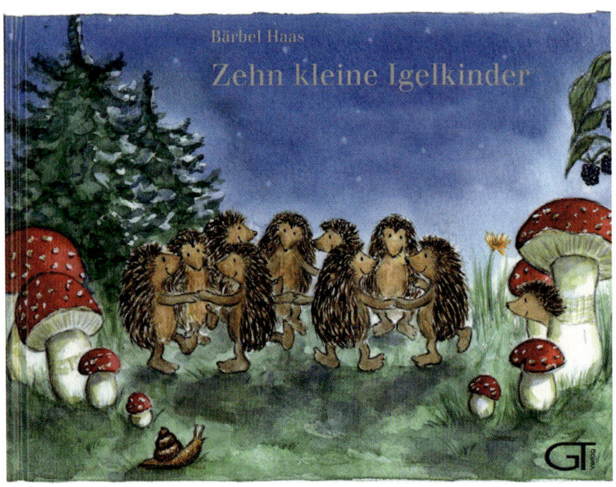

HAAS, Bärbel: Zehn kleine Igelkinder. Würzburg: GT-Verlag 2002

HAAS, Bärbel: A Bär C. Würzburg: Galerie in der Töpferstube 1997

HAAS, Bärbel: Bärenwirtschaft Folge I. Würzburg: GT-Verlag 2002

HAAS, Bärbel: Bärenwirtschaft Folge II. Würzburg: GT-Verlag 2004

HAAS, Bärbel: Bekackt! Würzburg: GT-Verlag 2004

HAAS, Bärbel: Das Bärenjahr. Würzburg: GT-Verlag 2001

HAAS, Bärbel: Das Piratengeheimnis. Würzburg: Galerie in der Töpferstube 1995

HAAS, Bärbel: De Thesauro Piratarum, Der Piratenschatz, lateinische Ausgabe, Würzburg: Galerie in der Töpferstube 1996

HAAS, Bärbel: Der Bär, der Fuchs und das Brötchen.

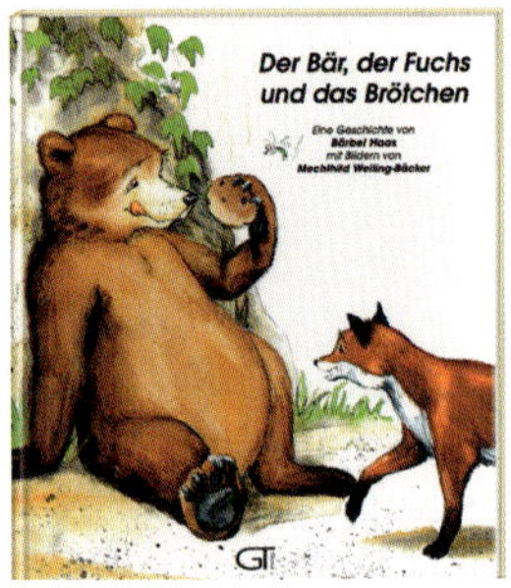

HAAS, Bärbel: Der Baum. Würzburg: GT-Verlag 2000

HAAS, Bärbel: Der Käsespion. Würzburg: GT-Verlag 1990 (vergriffen)

HAAS, Bärbel: Der Kern. Würzburg: Galerie in der Töpferstube 1996

HAAS, Bärbel: Der Piratenschatz. Würzburg: Galerie in der Töpferstube 1991

HAAS, Bärbel: Der Tropfen. Würzburg: GT-Verlag 2001

HAAS, Bärbel: Der verzauberte Regentag. Weinheim: Flamingo Verlag 1989 (vergriffen)

HAAS, Bärbel: Der verzauberte Regentag. Würzburg: Galerie in der Töpferstube Neuausgabe 1999 (vergriffen)

HAAS, Bärbel: Die Bi-Ba-Butzemaus. Würzburg: GT-Verlag 2007

HAAS, Bärbel: Eine Maus für jeden Tag. Würzburg: Galerie in der Töpferstube 1997

HAAS, Bärbel: Geisterschiff im Piratenmeer. Würzburg: GT-Verlag 2005

HAAS, Bärbel: Hexenferien mit Hindernissen. Würzburg: GT-Verlag 2001 (vergriffen)

HAAS, Bärbel: Hexentee und Königskuchen. Würzburg: Galerie in der Töpferstube 1992

HAAS, Bärbel: Kleine Bären. Würzburg: GT-Verlag 1997

HAAS, Bärbel: Kommt ein Hase geflogen. Würzburg: Galerie in der Töpferstube 1990 (vergriffen)

HAAS, Bärbel: Piratenweihnacht. Würzburg: GT-Verlag 2006

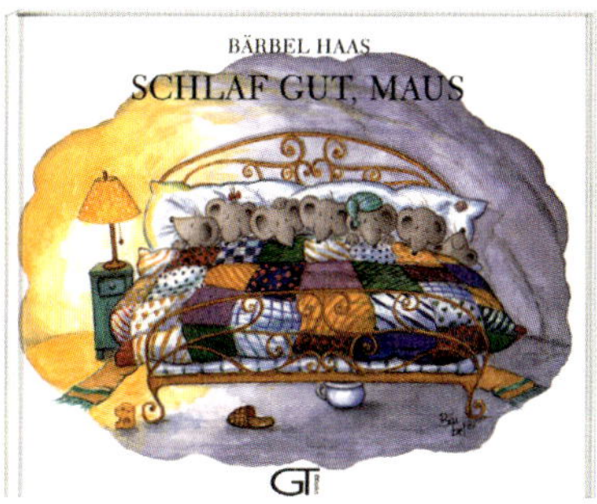

HAAS, Bärbel: Purzel macht Ferien. Würzburg: Galerie in der Töpferstube 1997

HAAS, Bärbel: Schlaf gut, Maus. Würzburg: Galerie in der Töpferstube 1995

HAAS, Bärbel: Überraschung für Papa. Würzburg: Galerie in der Töpferstube 1994

HAAS, Bärbel: Was macht der Bär das ganze Jahr? Würzburg: Galerie in der Töpferstube 1999

HAAS, Bärbel: Zählen mit der Mäusebande. Würzburg: GT-Verlag 2001

HAAS, Bärbel: Zwei Räuber und drei Schlossgespenster. Würzburg: Galerie in der Töpferstube 1998

HEINE, Helme: Freunde, Köln: Gertraud Middelhauve Verlag 1982

HENRY, O., ZWERGER, Lisbeth: Das Geschenk der Weisen. Salzburg: Neugebauer Press 1982

HOFFMANN, Heinrich: Lustige Geschichten und drollige Bilder [Der Struwwelpeter]. Mit 15 schön kolorirten Tafeln für Kinder von 3 - 6 Jahren. Urtext, Frankfurt am Main: Literarische Anstalt, [1845]

JANOSCH: Oh, wie schön ist Panama. Die Geschichte, wie der kleine Tiger und der kleine Bär nach Panama reisen. Weinheim: Beltz 1978

LINDGREN, Astrid: Pippi Langstrumpf. Hamburg: Oetinger 1976

LIONNI, Leo: Frederick. Köln: Gertraud Middelhauve Verlag 1967 und 1985

MURSCHETZ, Luis: Der Maulwurf Grabowski. Zürich: Diogenes 1972. Amerik. Originalausgabe, New York: Random House 1967

POTTER, Beatrix: Tales of Peter Rabbit and his friends. New York: Chatham River Press 1984

SAINT-EXUPÉRY, Antoine de: Der Kleine Prinz. Zürich: Verlags AG Die Arche 1988. Franz. Originalausgabe: Le Petit Prince. Paris: Editions Gallimard 1946

SENDAK, Maurice: Ein lieber böser Köter. Zürich: Diogenes 1977

SENDAK, Maurice: Wo die wilden Kerle wohnen. Zürich: Diogenes 1967

STEIG, William: Doctor de Soto. Engl. Originalausgabe Toronto: Harper & Collins 1982

STEIG, William: SHREK! Hildesheim: Gerstenberg 1991

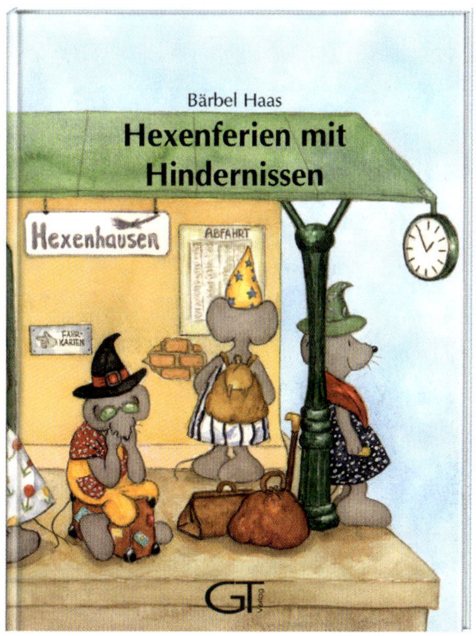

ÜBER ILLUSTRATION NACHWORT

Illustrationen erzählen Geschichten und das schon seit Urzeiten. Die berühmten Höhlenmalereien in Südfrankreich zeigen Wildpferde, Hirsche, Katzen, Steinböcke und tanzende Menschen in leuchtendem Gelb, Rot und Braun. Diese mit Ocker, Eisenoxiden und Manganerde auf Höhlenwände gemalten Bilder haben, obwohl 20 bis 35 000 Jahre alt, nichts von ihrer Lebendigkeit verloren. Auch die später entstandenen altägyptischen Darstellungen auf Steintafeln, Steingut und anderen Untergründen sowie viele andere archäologische Funde zeigen, dass es zu allen Zeiten Künstler gab, die mit Zeichnungen Geschichten erzählten.

Illustrationen in Büchern gibt es seit Mitte des 15. Jahrhunderts. Diese Kunst der bildlichen Darstellung entwickelte sich parallel zur Buchdruckerkunst. Die ersten Bilderbücher waren nicht für Kinder, sondern für Erwachsene gemacht, von denen viele noch nicht lesen konnten. Die ersten Illustrationen bestanden aus einfachen Holzschnitten und einfarbigen Kupferstichen, oft in Bibeln oder kirchlichen Werken. Erst gegen Ende des 18. Jahrhunderts kamen kolorierte Stiche auf den Buchmarkt.

Bilderbücher haben einen besonderen Zauber: nicht nur Kinder mögen sie, sondern auch Erwachsene. Das beweist der Erfolg der illustrierten Werke von Wilhelm Busch, der internationalen Märchenbücher sowie vieler anderer Werke der Weltliteratur, in denen sich zwischen den Texten immer

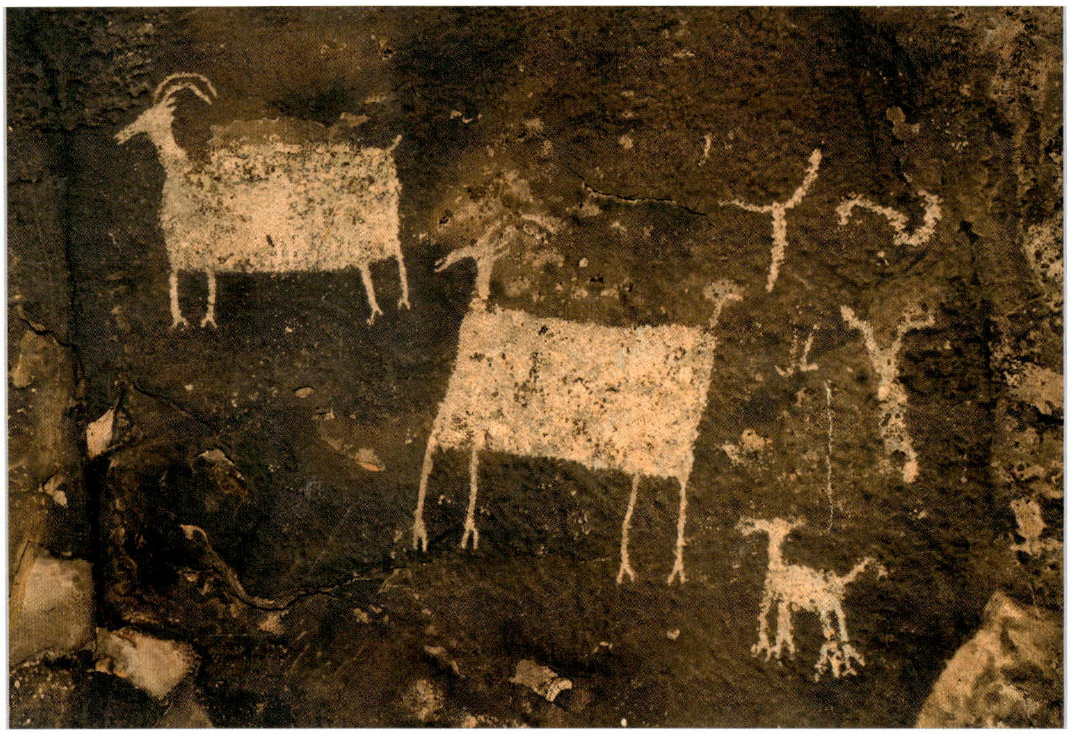

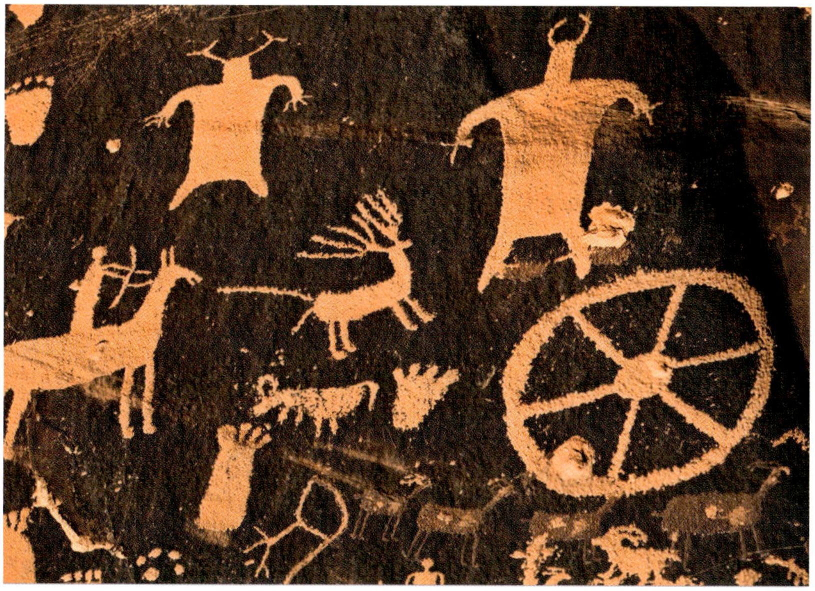

wieder auch Bilder finden. Nicht zu vergessen „Der kleine Prinz“, der von Kindern und Erwachsenen gleichermaßen geliebt wird und der von seinem Autor Antoine de Saint-Exupéry selber bebildert wurde. Auch spricht die Tatsache für sich, dass viele Erwachsene Kinder-Bilderbücher nicht nur für ihre Kinder kaufen, sondern für sich selber, sei es, um sie zu sammeln oder um sich ein bisschen heile Welt zu erhalten.

Die Art und die Zielsetzung der Bilderbuch-Illustrationen haben sich im Laufe der Zeit gewandelt. Wie in vielen anderen Bereichen gibt es auch hier Trends und immer wieder wechselnde Stilrichtungen. Vieles davon war schon einmal da. Trotzdem gelingt es Bilderbuchkünstlern noch immer, mit ihren Arbeiten neue und überraschende Perspektiven aufzuzeigen. Nach wie vor bezieht sich die Bilderbuch-Illustration auf Texte, die sie ausschmückt, ergänzt oder interpretiert.

Ich schreibe und illustriere seit 1989 Kinderbücher. In dieser Zeit, in der über dreißig Titel entstanden und veröffentlicht wurden, konnte ich mit dem Bebildern längerer Texte viele Erfahrungen sammeln, mit Büchern, die nur aus einigen wenigen Sätzen bestehen und sogar mit solchen, die ganz ohne Text auskommen, echten Bilderbüchern also.

Ich hoffe, mit diesem Buch einige meiner Erfahrungen an Sie weitergeben zu können und hoffe, Sie haben mit Ihrer Illustrationsarbeit ebenso viel Freude wie ich schon seit Beginn meiner Bilderbuchtätigkeit. Sicher gehen andere Illustratoren bei ihrer Arbeit anders vor. Es gibt nicht nur den einen Weg zum Illustrationsziel, sondern sehr viele unterschiedliche und jeder von ihnen hat seine Berechtigung. Versuchen Sie, Ihren ganz persönlichen Weg für das Geschichtenerzählen mit Bildern zu entwickeln. Ich würde mich freuen, wenn mein Buch Sie dabei ermutigt und unterstützt.

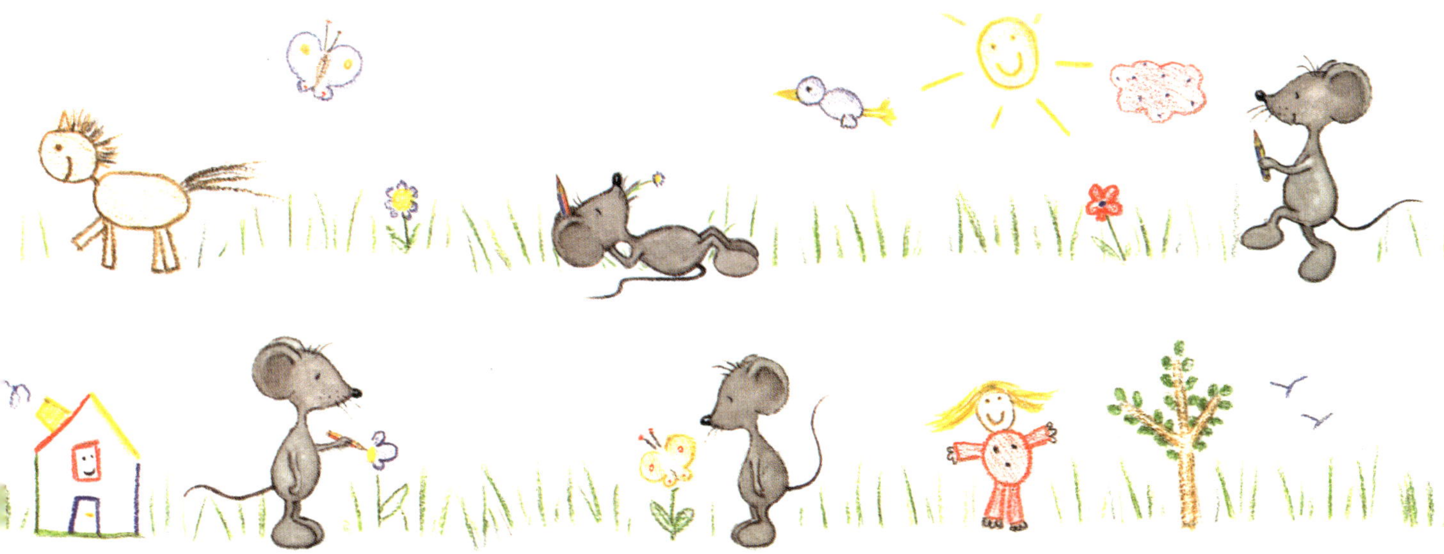

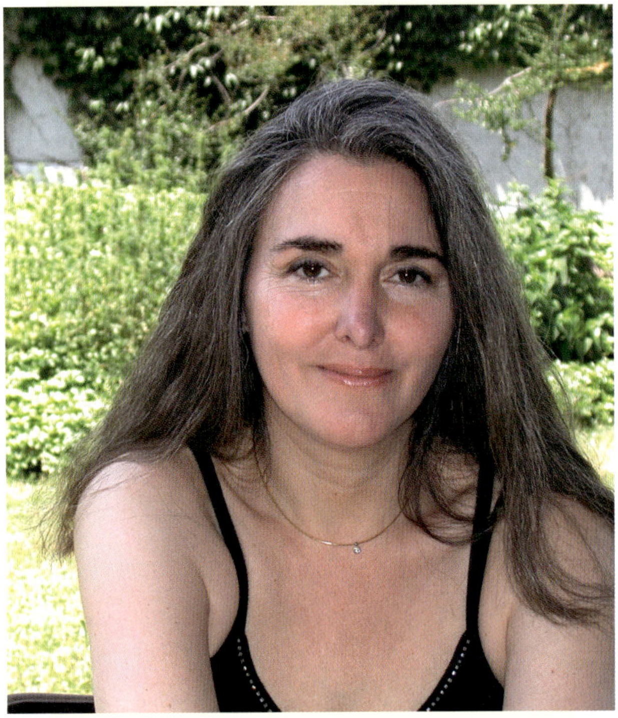

Bärbel Haas wird in Köln geboren. Bereits während ihres Literatur- und Sprachstudiums der Anglistik und Romanistik zeichnet sie die ersten Postkarten und schreibt Geschichten für Kinder. 1989 erscheint das erste Bilderbuch, „Der verzauberte Regentag". Es folgen jährliche Kalender, Poster, ein Kinderporzellanservice, Tag- und Nachtwäsche, weitere Bücher, deren sämtliche Texte und Illustrationen Bärbel Haas selbst schreibt und zeichnet. Der WDR verfilmt ab 1991 Bärbel-Haas-Geschichten für die Sendung mit der Maus. 1993 Beginn der Zusammenarbeit mit der Deutschen Telekom: Telefonkarten und Sonder-Editionen erscheinen. Die Bücher vom Bärbel Haas werden in die englische, französische, italienische und koreanische Sprache übersetzt.

IMPRESSUM

Hilfestellung zu allen Fragen, die Materialien und Kreativbücher betreffen: Frau Erika Noll berät Sie. Rufen Sie an: 0711/123 757 20* *normale Telefongebühren

PROJEKTLEITUNG UND KONZEPTION: Hannelore Irmer-Romeo

PROJEKTMANAGEMENT UND REDAKTION: FahnenBerg GmbH

LAYOUTENTWICKLUNG: Katrin Röhlig

FOTOS: frechverlag GmbH, 70499 Stuttgart; fotolia: Seite 142; alle anderen Fotos: Archiv Bärbel Haas

COVERNACHWEISE: Jean de Brunhoff: Die Geschichte von Babar übersetzt aus dem Französischen von Claudia Schmölders Copyright © 2008 Diogenes Verlag AG Zürich: Seite 30; Astrid Lindgren: Pippi Langstrumpf (Deutsche Ausgabe) Illustration Rolf Rettich, Copyright © 1967 Verlag Friedrich Oetinger, Hamburg: Seite 30; Helme Heine: Freunde Copyright © 2003 Beltz & Gelberg in der Verlagsgruppe BELTZ, Weinheim/Basel: Seite 30; Eric Carle: Die kleine Raupe Nimmersatt – Mit freundlicher Genehmigung des Gerstenberg Verlages, Hildesheim: Seite 30; Dr. Heinrich Hoffmann: Struwwelpeter – Mit freundlicher Genehmigung des Esslinger Verlag J. F. Schreiber GmbH, Esslingen: Seite 31; alle Cover Bärbel Haas © GT- Verlag Würzburg

DRUCK UND BINDUNG: POLYGRAF PRINT spol. s r.o., Slowakei

3. Auflage 2022

ISBN 978-3-7724-8379-0 • Best.-Nr. 8379

MIX Aus verantwortungsvollen Quellen FSC® C023577

Penguin Random House Verlagsgruppe FSC® N001967